Écrits de Londres

伦敦文稿

[法]西蒙娜·薇依（Simone Weil）◎著
吴雅凌 ◎译

华夏出版社
HUAXIA PUBLISHING HOUSE

目 录

中译本前言 / 001

个人与神圣 / 001
我们为正义而战吗？/ 034
临时政府的合法性 / 047
人类义务宣言研究 / 062
扎根：灵魂的诸种需求 / 072
新宪法草案意见稿 / 108
新宪法的基本观点 / 115
这场战争是一场宗教战争 / 120
反抗的思考 / 130
全面取缔政治党派摘要 / 144
与法国人民命运攸关的殖民问题 / 165
一种学说的纲要及其他笔记 / 183
战地护士分队计划书 / 191
圣事理论 / 202
最后的文稿 / 211
致舒曼的信 / 215
伦敦家信 / 237

中译本前言

薇依在伦敦

1. "一种学说的纲要"

1942年12月14日薇依在伦敦。此前她从纽约坐船到利物浦港。①战时在英国上岸的人会被扣留盘查六至十天，她关了十八天半才放出来。写给父母的信里说起这个："我运气不好，永远是安提戈涅！"②

法国抵抗组织③很快安排一间小办公室，让她自由写作。④她不分昼夜地写，呕心沥血地写。"很少外出，没有时间"；"埋头工作，经常累到没力气"。⑤直到隔年4月15日被送进医院，8月24日去世。时年三十四岁。

伦敦四个月，薇依留下数量惊人的文稿，依据战后加缪在伽利玛出版社主编的《希望》丛书出版情况，已发表文字超过八百页篇幅。

一、《扎根》（*L'Enracinement*，1949年初版，

---

① 11月10日离开纽约，11月25日抵达利物浦。
② 引自1942年12月16日的家信。
③ 1940年6月，戴高乐在伦敦成立自由法国抵抗组织。1942年7月13日，"自由法国"（France libre）更名为"战斗法国"（France combattante），薇依文中同时使用这两个称谓。
④ 参看1942年12月31日的家信："他们派给我一件纯脑力工作，完全个性化，让我自己掌握。"1943年4月17日的家信："我完全自由地工作。"
⑤ 引自1943年1月8日、2月1日、3月1日、4月17日的家信。

381 页)。

二、《伦敦文稿及书信》(*Écrits de Londres et dernières lettres*,1957 年初版,261 页),含《个人与神圣》《我们为正义而战吗?》《临时政府的合法性》《人类义务宣言研究》《新宪法草案意见录》《新宪法的基本观点》《这场战争是一场宗教战争》《反抗的思考》《全面取缔政治党派摘要》等九篇文章和若干书信。

三、《圣事理论》《最后的文稿》,收入《敬爱神的无序思考》(*Pensées sans ordre concernant l'amour de Dieu*,1962 年初版)。

四、《与法国人民命运休戚相关的殖民问题》,收入《历史政治文稿》(*Écrits historiques et politiques*,1960 年初版)。

五、《是否有马克思主义学说?》《伦敦笔记》①,收入《压迫与自由》(*Oppression et liberté*,1955 年初版)。

六、《克莱安塞斯、阿那克西曼德和菲洛劳斯学说摘要》,收入《古希腊源流》(*La Source grecque*,1953 年初版)。

七、零散笔记,收入《超自然认知》(*La Connaissance surnaturelle*,1950 年初版)。②

八、此外为伦敦抵抗组织撰写多篇报告,就若干战

---

① 《伦敦笔记》中译本,收入陈思和、王德威主编,《文学》2017 年春夏卷,上海文艺出版社,页 291 – 299。
② 此处仅列出伽利玛出版社初版信息,文稿陆续再版于《薇依全集》,比如《扎根》和《人类义务宣言研究》一同收入《薇依全集》第五卷第二册 (Simone Weil, *Écrits de New York et de Londres*, in *Œuvres complètes*, t. V, vol. 2, Gallimard, 2013) 等等。

后法国重建草案提供审阅意见。这些报告均未正式发表。

大多数伦敦文稿系为法国抵抗组织撰写的参考材料，内容涉及战争时局和国际形势、宪法政党殖民等战后政府重建工作，以及她长期沉思的哲学与宗教问题。相较此前多属未完成手稿或笔记，这些篇目完整独立，一气呵成，谋篇更成熟，尤其走笔中让人感受到为思想寻求语言表述的专注和灵性领悟。

> 困难首先在词语中。真实在每个人心深处，只是藏得太深，难以用语言传译。人类如此依赖词语，以至于一种思想若未表达成话语，则有可能无法在行动中实现。（《一种学说的纲要》）

> 某个无法解释的真实碎片在词语中惊鸿一现。词语从真实中汲取滋养而没有能力包含真实。然而，经过整理组织，词语有可能与真实建立完美的呼应关系，从而为所有渴望重见真实的人类精神提供帮助。每当这样的情况发生时，词语就会焕发美的光彩。（《个人与神圣》）

她在一则笔记中提到某种学说的可能性。不是学说本身的落实，而是学说纲要的构想。"一个人就算毕生写作和检验理念问题，也难得形成一种学说。"① 困难首先在于找到语言表述。一种思想本是一种行动，但事实通常并非如此，在思想付诸行动之前，我们总是需要落实形名，分辨

---

① 引自《全面取缔政治党派摘要》。

虚实，乃至形名虚实的障碍也成了思想行动的动机本身。

此种学说要成为"所有人类问题的唯一指南"，帮助世人避免既成规则的误导。首要任务是澄清两三百年来诸种学说理论的利弊。就像北极星："看见北极星不能告诉渔夫该往何处去，但渔夫若不知辨识星辰绝不敢在夜里出海。"①

借助北极星的指向，我们或许能更清楚地把握薇依在伦敦著述的夜航路线。在二战期间参与法国战后重建的共同展望时，她从过去寻觅启示，追溯发端于1789年的法兰西共和传统，重新审视法国大革命思想遗产中的若干基础概念。②首先是权利概念。

> 1789年盛行于世的权利概念由于内在的贫乏不足而无力胜任世人所重托的使命。
>
> 1789年的人们不审慎地把权利概念安置在他们面对世界发出呼吁的核心位置。（《个人与神圣》）
>
> 义务概念优先于权利概念……1789年的人们从权利概念出发……这样的悖论致使他们陷入言语和观念的混乱，进而决定性地让我们陷入当前政治社会的混乱。（《扎根》开篇）

她郑重呼吁用"人类义务宣言"正式取代1789年以来

---

① 以上引自《一种学说的纲要》。
② 参看《临时政府的合法性》："思考这些基础性概念，把它们当成全新事物予以思考。这是必要的，无疑又是艰难的。当下如果规避这项工作，我们必将难逃灾难的惩罚。"

的人权宣言传统。①《扎根》原标题为"对人类的诸种责任的宣言绪论"（prélude à une déclaration des devoirs envers l'être humain），第一部分详尽列举灵魂的诸种需求，目的不是诉求人类的"天赋权利"，而是强调"自然正当"的共同体认同。关乎 naturel right 的古今之辩在薇依的伦敦文稿中焕发生动活泼的光彩。她从不言自明的事实出发，也就是人类在身心方面的生存必然需求。作为某种社会契约的前设条件，每个人有义务"满足所有人类的灵魂和身体在人世间的诸种需求"。②

薇依的传记作者亦是同窗好友佩特雷蒙德提出假设：在生命最后时期，薇依切实地奠定了"一种学说的纲要"，具体表现为《人类义务宣言研究》一文中的"信仰声明"。③

在这样的语境下谈信仰声明，很难不想到卢梭，想到《爱弥儿》中的萨瓦神父和《社会契约论》最后一章。事实上，薇依的伦敦著述乃至整体著述让我们一再想到卢梭。这不仅因为她切实地追溯《社会契约论》的问题意识，④还因为她心目中的两部个人"要著"（grande oeuvre）呈现出

---

① 1942 年 11 月 7 日，伦敦抵抗组织负责人安德烈·菲利普在纽约发表新人权宣言主题演讲，1943 年 8 月 14 日《法国战斗报》正式发表参考 1789 年宣言起草的新人权宣言书。薇依权利概念思考与此直接相关。参看 Simone Weil, *Écrits de New York et de Londres*, t. V, vol. 2, p. 93。另参看西蒙娜·佩特雷蒙特，《西蒙娜·韦依》，王苏生、卢起译，上海人民出版社，2004 年，页 887。

② 引自《人类义务宣言研究》。

③ 参看《西蒙娜·韦依》，页 878-879。

④ 参看《全面取缔政治党派摘要》："我们的共和理想完全来源于卢梭的公意概念。但这个概念几乎立刻丧失原有含义，因为概念本身很复杂，要求付出高度的关注力。罕有一本书像《社会契约论》这样美而有力，清醒又简明……"

某种政治哲学思想的内在结构性。第一部是二十五岁撰写的《自由和社会压迫的起因思考》①,带有一以贯之的志向——"把为他人幸福所做的一切思考全部概括进去"②,文中梳理"当代社会生活"在八十年后的今天依然不乏警示意味。第二部是三十四岁撰写的《扎根》。③

如果说自由和压迫的起因探究呼应了卢梭论不平等的政治关切,那么《扎根》从权利和义务的概念出发,提出作为"国民生活实践启示"④的基础宣言,恰似印证了《社会契约论》和《爱弥儿》在卢梭的"政治制度论纲要"这一庞大写作计划中错综交互的组织关系。

倘若真有一种薇依的"学说纲要",我们不能忽略此种学说的"超自然真实"维度,不能忘记她反复强调人心欲求"绝对的善"。信仰声明的开场白把所有人类的普遍认信对象指向此种超乎属人理解领域的真和善。

> 有一种真实在此世之外,也就是说,在时空之外,在人的精神世界之外,在属人的功能可能企及的任何领域之外。与此种真实相对应的是人心深处对绝对的善的需求,此种绝对的善永驻在人心中,并在此世绝对找不到对应物。(《人类义务宣言研究》)

---

① Simone Weil, "Réflexions sur les causes de la liberté et de l'oppression sociale", in *Oppression et liberté*, Gallmiard, Collection Espoir, 195, pp. 57 – 162. 中译本收入《文学》2017 年春夏卷,页 241 – 290。
② 引自《西蒙娜·韦依》,页 401 – 402。
③ 参看 1943 年 5 月 22 日的家信:"我写了第二部要著,或者说,正在写,还没写完。"
④ 引自《人类义务宣言研究》。

> 倘若出于偶然有一丝真实通过我来感染你们，那我至少不枉在此世停留。虽然那些借助我的书写得到传达的思想远远超乎我本身，但我赞同这些思想，将它们视同真实。（致舒曼的第四封信）

在此世的善恶对峙之外，尚有一种绝对的善。在绝对的善的基础上重新定义正义和美，与我们在此世秩序中通常信奉的正义和美大相径庭。好比俄狄浦斯从高傲的王到流亡受难的灵魂转变，须得戳瞎眼睛才真正看见，颠沛失所方能安顿，进一步说，须得"穿越矛盾走向善"。① 一种思想默默向上，就像一棵树要扎根大地也要吸纳光照，两者不可或缺。② 薇依一再审视古往今来不同文明的属灵特质，亲身试炼西方哲学传统中的灵修经验。她游离在基督宗教正统界限之外，亦不落灵知学说拒绝与此世和解的窠臼。简单地说，针对现代性精神拔根危机，还有什么比提出一种扎根的信仰更对症下药？无怪乎有人说，她是西方哲学反抗哲人败坏的突出个案。

她的许多文章标题有同一个对子。重负与神恩，个人与神圣，柏拉图与神，诗与力量……这些书写指向同一类哲学与宗教的关系问题：在灵知的幽暗中如何用力触摸真实的微光？她说等待，③ 像一种停顿，一种无为顺服，同时

---

① 引自《伦敦笔记》。
② 参看《个人与神圣》："只有从天空持续投射的光照能够把能量带给一棵深而有力地扎根大地的树。事实上，这棵树扎根在天上。只有属天的东西才有可能真正在大地上刻下印记。"
③ "等待"也是薇依著作的标题之一（En attendant Dieu），参看中译本《在期待之中》，杜小真、顾嘉琛译，华夏出版社，2019 年。

又是完全专注的，用尽心力的，要求从根本上超越自我的。她常用的至美例子是耶稣在十字架上的最后呼告，那不只是某种特殊宗教的灵性经验，而是所有灵魂的仰望参照。

但这些全是关乎一种学说的语言表述。归根到底，亲近一种向善的学说不难，难在我们个个从思想到行动穿越也许无尽的距离，① 实现不再通过欲求和满足得到定义的自由。② 从一种学说受益，还要打破我们对此种学说的执着。③ 让一种默默向上的思想真正参与我们的身心整合，如北极星光渗入暗夜，或者"一颗不易察觉的纯粹的善的微粒住进灵魂深处"。多年前走向生命寒冬的薇依想及"一种学说的纲要"，无形中如同留下一粒细微的种子。倘若能振作，使萌芽可能，"假以时日，这种子将成大树，让空中的飞鸟在枝上搭窝"。④

2. "永远是安提戈涅！"

"安提戈涅确实度过一段糟糕的日子……"⑤

在伦敦，薇依拼命般地写作。然而写作不是她去伦敦

---

① 参看《一种学说的纲要》："构思、理解和接受最佳学说是容易做到的事。困难在于实践。更准确说来，困难在于充分得到滋养，完全吸收消化，从而让实践真理变成本能。"

② 参看《自由与社会压迫的起因思考》："自由不是未经付出就得到想要的东西的可能性……真正的自由不是通过欲求和满足的关系得到定义，而是通过思想和行动的关系得到定义。"

③ 参看《与法国人民性命攸关的殖民问题》："首要条件是绝对避免在任何领域预先凝固任何东西。"

④ 以上引自《圣事理论》。

⑤ 引自1943年6月15日的家信。

的初衷。从北非到纽约，再从纽约转赴伦敦，半年两度横穿大西洋，四方求告，不停迁徙，原因无他，是要重归故里，要"更深入有效地参与战争的危险和苦难"。①她把1942年5月随家人离开法国视同一个不可忍受的错误，一次精神拔根，一种背叛。在伦敦家信中再三懊悔自责，她说痛苦日复一日不断加剧。②

更不必说父母为了与她团聚，重在异乡徒劳无望地奔走，但求回到他们竭尽所能离开的原地。

即便对薇依其人有所了解，我们也很难切身体会这种发乎理智和心灵深处的痛苦，这种迫切需求，要"亲身处在不幸中，处在当前极致的不幸中"，并且非如此不可。在纽约去不成伦敦就要"抑郁致死"。在伦敦去不成法国就要"陷入一模一样的痛苦中不能动弹"。她说这样的处境比下地狱还糟。她自称"像疯子般……抛却审慎和礼节，不断发出绝望的呼告"；"和乞丐一样不知羞耻……不讲理，一味叫嚷自己的需求"。③

> 蔓延在地球表面的不幸纠缠着我，重压在我身上，简直让我丧失理智。只有亲身承担相当程度的危险和苦难，我才有可能恢复理智摆脱顽念。这是让我能够工作的前提条件……这在我的天性里过于根深蒂固无从改变。何况我敢肯定，这不只是天性问题，还关系

---

① 引自致舒曼的第一封信。
② 参看1942年12月16日、1943年1月22日、4月7日、4月17日的家信，以及致舒曼的第一至第三封信。
③ 以上引自致舒曼的第二、第四封信。

到使命问题。（致舒曼的第四封信）

但去法国的两个计划都失败了。首先是《战地护士分队计划书》，建议组织女护士敢死队，在火线上抢救伤员，以温柔大胆的女性形象安慰人心鼓舞士气。薇依想到的志愿者不是别人，首先是她自己："一名女性没有结婚生子，没有理由把她的生命看得比男性更珍贵，尤其她本人接受赴死的风险。"①她还在纽约时已被多方否决。据说戴高乐的反馈是："噢，她疯了！"于是这个计划被视同疯子的计划。②

另一个计划是被派往法国执行地下工作，这在别人眼里同样不切实际。形同去送死。③ 她体弱多病，行动笨拙，又是犹太人，很容易败露被捕，危及同伴。为此她甚至预想好一整套落入敌人手里时确保不泄露情报的应对方案。1943 年春天，法国境内抵抗运动负责人卡瓦耶斯④在伦敦与她见面后，正式拒绝她的请求。

卡瓦耶斯同样毕业于巴黎高师，战前在索邦大学任教，去伦敦前曾被捕又越狱，从伦敦回法不久，几乎与薇依去

---

① 引自《战地护士分队计划书》。
② 以上引自《西蒙娜·韦依》，页 903。
③ 参看卡博,《信仰与重负：西蒙娜·韦依传》，顾嘉琛、杜小真译，北京大学出版社，1997 年，页 378，382，415，442 等。
④ 卡瓦耶斯（Jean Cavaillès，1903—1944），索邦大学逻辑学教授，数学家，哲学家，与薇依的哥哥安德烈相识。二战期间他是南方解放抵抗运动的共同创立者，"卡奥尔"战斗行动网络创始人。1942 年被捕，在狱中开始写《论逻辑和科学理论》（*Sur la logique et la théorie de la science*），后越狱。1943 年 8 月 28 日在巴黎再次被捕。1944 年 4 月 4 日被纳粹军事法庭宣判死刑并遭枪杀，尸体被发现在阿拉斯公墓角落，并被标注为"无名氏五号"（inconnu n°5）。

世同时，他再次入狱，受尽酷刑，后被枪杀。他在审讯中严守秘密，对盖世太保只谈康德的绝对道德律令和贝多芬的《艾格蒙特》。① ——"如果这个人不是英雄，还有谁是英雄？"②

正是这位英雄评价薇依："典型的贵族特性，如今的社会不能容忍这种特性的人存在。"在他富有战斗经验的眼里，薇依的疯狂想法完全行不通，抗战时期人人应该服从安排，各尽其责，而不能一意孤行。"他甚至对她的固执己见有些恼火。"③

从传记和相关文献阅读在伦敦的薇依，确乎让人想到那个小小的安提戈涅，那个让克瑞翁大感恼火棘手的安提戈涅。他真正爱惜她，一心想救她，而她决然说不。显然这不是索福克勒斯的版本，而是阿努依的尚未问世的《安提戈涅》，即将在1944年春天巴黎工坊剧场首演。④

伦敦抵抗组织负责人菲利普和舒曼⑤接纳她，让她自由写作，看似再适合她不过的一项安排。他们肯定她的才华，赞美她的聪慧。正如这些善意是真诚的，她被理解的

---

① 康德在1785年出版的《道德形而上学的基础》中提出绝对道德律令概念。贝多芬的《艾格蒙特》（*Egmont*）是为歌德的同名戏剧所作的序曲和配乐。剧中的艾格蒙特和卡瓦耶斯一样是被判死刑的英雄。

② Georges Canguilhem, *Vie et mort de Jean Cavaillès*, 1976, Paris：Éditions Allia, 2004, p. 35.

③ 以上引自《西蒙娜·韦依》，页904。

④ Jean Anouilh, *Antigone*, Paris, La Table Ronde, 1946. 中译本见阿努依，《安提戈涅》，郭宏安译，2019年，人民文学出版社。

⑤ 安德烈·菲利普（André Philip, 1902—1970）是伦敦自由法国国家委员会负责人之一。舒曼（Maurice Shumann, 1911—1998）是薇依在亨利四世中学的同班同学。在他们的帮助下，薇依得以从纽约到伦敦。菲利普作为直接领导安排薇依在民政处担任撰稿人。

渴望同样恳切："赞美完全与我不搭调,赞美的方式还带给我极大苦恼。"① 比起赞美,她更希望真正派上用场。伦敦家信中谈及工作总是无奈。一开始,不知是否"在名副其实地工作",不知"写的东西是否有用",不知写完"能派什么用场"。愈往后愈是苦涩失望。"没有人看我写的东西","我的写作尝试实际上是无效的"……②

我内心有某种确信在不断增长,我身上有一个值得传承后世的纯金库。③ 只是,我和同时代人打交道,观察他们,这让我越来越肯定没有人来接收这个金库。这是一整块纯金。后来添进去的与原有的部分融为一体。随着这一整块纯金不断变大,其结构也愈加紧密。我不可能把它分成若干小块。接收这块纯金需要付出努力。而努力是让人如此疲劳的事!(1943年7月18日家信)

菲利普说:"为什么她不能研究些具体问题,比如工会问题,而总是关注那些泛泛而谈呢?"④他似乎只把《反抗的思考》一文呈交给戴高乐,并采纳意见成立最高抵抗委员会。他更希望她能研究英国工会现状,提供法国工会运动的可行方案。但她的多数报告显得不切实际。按她的话

---

① 引自致舒曼的第四封信,参看1943年7月18日、8月4日的家信。
② 引自1943年1月22日、3月1日、4月17日、7月12日、7月18日的家信。
③ 或许有必要结合《超自然认知》中的一段笔记理解这段引文中的黄金譬喻:"面对神我们就如小偷,小偷溜进人家里,主人出于善意任他带走金子。"(Simone Weil, *Connaissance surnaturelle*, Gallimard, 1950, p. 232)
④ 引自《西蒙娜·韦依》,页891,页925。

说，"不是决定世界命运，而是思考世界命运，这是完全两样的事"。①她何尝没有研究具体问题呢？从文明基础问题出发，质疑人权宣言概念，主张全面取缔政党，不赞同伦敦流亡政府的唯一合法性诉求，指明世界范围的去殖民化进程势不可挡，进而批评戴高乐对法兰西殖民帝国的拥护态度，这些意见很难为包括战斗法国组织在内的任何政党政府所采纳。②

有一天菲利普向舒曼抱怨没能好好运用她的智慧。她说："他确实没能做到。"但在观念思想上决不妥协，"我眼下写的东西在他读过之后没能让他改变主意"。由于不能赞同戴高乐临时政府在战后重建准备工作中的立场，她在去世前一个月写信辞职，拒绝承认是伦敦战斗法国组织的一分子，要求从抵抗组织内务部人员名单中除名。③

至于昔日同窗舒曼，"再热心不过"，"非常非常友好"，④ 总是耐心理解她，关怀帮助她。她对他畅谈信仰，寄给他《圣事理论》。但她说，"迟早我会让他难过"。⑤ 最后一面他们在激烈争论中度过。她批评战斗法国组织的做

---

① 引自《与法国人民命运攸关的殖民问题》。
② 《临时政府的合法性》："一旦国家形势恢复平衡，最好由一位曾经在法国土地上经受过考验的法国人领导国家。"《反抗的思考》："在法国群众眼里，戴高乐将军是一种象征，而不是一位领袖。"《与法国人民性命攸关的殖民问题》："当前自由法国有可能犯下最严重的错误，就是在不得已时把这一点作为某种绝对事实，在美国面前坚持殖民主张。"
③ 以上引自1943年7月26日致克洛松的信，《西蒙娜·韦依》中全文收录此信，页923–928。
④ 引自1942年12月16日、1943年4月17日、7月28日、8月16日的家信。
⑤ 引自1943年7月28日的家信。

法，包括代表法国加入盟国阵线，以及戴高乐与吉罗德的政治分歧等等。她指责舒曼没能送她去法国。"她要造他和戴高乐的反，因为他们没有给她机会完成使命。"她声明与战斗法国组织脱离关系断绝来往。那天他特意带给她一本维克尔的小说《海的沉默》，她看也不看沉默地拒绝了。①

这是一种"爱的疯狂"，让她表面看来不可理喻，让她非得亲身处在"蔓延地球表面的不幸"。这种爱的疯狂从前让她放下教职进工厂做工，让她奔赴西班牙参加内战，也让她长期停驻在天主教会的门槛之外，与"不入教必受诅咒"②的人们在一起，正如与战争苦难中的人们在一起，非如此不可。这种爱的疯狂让她不肯妥协于本该让所有人安宁的既有常规，让她反复再三地呐喊："我的位置不在那里。"③

> 爱的疯狂降临一个人，会彻底改变此人行动和思想的方式……为爱疯狂的人有个需求，那就是看见自由认同的能力处处得到发展，在这个世界上，在各种人类生活方式中，在每个人类身上。这对他们又有何好处呢？理性者这么想。可是，这不是他们的过错，可怜的人。他们是疯子。他们脏腑失调。他们对正义如饥似渴。
> （《我们是否为正义而战？》）

---

① 引自《西蒙娜·韦依》，页929。《海的沉默》是当时刚问世的地下小说（Vercors, *Le Silence de la mer*, Minuit, 1942）。另参看《信仰与重负：西蒙娜·韦依传》，页442。
② 薇依多次批评这条天主教教规（Anathema sit），伦敦著述中如见《全面取缔政治党派摘要》《最后的文稿》等。
③ 引自薇依的《超自然认知绪言》，收入《柏拉图对话中的神》，2012年，华夏出版社，页1-2。

这种爱的疯狂让薇依在伦敦陷入"太痛苦的精神状况",而别人一如既往"不理解为什么这种状况是痛苦的"。①很快她就触及身体和精神的极限,她自己也预感到了。②头痛症复发,疲倦在加重,极度消瘦,衰竭。四月中旬,她被发现昏倒在住处,确诊肺结核。住院期间"一直在38℃到38.5℃的高烧中苟延残喘"。③ 吃得太少,因为不肯超过敌占区的食物限量配给,也可能是消化系统过度衰竭导致进食困难,连医生也说她是最难治疗的病人。④

她死在八月的一天晚上。法医的定论是自杀。英国当地报纸刊登了"法国教授让自己饿死"的消息。这让人多少想到阿努依笔下克瑞翁把安提戈涅送上刑场时的话:"是她愿意死,我们之中没有人强大到足以使她决定活下去。我现已明白,安提戈涅生来就是为了赴死。"⑤ 恰恰因为这样罢,我们愈发有必要了解薇依本人如何看待索福克勒斯笔下克瑞翁与安提戈涅的真正对峙:

> 在克瑞翁眼里,安提戈涅的所作所为全然不带任何自然意味。他认为她疯了。我们不能责备他错了。

---

① 引自致舒曼的第一封信。
② 引自致舒曼的第四封信:"我在这里的工作用不了多久就会因三重极限而终止。首先是精神极限,不能适得其所的感觉让我的痛苦不断加剧,恐怕最终将不受控制地妨碍思考。其次是智力极限,一旦落实到具体问题,显然我将因为缺乏实际经验而中断思考。最后是身体极限,因为疲劳在加重。一旦触及极限,我想我将什么也给不了。"
③ 引自《西蒙娜·韦依》,页924。另参看《信仰与重负:西蒙娜·韦依传》,页433,444。
④ 引自《西蒙娜·韦依》,页919-921。另参看《信仰与重负:西蒙娜·韦依传》,页440。
⑤ 引自阿努依,《安提戈涅》,页95。

当下的我们恰恰和他一样思考、说话和行动。……这个年轻女子所遵循的未成文法不是别的，就是极端的爱，荒诞的爱，把耶稣基督推向十字架的爱。（《个人与神圣》）

关于她的死因争议，佩特雷蒙德的传记①做过详尽记载和勉力澄清，此处不赘述，而只限于援引薇依在另一个场合谈及索福克勒斯的悲剧：

> 在索福克勒斯的悲剧里，主人公往往是一个勇敢骄傲的人物，独自对抗某种难以忍受的苦痛处境。他（她）承受着孤独、苦难、耻辱和不义的重负；他（她）的勇气也会时时破碎；但他（她）始终坚持良善，没有放任自己在不幸中沦落。这些悲剧尽管很惨痛，却从不让人心里感到悲哀。读者反而从中获得公正从容的感受。《安提戈涅》正是这样一部悲剧。②

她一语道中《安提戈涅》古今版本的差别。从薇依在伦敦这部庄严肃穆的人生戏，③读者又感受到什么呢？是通常更像是为我们自己的悲哀找借口的荒诞虚无，还是一种自由等同于自强不息的公正从容？为了我们自己好，至少让我们尽可能按照她对安提戈涅的理解来理解她吧。从

---

① 引自《西蒙娜·韦依》，页932–936。另参看《信仰与重负：西蒙娜·韦依传》，页432–445。
② 引自薇依，《柏拉图对话中的神》，页126。
③ 卡博的传记里直接使用"西蒙娜·薇依的悲剧"这一说法，参看《信仰与重负：西蒙娜·韦依传》，页430。

头到尾她和索福克勒斯笔下的女子一样为爱疯狂,一样卑微地说:"我要到力量用尽了才住手。"①

3. "保存希望,但要适度"

薇依在一出悲剧中探讨过一种赴死的哲学。

一个谋反集团的头领出于怜悯心在行动前夜告密。他拯救了一座城邦,为此付出在世间珍视的一切,荣誉、友爱、尊严和生命。天亮的时候,同伴被处死。只剩他一人,背负罪恶耻辱。城里的人们不感激他,反而遗憾他们在叛徒手中得救。他们讥笑他,辱骂他,送他去赴死。一路上他逆来顺受不言不语。

"在他的灵魂深处究竟发生什么,始终是一个谜。"②

在伦敦赴死的薇依,在她的灵魂深处究竟发生什么,对我们来说是一个谜。只能亲身经历才算数。这是思想和行动要求一致的终极机会。有人事后回忆,病床上的她已然"像没有肉身的精灵,像圣子";也有神父说,她在接受祝福时让人感觉"面前是一个驯服听话的灵魂",尽管她爱争辩的天性让那个好神父心烦意乱。③她确乎说过,从做孩子时就很担心,"不是担心错过生命,而是担心错过死亡"。④她有否追求到她所向往的死亡,我们也无所知。

---

① 引自索福克勒斯,《安提戈涅》,行91。
② 引自薇依,《被拯救的威尼斯》,2019年,华夏出版社,页5,页8。
③ 以上引自《西蒙娜·韦依》,页913–914,页918。另参看《信仰与重负:西蒙娜·韦依传》,页434–435。
④ 引自致舒曼的第四封信。

她在一则笔记中援引路加福音的撒种譬喻。种子落在路上，被人践踏，被鸟吃尽，或者落在磐石上，第三种是荆棘丛中，最后一种落在好土。属灵的善的种子也是这样降临四类灵魂。她自知不是好土却是磐石。很大的不幸。但不幸中有一条朝向超自然的真和善的通道。如何让种子在干枯的磐石上萌芽？要不断往石头凹处倾注清水，要全神贯注，那活水甚至顾不上维系生命，而要滋养灵魂深处的种子。"这多少是我迄今凭靠本能的做法。"①

> 一个人没有亲身穿越他自身的消亡，没有长久停留在极限而彻底的屈辱状态中，就没有可能走进真实。
>
> 不幸是何等丑陋，有关不幸的真实表达就是何等极致的美。在正义和爱的精神光照下，美的光彩散布在不幸之上。唯有正义和美的精神才能使人类思想凝视并且再现不幸的原样。（《个人与神圣》）

这是索福克勒斯笔下的安提戈涅的属灵经验。二十年陪伴老父流亡外乡，她穿越俄狄浦斯的不幸（和她自身的不幸）走进真实，得到正义和美的全新认知。这也是在伦敦赴死的薇依的属灵经验吗？

"安提戈涅确实度过一段糟糕的日子。不过这没持续太久。现在已经过去了。"② 六月中旬的家信中，她如此安慰远方的双亲，不意中也留一丝线索给我们。

---

① Simone Weil, *Connaissances surnaturelles*, pp. 319–321. 相关《路加福音》经文参看 8: 5–8。
② 引自 1943 年 6 月 15 日的家信。

从头到尾她苦心隐瞒病情。最后一封信在父母得知死讯后寄到。信中还在为他们做思想准备:"往后信会很短,间隔很久,没有规律。"① 住院四个月,她编织了四个月的谎言。身体极度虚弱时甚至抬不起手,但家信上的字迹始终清晰有力。

她在信里谈天气。伦敦春天美不胜收。四月满城开花的树。五月的天是一种深邃美妙的蓝。六月玫瑰怒放,樱桃草莓当季。七月收成将近,天热得喘不过气。八月狂风暴雨,夜里人们在露天花园跳舞⋯⋯

她说起不满周岁的小侄女的灿烂笑容,在她走后那是父母的安慰。她饶有兴致地比较英式酒吧和法国小酒馆,说到伦敦东区姑娘夜夜上街约会(其实是在医院认识的清洁女工),说到几个年轻友好的英国相识(同样是医院里的医生护士)。还有和父母分享的阅读,每天几行《薄伽梵歌》,豪斯曼的《一个什罗普郡少年》,惠特曼,塞尚的画,里尔克的十四行诗⋯⋯还有那些总是快活的谎言:工作忙,一切都好,但愿别错过露天公园上演《皆大欢喜》⋯⋯

> 我多么希望你们能够真正充分享受纽约的蓝天、日出日落、星辰、草地、花开、树叶和婴儿。无论在哪里看见一样美好的东西,你们要对自己说,我和你们一起在那里。(第七封家信)

温柔的谎言是必要的,也是相互的。父母来信说在纽约很快活,尽管她不肯相信。他们描绘坐在河边树下读书,

---

① 引自1943年8月16日的家信。

就像她期待的那样。他们收到女儿来信就是过节。他们恳求她保重身体，想方设法和她重聚。①初到伦敦她奉劝他们打消念头："在我们这种年代计划家庭团聚是荒诞的。"②住院以来重新说起在北非重聚的计划。她甚至似乎抱有一丝恢复健康的希望，但只有父母在身旁才有可能。③最后一封长信的末尾殷殷交代："保存希望，但要适度。"④

这些家信让我在翻译中掉了好些眼泪。如果真有一种薇依的"学说纲要"，这些温存时刻要在其中有一席之地，包括每个信封背面的假地址，每句假话和假话里的真实消息，也包括高烧中的全神贯注，有节制的情感流露，好比她说起发疯的李尔和委拉斯凯兹画中的弄臣——他们说真话不被认真对待，她在这些疯子身上看见自己。⑤如果真有一种薇依的"学说纲要"，这些疯狂的爱的时刻要在其中有一席之地。多么可贵，这也是一个人通过思想和行动的完美一致得到定义的自由时刻。她说过，一棵树要有光也要有水，要有天上的恩典，也要有大地的滋养。⑥一种思想的灵性维度，要有身体性的世间礼法托举呵护，相互成全。是因为这样吧，思和行的无逸不单是为安顿个人身心，也光照一个时代的尊严教养：

---

① 参看 1943 年 7 月 14 日父母来信。
② 引自 1942 年 12 月 31 日的家信。
③ 引自 1943 年 7 月 26 日致克洛松的信，参看《西蒙娜·韦依》，页 927。
④ 引自 1943 年 8 月 4 日的家信。
⑤ 引自 1943 年 8 月 4 日的家信。
⑥ Simone Weil, *Connaissances surnaturelles*, p. 321.

在这一无比喜悦充实的时刻，人隐约明白真正的生活是有的，人全身心地感觉此世是在的并且人就在此世……我们的时代若能做到这一点，还有什么美妙充实的生活是我们所不能期待的？……从前许多人把文化视为自我完成，如今人们把文化当成单纯的消遣，通常还借此寻求逃避现实生活的手段。然而，文化的真正价值在于为真正的生活做准备，在于武装人类去与他所分享的世界、去与同等生存条件的同类建立种种不辱人的尊严的关系。（《自由和社会压迫的起因思考》）

在她的葬礼那天，神父上错火车没能赶到。在场只有七八人。朋友跪下为她念祈祷文吟圣咏。我常想象那是一个灿烂的白天："含泪的闪亮的微笑，某个寻常白日的开端。"① 就像悲剧里的英雄赴死那个早晨，心爱的姑娘一无所知，欢喜地睁眼醒来。② 就像十七岁那年她在亨利四世中学写的诗：

你在光中行走，
目光自由，两手空空，
前面是黎明，
纷华盛丽在城邦上空。③

---

① 薇依的诗《致白日》，引自《柏拉图对话中的神》，页310。
② 薇依，《被拯救的威尼斯》，页103–104。
③ 薇依写于1936年1月30日的诗《圣查理曼节日聚会上的诗》，引自《柏拉图对话中的神》，页297，有改动。

个人与神圣[*]

"我对你不感兴趣。"一个人对另一个人说这句话,必定在某种层面上施暴并损害正义。

"我对你个人①不感兴趣。"这句话很可以出现在好友之间的亲昵交谈中,不至于损害友谊中最微妙敏感之处。

同样,一个人说"我个人不重要",而不是说"我不重要",这么说不是在贬低自己。

由此足以证明,作为现代思潮语汇的人格主义②大错特错。在相关领域里,一个地方存在严重的语汇错误,很难不同时存在严重的思想错误。

每个人身上都有某种神圣不可侵犯之处。但不与这人的个人有关,也不与普遍人性有关。单纯与这个人有关。

街上走过一个路人,长手臂,蓝眼睛,脑中闪过我无从知晓但可能无足轻重的想法。

---

* 原文标题:La Personne et le sacré。最早刊于 1950 年 12 月文学期刊《圆桌手册》(*La Table ronde*)第 36 期,另命名为《人格的义与不义》(*La personnalité humaine, le juste et l'injuste*),后收入《伦敦文稿及书信》(pp. 11 - 44)。

① La personne:指"人、个人",源自拉丁文 persona,或希腊文 prosopon,后者指演员在剧场所戴的面具。薇依的用法似呼应神的位格("三位一体"),指人的位格,或人格(la personnalité),呼应下文的"人格主义"。

② Le personnalisme:人格主义在 1930 至 1950 年代的法国知识分子圈中极为盛行,代表者为左翼天主教刊物《精神》主编穆尼埃(Emmanuel Mounier,1905—1950),主张"一种行为如果尊敬普遍人性并促进人格发展就是善的"。

对我来说，这个路人之所以神圣不可侵犯，不在于他的个人或普遍人性。在于他。完整的他。手臂、眼睛、想法，全部包含在内。我在损害这一切时不得不有无穷顾虑。

如果说他身上的普遍人性对我来说是神圣的，那么，我大可以轻易弄瞎他的眼睛。他变成瞎子，照旧是和从前一样的人类。我丝毫没有损及他身上的普遍人性。我只是损害了他的眼睛。

没有可能定义对普遍人性的尊敬。不只是没有可能在语言上被定义。许多光彩照人的概念同样无法在语言上被定义。但对普遍人性的尊敬这个概念更进一步无法被构想。这个概念由思想的某种神秘操作划定界限，不可能被定义。

以某种无法被定义被构想的概念作为公共道德准则，这无异于为诸种形式的暴政放行。

1789年盛行于世的权利概念[①]由于内在的贫乏不足而无力胜任世人所重托的使命。

将两个不充足的概念混为一谈，美其名曰普遍人性的权利。这么做再也不可能把人类带得更远。

究竟是什么在阻拦我弄瞎这个人的眼睛，既然我被允许这么做并且从中得到乐趣？

虽说这个人整个儿对我来说是神圣的，但他并非在一切条件下并从各个方面对我来说都是神圣的。他不是由于手臂长或者眼睛蓝或者无足轻重的想法而神圣不可侵犯。

---

① 参看《扎根：灵魂的诸种需求》开篇："义务概念优先于权利概念。权利从属于义务，并与义务有关。一种权利并不自行有效，只能通过相对应的义务才有效。"

他不是身为公爵神圣不可侵犯，假设他是个公爵的话。他也不是身为捡破烂的人神圣不可侵犯，假设他是个捡破烂的人的话。让我住手的理由与上述说法完全无关。

我之所以住手是因为我知道，如果弄瞎这个人的眼睛，那么他会因为被人伤害的想法而导致灵魂撕裂。

一个人从孩童时期直到进入坟墓，尽管有诸种犯过、忍受过、观察过的罪恶经验，在他属人类的心灵深处总有某种东西在难以克制地期待别人对他行善而不是作恶。正是这一点首先成就人类身上的神圣。

善是神圣的唯一来源。只有善以及与善相连的东西才有神圣。

人心中这一深沉而孩子般的部分总在期盼善。追讨权利并不与这个部分有关。小男孩眼红地查看哥哥分到的蛋糕是不是比他手里那块更大。这是因为他服从来自灵魂较浅部分的动机。正义一词有两个截然不同的意思，分别与灵魂的两个部分相关。只有前一个部分是重要的。

从人心深处迸发出孩子般的怨诉，就连耶稣基督也不能克制："为什么对我作恶？"① 每逢这种时候肯定有不义发生。因为，如果说在通常情况下怨诉是某种错误的后果，那么不义就在解释的欠缺中。

遭受重创以致呐喊的人们依据不同的天性和时机而顺从不同的动机。有些人在某些时候从呐喊中获得精神上的满足。还有许多人不知自己为何呐喊。因为这是一种寂静

---

① 《约翰福音》18：23。耶稣挨差役打时说：我若说的是，你为什么打我呢？

的呐喊,只在人心的秘密深处回响。

这两种精神状况远比表面上更互相接近。第二种状态只不过是第一种状态的弱化形式。不知为何呐喊,这种无知得到迎合维系,也在讨好,也包含某种精神满足。我们的意愿只受两种限制,也就是基本物质需求和我们周遭其他人的存在。这也是为什么诸如战争或内战这类动乱如此让人兴奋——战争致使人的存在从现实抽离,形同把人变成木偶。这也是为什么奴隶制在主子眼里如此赏心悦目。

在那些遭受太多重创的人身上,好比奴隶,人心因为蒙受恶而突然呐喊的部分似乎已然死去。但它永不会彻底死去,只是再也无力呐喊,陷入某种喑哑不间断的呻吟状态。

然而,即便在那些呐喊能力完好无损的人身上,这呐喊也几乎无法用存活下来的言语从内到外获得自我表达。尝试传译这呐喊的言语通常会陷入彻底错误。

那些最常有机会感到别人对他们作恶的人也是最不擅言语的人,这是同样难以避免的事。在轻罪法庭看到一个不幸的人结结巴巴说不清楚,他面前的法官用文雅的语言开伶俐的玩笑。再也没有比看见这副场景更可怕的事了。

除理智以外,人类与公开表达自由真正相关的唯一官能就是人心为抵抗恶而呐喊的部分。然而,由于人心的这个部分不知如何表达,自由发挥的作用微乎其微。公共教育必须旨在尽量为人心的这个部分提供表达方式。其次必须为不同意见的公共表达规范一套制度,定义制度的原则不是自由,而是某种沉默和关注的氛围,微弱笨拙的呐喊在其中有可能被听到。最后必须建立一种体系,尽可能吸引那些有能力也有意愿倾听并且理解呐喊的人承担领导工作。

一个政党忙于夺取或保存政府权力，只能从这些呐喊中听见噪音。这声音要么干扰政党自身的宣传声音，要么反过来为之造势，政党以此为依据作出不同回应。但无论如何，政党没有能力拥有某种温存先见的关注力以辨认这些呐喊的意味。

每当公共生活被政党之争所控制时，其他受感染模仿政党的组织机构同样如此，只是程度略轻。所有组织机构，也包括工会乃至教会。

显然，政党和相似的组织机构全然顾不上审慎地理解领会。

一旦表达自由在事实上被归并为这类组织机构的宣传自由，那么，人类灵魂中值得自我表达的唯一部分就不再拥有这么做的自由。或者其自由的程度极其微小，几乎与独裁统治下无异。

这就是党派之争决定权力分配的民主现状。这也是我们法国人迄今美其名曰的民主现状。我们不知还有其他民主。必须创造出其他民主。

同一标准以相似方式施行于一切公共建制，可能导致同样明显的后果。

提供此种标准的不是个人。由于蒙受恶而从灵魂深处突然迸发出痛苦的呐喊，这不是个人的事。单单损害个人和人的欲求不足以促使人发出呐喊。只有在痛苦中感觉与不义接触才会促使人发出呐喊。在最卑微的人身上，正如在耶稣基督身上，这呐喊总会构成某种非个人（impersonnel）的抵抗。

个人反抗的呐喊极为常见，但不重要。无须触犯神圣就能轻易激起这类呐喊。

*

一个人之神圣不可侵犯，不在于他的个人，而在于他身上的非个人之处。

人类身上的一切非个人之处是并且唯一是神圣的。

在我们的时代，作家和学者如此古怪地篡夺祭司的地位，公众带着全无理性基础的顺从，承认艺术才能和科学才能神圣不可侵犯。这被普遍视同为不证自明的事，但其实远非如此。如果需要给出理由的话，人们就会引证说，施展这类才能乃是让普遍人性充分发展的最高形式。

通常确实也不过如此。在类似情况下，不难察觉这类才能的价值和作用。

这种现象导致不同的生活态度。比如在我们这个世纪所常见的生活态度，布莱克有一句可怕的表述："情愿把婴孩扼杀在摇篮中，也不要让他心存不得满足的欲望。"再比如某种生活态度导致无动机行为（acte gratuit）的概念。这种现象导致生成一门科学，各式各样的概念准则和价值标准全被允许，只有真实被排除在外。

格里高利圣咏、罗曼式教堂、《伊利亚特》和几何学的发明贯穿无数人的生命传承到我们今天。在这些人身上，上述作品绝不是个人充分发展的机会。

仅仅作为个人发展形式的科学艺术文学哲学构成一种领域，人们在其中有可能实现灿烂荣耀的成功，声名流传后世几千年。但在这个领域之上，远远超乎这个领域，间隔着无边深渊，还有另一个领域。头等级别的东西位列其中，并且从根本上是无名的。

进入另一个领域的人要么声名传后世，要么被世人遗忘，这纯属偶然。就算声名传后世，这些人也是不具名的：他们的个人已然消失不见。

在无人称、不具名之物所在的另一个领域里，真和美常在。这个领域才是神圣的。前一个领域并不神圣，或者说，即便前一个领域显得神圣，那也只不过是绘画上表示圣餐的一笔油彩所能体现的神圣。

科学中的神圣在于真实。艺术中的神圣在于美。真和美是非个人的。这一切再明显不过。

就像孩子做加法运算。他如果算错了，那错误自带有他的个人特点。如果他的运算完美无误，那么他的个人在整个运算过程中是不在场的。

完美是非个人的。我们的个人乃是我们的错误罪恶部分。一切神秘灵修者的努力无不旨在从灵魂剥除一切声称"我"的部分。

然而，灵魂中声称"我们"的部分还要无穷倍地危险。

*

在非个人中穿行，唯有借助某种罕见特质的专注才能做到这一点。只有在孤独中才能产生这样的专注。不仅是事实的孤独，还要是道德的孤独。一个人如果自认为是某个集体的成员，某种"我们"的一分子，那么他永远无法做到在非个人中穿行。

集体中人无法抵达非个人的境界，哪怕是较低形式也不可能。一群人甚至不可能共同做一道加法运算题。加法运算必须在特定精神状态下进行,也就是做运算的人当时忘记还有其他任何精神存在。

个人与非个人相对。不过在两者之间还有通道。在集体与非个人之间则无通道。首先须得是集体分解成相互分离的个人,随后个人才有可能转为非个人境界。

单单就这层意思而言,个人比集体具有更多的神圣性。

集体不但与神圣毫不沾边,还会通过模仿神圣假象步入歧途。

导致集体带有神圣特点的错误在于偶像崇拜:在任何时代任何国家,这是最广泛存在的罪恶。满眼只看重个人发展的人完全不知神圣为何物。在这两种错误中,很难说清楚哪种更糟糕。通常在同一个人的脑子里会按不同比例组合这两种错误。不过,第二种错误远无第一种错误的活力和持久。

就精神层面而言,1940年的德国与1940年的法国之间的斗争,从根本上不是野蛮与文明、善与恶的斗争,而是第一种错误与第二种错误之间的斗争。

个人服从集体不是什么丑闻,而是机械现象范畴里的一大事实,正如天平上的克必然向千克倾斜一样。事实上,个人永在顺从集体,哪怕是在所谓个人发展的时刻。

举个例子。艺术家和作家越是把他们的艺术工作视同个人发展的机会,越是在事实上服从公众趣味。雨果毫无困难地将个人崇拜和"响亮回声"[①] 的角色融为一体。王尔德、

[①] 出自雨果诗集《秋叶》(*Les feuilles d'automne*, 1931):"我是这个世纪的响亮的回声(écho sonore)。"

纪德或超现实主义者的例子更为明显。处在同一水平的学者同样受风尚控制。风尚对科学比对帽子式样的影响力更强大。专家的集体观点总是凌驾在每个专家之上。

人一旦在事实上并且基于事物本质而服从集体，也就不存在与个人相关的自然权利。

据说古代没有针对个人的尊敬概念，这个说法有道理。古人思想极为清晰，不会制造这么含糊的概念。

人类想要逃避集体，只能自我攀升到个人以上，进而转入非个人境界。在那一刻，他身上有某种东西，某一小块灵魂，完全不受集体的控制。他若能做到扎根于非个人的善，换言之，他若能变得有能力从非个人的善中汲取力量，那么，每当他觉得有必要时，他总能扭转某种肯定微小但真实的力量，以此抵抗任何形式的集体，并且这么做时不必依靠其他任何集体。

在某些时机下，微末的力量可能起到决定性作用。一个集体远比一个人更有力。但一切集体为了生存需要合作，加法运算就是根本的例子，只有处在孤独状态的精神才能完成加法运算。

集体的这一需要提供了非个人境界控制集体的可能性，前提是我们懂得研究出利用这一点的方法。

一个人进入非个人领域，必然承担起针对所有人类的责任。这个责任就是保护，不是保护个人，而是保护个人所含带的通往非个人境界的那点脆弱的可能性。

须得先对这些人发出尊重人类身上的神圣特质的呼吁。想要让这种呼吁能够存活，须得是针对那些有能力听见呼吁的人发出。

每个集体成员的身上带有某种集体不得侵犯的东西。对集体做上述解释是没有用的。首先，除非是虚构，集体不是人。集体没有生命，只有抽象存在。对集体说话是虚假的运作过程。其次，即便集体像某个人，那么它将是只知尊敬自己的个人。

此外，最大的危险不在于集体倾向于压制个人，而在于个人倾向于投身淹没于集体中。或者说，前一种危险只是后一种危险的表象而迷惑人的形式。

如果说，对集体说个人是神圣的，这么做没有用，那么，对个人说其个人是神圣的，这么做同样没有用。他不会相信这一点。他并不自我感觉是神圣的。个人之所以不会自我感觉神圣，原因无他，个人事实上并不是神圣的。

有些人凭靠良知做出不一样的见证。首先他们的个人带入某种神圣感觉，其次他们相信通过普及可以使所有个人带有这种神圣感觉。这些人实乃深陷在双重幻影中。

他们所感受到的并非真正的神圣，而是集体所制造的对神圣的虚假模仿。他们凭靠自身经验感受到神圣，那是因为个人处在社会声望的中心，并且凭靠社会声望参与到集体幻象中。

不但如此，他们还错误地以为有可能普及推广。这种错误的普及尽管源自慷慨大方的行为，却不具备足够的美德，以至于不具名的人类问题在他们眼里不再真的是不具名的人类问题。但他们很难有机会察觉这一点，这是因为他们触碰不到不具名的人类问题。

在人类身上，个人永在困境中，寒冷不堪，急不可耐地寻求避难所，寻求温暖。

有的个人在等待中裹着社会声望的温暖外衣，这些人无从了解上述这一点。

正因如此，人格主义哲学就此生成并且迅速盛行，不是在普罗大众中，而是在作家圈中。基于职业原因，作家拥有或者渴望拥有名气和声望。

集体与个人的关系确立须得带有独一无二的目标，也就是排除一切有可能妨碍灵魂的非个人部分的生长和神秘萌芽的东西。

为此，一方面，在空间维度的每个人周围，须得有时间维度的一定程度的自由支配，须得有越来越高程度的关注的过渡可能性，须得有孤独和寂静。另一方面，须得保有个人的温度，以免人受困境所迫淹没在集体中。

*

如果这就是善，那么，人类在恶的方向上似乎很难比现代社会（即便是现代民主社会）走得更远。一座现代工厂或许离恐怖的边缘不甚远。每个人在其中由于异己意愿的干预而持续受到纠缠和刺激，与此同时，灵魂始终处于寒冷、困顿和放弃状态。人类原本要有温度的寂静，却得到冰冷的喧嚣。

体力劳动虽然辛苦，本身不是堕落。体力劳动和艺术无关，与科学无关，但具备某种与艺术科学绝对对等的价值。这是因为体力劳动提供同等可能性，有可能通往某种非个人的关注形式。

弄瞎少年华托①的眼睛,迫使他去推石磨。安排一个小年轻在工厂流水线或按件计酬的机车上干活,并且假定他天生只能干这类活。前一种罪行不会比后一种罪行更严重。只不过,比起画家的天赋使命,小年轻的天赋使命不易察觉。

尽管方式不同,体力劳动和艺术科学在同样程度上与这个世界的现实、真和美有所接触,与成就世界秩序的永恒智慧有所接触。

正因为此,轻视劳动是亵渎神圣,正如辱没圣餐是亵渎神圣一般。

倘若劳动者感觉到这一点,倘若他们感觉到,基于他们是牺牲品的事实,他们从某种程度上也是同犯,那么,他们的抵抗将会带有某种冲动,与关乎个人和权利的思想所能提供给他们的冲动截然不同。这将不是权利的追讨。这将是整个人的存在的翻转,粗暴而绝望,好比年轻姑娘被强行逼进妓院时的反抗。与此同时,这也将是从内心深处迸发的一声希望的呐喊。

这种感觉就潜藏在他们身上,只是含糊不清,他们自己也无力辨认。擅长言语的专家无能力为他们提供表达方式。

有人对他们谈论他们的命运,通常情况下就是谈论薪资。而他们疲倦不堪,在疲倦中任何专注的努力都会带来痛苦,他们情愿松一口气接受浅易的数字澄清。

他们抱怨被克扣工钱,被拒绝拿公平报酬。他们的目标变

---

① Watteau(1684—1721):法国画家。

得可以讨价还价。他们忘了目标不是别的就是他们的灵魂。

让我们想象魔鬼正在购买某个不幸者的灵魂。这时有人对不幸者起了怜悯心，干预到论辩中，对魔鬼这样说："你开这个价真可耻。这件东西至少值两倍价钱。"

这类可悲的闹剧在工人运动中经常上演，参演者包括工会、政党和左派知识分子。

这种讨价还价的精神早在权利概念中不言自明。1789年的人们不审慎地把权利概念安置在他们面对世界发出呼吁的核心位置。这等于预先摧毁了呼吁的功效。

*

权利概念与分享、交换和数量的概念相连。这个概念带有某种商业气息，让人联想到诉讼和辩护。权利只能以某种追讨的语气获得支持。一旦这种语气被采纳，那么力量也就不远了。力量就在权利背后，目的是确认权利的存在，否则的话权利就是可笑的。

在同一范畴内部存在大量概念。这些概念本身与超自然完全不相干，但又略微高于暴力。这些概念全与集体的兽的习气有关，借用柏拉图的说法，野兽还保有恩典的超自然运作所强加的某种训练的若干痕迹。这些概念不可能持续接收到此种运作更新所带来的存在更新。这些概念只是某种残余。这些概念必须顺从野兽的心血来潮。

权利概念、个人概念和民主概念从属于这一范畴。贝尔纳诺斯[①]有勇气地观察到，民主面对独裁者不能做出任

[①] Georges Bernanos（1888—1948）：法国作家。

何防卫。个人从本质上顺从集体。权利从本质上依赖力量。掩盖这些真相的谎言和错误是极端危险的,因为这类谎言和错误会妨碍我们去求助那唯一有能力摆脱并预防力量的东西,那是另一种力量,即精神的光照。沉重的物质只有在一种情况下才有可能违反重力作用向上运动,那就像植物的叶绿素汲取太阳光能并利用汁液完成光合反应。一旦植物失去光照,就会重新遭受重力和死亡的循序渐进的无情支配。

在这类谎言中,就有十八世纪唯物论者所提出的自然权利的谎言。这不是卢梭的概念。卢梭拥有清醒有力的精神,并且真正受到基督宗教的启示。这是狄德罗和百科全书派的概念。

权利概念起源于古罗马。一切来自古代罗马的东西就如《启示录》中的女人,"遍体有亵渎的名号"。① 权利概念是非基督宗教的,是不能受洗行圣礼的。古罗马人和希特勒一样心知肚明,力量必须穿戴上若干理念的新衣才能充分发挥效用。他们于是运用权利概念派这个用场。这个概念确乎相当适用。世人指控现代德国轻视权利概念。但这个概念在无产阶级国家诉求权利时被用了个够。事实上,权利概念对受其控制的人只承认顺服的权利。古代罗马同样如此。

赞美古代罗马为我们遗留下权利概念,这尤其是骇人听闻的事。因为,仔细观察这个概念在古罗马发祥地的原样,进而辨析其类别,我们会发现,所有权在彼时被定义

---

① 《启示录》17:3。

为使用权和滥用权。并且事实上，所有者拥有使用权和滥用权的对象不是别的，绝大部分就是人本身。

希腊古人没有权利概念。希腊语中没有专门表达这个意思的词。希腊古人满足于使用正义一词。

基于某种奇特的混淆，人们才把安提戈涅所代表的未成文法等同为自然法①。在克瑞翁眼里，安提戈涅的所作所为全然不带任何自然意味。他认为她疯了。

我们不能责备他错了。当下的我们恰恰和他一样思考、说话和行动。我们不妨参照文本证实这一点。

安提戈涅对克瑞翁这样说："宣布这法令的不是宙斯，那和冥土神灵同伴的正义神也没有在人类中规定下相似的法令。"② 克瑞翁试图说服她，他下的命令是公正的。他指责她在尊敬一个兄弟的同时冒犯了另一个兄弟，因为同一种荣誉被同时给予悖逆者和忠诚者，一个在妄图摧毁祖国的时候送命，另一个在捍卫祖国的时候牺牲。

她这样说："可是冥王要求平等的法令。"他合乎常理地予以反驳："可是勇士与叛徒不能平等，享受同样的葬礼。"而她认为这个回答太荒诞："谁知道在冥土这是合法的吗？"③

克瑞翁的观察完全合乎情理："可是仇人绝不会成为朋友，即便死后也不会。"可是那个小傻子回答说："我天生不是要恨，而是要爱。"

---

① Droit naturel：在法国百科全书派的道德语境下译为"自然权利"。
② 索福克勒斯，《安提戈涅》，449 - 451。
③ 索福克勒斯，《安提戈涅》，518 - 520。

克瑞翁越发讲理:"那么你就到冥土去吧。你要爱就去爱那里的鬼魂吧!"①

事实上,这也是她的真正下场。因为,这个年轻女子所遵循的未成文法不但与其他法令毫无共通之处,而且不带一丝自然意味。这条未成文法不是别的,就是极端的爱,荒诞的爱,把耶稣基督推向十字架的爱。

那和冥土神灵同伴的正义神规定下这爱的过度。没有什么权利做得出这样的规定。权利与爱没有直接关系。

正如权利概念与希腊精神全无相干,权利概念也与基督宗教启示全无相干。这里指纯粹的基督宗教启示,没有混杂古罗马或希伯来或亚里士多德的遗产。我们无法想象方济各谈论权利。

如果是对有能力倾听的人这样说:"你对我的所作所为不公正",那么有可能从根源上打动和唤醒对方身上的关注和爱的精神。如果是说"我有权利……"或者"你没有权利……",情况则不会相同。这类话语蕴含潜在的战争,唤醒战斗的精神。放置于社会冲突中心的权利概念致使双方毫无可能表现一丝善意。

权利概念一旦作为排他性的用途,很难把目光锁定在真正的问题上。在市场上,有个收购者冒失地对农夫施压,企图用低价买走对方的鸡蛋。农夫很可以这样回答他:"我有权保留我的鸡蛋,如果你不给出好价钱的话。"然而,年轻姑娘被强行逼进妓院时不会谈论她的权利。在第二种情况下,权利一词因不足贫乏而显得可笑。

---

① 索福克勒斯,《安提戈涅》,521–524。

这也是为什么社会悲剧尽管与第二种情况相类似，由于权利一词的运用，却往往错误地看上去与第一种情况相类似。

由于权利一词的运用，本该从肺腑深处迸发的呐喊，在事实上沦为某种追讨式的尖酸抱怨，既不纯粹也无效用。

*

权利概念自然而然带出个人概念。这甚至是基于权利概念本身的平庸。因为权利与个人事宜相关。权利的水平就此确定。

在权利一词之外加上个人一词，这意味着人的权利与所谓的个人发展相互牵连，人类就此制造出一桩严重得多的恶。被迫害者的呐喊每况愈下，比追讨的腔调还不如，从此采用欲望的腔调。

这是因为，个人发展只能发生在社会威望让个人自我膨胀的时候。个人发展是一种社会特权。对人群谈论人的权利时不会说起特权，而会说起相反的东西。人群不具备充分的分析能力，不可能自行清楚地辨认何为特权。但人群能够感觉特权，日常经验促使人群对此确信无疑。

特权不会成为人群拒斥秩序一词的理由。在我们这个理解力被遮蔽的时代，有人毫无困难地代表所有人宣称，在特权方面，在本质是特权的事物方面，人人享有平等的一份。这是既荒诞又卑劣的追讨。荒诞，因为特权的定义即不平等。卑劣，因为特权不值得被欲求。

然而，那些明确提出追讨诸事的人，那些垄断话语权的人，恰恰属于特权者的范畴。他们绝不会说特权不值得被欲求。他们不这么认为。不过更重要的是,他们这么说不合时宜。

基于同一类缘由,许多不可或缺并且有可能拯救人类的真相没有被说出来。那些能说的人无法做出明确表达,那些有可能明确表达的人不能说。找到此种不幸的解药乃是名副其实的政治所必须面对的一大迫切问题。

在不稳定的社会里,特权者居心不良。有的用挑战的神情自我掩饰,对人群说:"你们不享受特权而我享受特权,这是再合理不过的事。"还有的用亲切的口吻对人群说:"我宣布你们所有人对我所享有的特权享有平等的一份。"

第一种态度相当可恶。第二种态度缺乏真诚,此外也过分轻率。

这两种态度无不刺激民众奔跑在恶的道路上,逐渐远离唯一真实的善。那善并不掌握在他们手里,但从某种层面上就在他们近旁。比起那些怜悯他们的人,他们更靠近真正的善,那是美、真、喜乐和充足的源泉。只是,他们不处在善之中,也不知如何进入,这使得他们看上去离真正的善无比遥远。那些代表他们言说、对他们言说的人同样没有能力理解他们处在何种困境,又有何等丰盈的善几乎就在他们手边。他们必须得到理解,这是必要的事。

不幸本身是发音不清的。不幸者无声地恳求有人提供给他们自我表达的词语。有些时代他们不能如愿。另一些时代,有人提供给他们一些词语,却是没有选好的词语,这是因为做出选择的人与他们试图解释的不幸毫不相干。

在通常情况下,这些人远离不幸乃是基于环境造成的身份地位。然而,就算他们靠近不幸,就算他们在生命中的某个时期（甚至是近期）遭遇过不幸，他们始终与不幸毫不相干，因为他们总会尽快与不幸扯断关系。

思想反感思考不幸，正如活生生的身体反感死亡。一头鹿主动自我牺牲，一步步走向大张獠牙的猎犬。一个人的精神明明有回避能力，却主动关注一桩真实临近的不幸。以上两件事的可能性同等微弱。

就善而言不可或缺的，恰恰从本质上不可能。这一点在超自然层面永远可能存在。

*

超自然的善不是某种自然的善的补充，尽管有人为了最大限度地安慰我们而情愿这么说服我们，并且亚里士多德也佐证过这个观点。事实果真如此会是让人愉快的。但事实并非如此。作为让人心碎的人类存在问题之一，我们只能在超自然的善与恶之间选择。

把那些属于价值中间地带的词语安放在不幸者口中，诸如民主、权利或个人，这是在送给他们一件不能带来任何好处而只会不可避免造成许多坏处的礼物。

这些概念在天上没有位置，只能悬置在空气中。基于这个原因，这些概念没有能力咬合住大地。

只有从天空持续投射的光照能够把能量带给一棵深而有力地扎根大地的树。事实上，这棵树扎根在天上。

只有属天的东西才有可能真正在大地上刻下印记。

想要切实有效地武装不幸者，须得往他们的口中安放另一类词语，这些词语的固有居所在天上，超乎天外，在另一个世界。不应该担心这是不可能的事。灵魂在不幸中总会如饥似渴地接收,总会畅饮来自那个所在的一切东西。这类产品缺乏的不是消费者而是供应者。

选择词语的标准很容易辨认和施行。淹没在恶中的不幸者渴求善。必须只给他们仅仅表现善、表现纯粹状态的善的词语。这一区分很容易做到。凡是有可能与某种指代恶的东西相搭配的词语就与纯粹状态的善不相干。人们在谴责的时候说:"这人总把个人摆在前头",个人因而与善不相干。人们也会说到民主的弊端,民主因而与善不相干。拥有某种权利意味着有可能予以善用或滥用,权利因而与善不相干。反过来,履行某种责任永远是一种善,并且处处有效。真、美、正义和同情永远是善,并且处处有效。

事关不幸者的愿望,为了确保言语确切,须得限定使用那些时时处处在任何语境下仅仅表现善的词语和句子。

在词语方面,这是我们有可能提供给不幸者的两种救援之一。另一种救援是找到那些表现他们的不幸真相的词语。这些词语透过外在的语境让不幸者感知他们永在沉默中迸发的呐喊:"为什么他们对我作恶?"

就第二种救援而言,不幸者不能指望那些有才华的人,那些名流要人,甚至不能指望世人通常所说的天才人物。这是因为世人在用词上往往混淆天才(génie)与才华(talent)。不幸者只能仰靠第一流的天才,诸如《伊利亚特》的作者、埃斯库罗斯、索福克勒斯、写《李尔王》时的莎士比亚、写《费德尔》时的拉辛。这类天才极其少数。

大多数人生来没有天分或者天分平庸,他们不仅远远不能企及荷马、埃斯库罗斯、索福克勒斯、莎士比亚和拉辛,也远远不如维吉尔、高乃依和雨果。然而,这些人得以生活在非个人的善的国度，反倒是维吉尔、高乃依和雨果等人不得其门而入。

一个名副其实的乡下傻子，从来说话含糊不清，但他真诚地热爱真实，就思想而言他比亚里士多德无限高明。他无限亲近柏拉图，远胜过亚里士多德亲近柏拉图。他拥有天才，相形之下，亚里士多德只适合才华这个用词。如果有个仙女前来提出改变他的命运，让他拥有类似亚里士多德的命运，那么他应该做出的明智反应是毫不迟疑地拒绝。可是，他对此一无所知。没有人对他说起这层意思。所有人对他说相反的意思。须得告诉他这一点。须得鼓励那些傻子，那些没有才华或才华平庸但拥有天才的人。不必担心这样的人会变骄傲。一个人只要热爱真实就始终有谦卑相伴。真正的天才不是别的，就是谦卑在思想领域的超自然美德。

不应该如1789年所自我标榜的那样鼓励才华繁荣发展，而应该带着温存的敬意去珍惜并重新振作天才的成长。因为，只有真正纯洁的英雄、圣人和天才有可能成为不幸者的救援。处于天才与不幸者之间，那些有才华、有智力、有精力、有个性的人和名流要人则会形成屏障并阻碍救援。不应该破坏屏障，而应该把屏障悄悄放到一旁，尽量避免让人发现。此外须得打破危险得多的集体屏障，取缔停留在我们的制度和风俗中的任何形式的党派精神。无论要人还是党派从来不会倾听真实和不幸。

*

真实和不幸之间有自然纽带。这是因为两者均系沉默的求援者，永远被判定在世人面前发不出声音。

好比一个流浪汉被指控从田间偷走一根萝卜。他站在轻罪法庭上结结巴巴口齿不清。法官舒适地坐在他面前，姿态优雅，滔滔不绝地提问评论，间或开开玩笑。在忙于优雅地陈述观点的智力面前，真实也是如此。

即便在表面沉默不语的人身上，语言总在形成观点。被称为智力的自然官能与观点、语言相关。语言陈述关系。但语言陈述的关系有限，因为语言在时间中发生。如果语言杂乱含糊，不准确无秩序，如果发送或收听语言的人很难保持思想专注，那么，语言就不包含或者几乎不包含任何关系的真实内容。如果语言完全清楚明了，准确有序，如果收听语言的人有能力在理解第二个想法的同时保持对第一个想法的专注，并在理解第三个想法的同时保持对前两个想法的专注，如此这般，那么，语言有可能相对而言包含诸种丰富的关系。然而，和其他财富一样，这种相对的丰富性与完美无缺相比不值一提，只有完美无缺才值得欲求。

即便在竭尽完善的情况下，一个人的精神封闭在语言中，也就形同受到监禁。他的极限乃是借助词语在同一时间所能关注到的关系总数。但他对那些涉及更庞大的关系数字组合的想法一无所知。这些想法超乎语言之外，不可能明确表述，尽管这些想法本身绝对准确清晰，并且构成这些想法的每个关系均有可能用完全清楚的词语表达出来。这样一来，一个人的精神在局部真实的或大或小的封闭空间里活动，永不可能把目光投向空间之外。

如果一个受囚的人不知自身被囚禁，那么这个人就生活在错误中。如果他在哪怕只有十分之一秒内承认自身被囚禁，随即赶紧忘却以免受苦，那么这个人就停留在谎言中。即便是智力极其出色的人也有可能从出生到死亡始终处于错误和谎言中。在这些人身上，智力不是一种善或优点。不同人的智力有高低之别，就如被判监禁的囚犯所分配到的牢房有大小之别。聪明人为自身智力感到骄傲，就如囚犯为分配到大牢房感到骄傲。

一个人如果感觉到自身被囚禁，那么他情愿假装不知道。可是，如果他憎恶谎言，他就不会这么做。他将不得不深受其苦。他会四处撞墙直到昏厥过去。他随后会醒来，害怕地看着那堵墙。有一天他还会重新反抗并再次昏厥。如此这般。没完没了，毫无希望。直到有一天，他在墙的另一头醒来。

他有可能还是被囚禁，只不过空间比原来大些。但有什么关系呢？他就此掌握了钥匙，知悉推倒所有墙壁的秘诀。他超越人们所说的智力范畴，他攀升到智慧起始之处。

一种精神但凡被封闭在语言中，就只能发表观点。有些思想包含大量相互合并的关系故而不可表述，比起用最清晰的语言所表述的思想，这些不可表述的思想更为准确高明。一种精神但凡有能力把握这些不可表述的思想，就已然停留在真实中。这样的人拥有确信和无遮蔽的信任。他一开始拥有或高或低的智力，被关在或大或小的牢房，这不重要。他走到无论高低与否的心智尽头，并且有能力超越自身的心智，这才是唯一重要的事。一个乡下傻子和一个神童同样地接近真实。两者之间仅隔着一堵墙。一个人没有亲身穿越他自身的消亡，没有长久停留在极限而彻底的屈辱状态中，就没有可能走进真实。

不幸的认知面临同样的障碍。正如真实有别于观点，不幸有别于苦难。不幸是碾压灵魂的机制。一个人被不幸逮住，就如一名工人突然被机器的齿轮卡住。转眼就是被撕碎的模糊血肉。

苦难如果构成某种字面意思的不幸，其程度和性质伴随不同的人而有很大变化。这尤其取决于一个人最初拥有的生命力和面对苦难所采取的态度。

人的思想无法辨认出不幸的现实。倘若有人辨认出不幸的现实，那么他会自言自语："某种无法掌控的时势变迁有可能随时夺走我的任何东西，也包括所有被我视同为我自己的那些东西。在我身上没有什么是我不会丢失的。一次偶然足以随时废止我之所以是我的东西，取而代之以任何卑劣可鄙的东西。"

用整个灵魂思考这些，就是在体验虚无。极限而彻底的屈辱状态也是通往真实的前提条件。这是灵魂的一次死亡。亲眼看见赤裸裸的不幸造成灵魂的挛缩，正如接近死亡造成肌肉的挛缩一般。

每当我们在脑海中追思亡者，或者走进墓园，或者看见亡者安详地躺在灵床上，我们总是心怀怜悯地悼念这些亡者。反过来，在战场上看见横七竖八的尸体，既阴森又怪诞，这让人心生恐怖。死亡赤裸裸地显现，毫无遮蔽，让身体恐怖地战栗。

如果是隔着物理距离或道德距离，含糊不清地看见不幸，甚至无法将之与简单的苦难区分开来，这会让宽容的灵魂生出一种温柔的怜悯。然而，一旦时势变迁，不幸在某个地方无遮蔽地突然现身,就像某种破坏性的东西,比如灵魂遭到截肢或传染上恶疾,这会让人害怕后退。就连不幸者自己也会感到同样的恐怖和惊惧。

倾听某人,就是在对方说话时设身处地为之着想。假设某个灵魂因不幸而残缺,或者陷入存在的危难关头,那么,对这样的灵魂设身处地,就是让自己的灵魂消亡。这是比一个生活快乐的孩子自杀更为困难的事。因为这样,不幸者没有被倾听。不幸者的境况就如一个人被割去舌头,并且他的残疾时时被人遗忘。他们徒然地嚅动嘴唇,发不出一点声音打动他人的耳膜。他们确定不会被听见,很快也就沦落到无能力运用语言的境地。

基于同样的原因,那个站在法官面前的流浪汉毫无希望可言。就算他在结结巴巴的过程中吐露什么有可能穿透灵魂的让人心碎的话语,这些话语也不会被法官和在场看客听见。这是无声的呐喊。不但如此,不幸者之间没有能力听见彼此的呐喊。在普遍冷漠的限制下,每个不幸者借助谎言或无意识试图让自己听不见自己的呐喊。

唯有神恩的超自然运作才有可能让灵魂通过自身的消亡抵达某种类型的专注力得以实现的境界,唯有这种类型的专注力才有可能让人关注真实和不幸。在此,两样东西合二为一。这是一种高度集中的专注,纯粹,无动机,无依据,慷慨大方。这种专注就是爱。

正因为不幸和真实被倾听需要同一种专注力,正义精神和真实精神合二为一。正义和真实的精神不是别的,就是某种特定类型的专注,就是纯粹的爱。

出于神意的某种永恒安排,一个人受正义和真实的精神支配在任何领域做出的任何事无不焕发美的光彩。

美是此世的至高奥秘。这是一种光彩,吸引人的关注,但不提供任何让人持续关注的动机。美永在承诺,从不给予。美引发饥渴,但不给灵魂中尝试在此世得到满足的那部分提供滋养。美只给灵魂中观望的那部分提供滋养。美引发欲求,并让人清楚感觉到在美中无可欲求,因为人们一心想要的首先是美中无所变化。如果放弃寻找解决办法以摆脱美使人蒙受的美妙痛楚,那么欲求慢慢就会化作爱,欲求会结成种子并萌发无动机且纯粹的关注官能。

不幸是何等丑陋,有关不幸的真实表达就是何等极致的美。我们可以举近世的例子,诸如《费德尔》《太太学堂》《李尔王》和维庸的诗,但我们更有埃斯库罗斯和索福克勒斯的悲剧,更有《伊利亚特》《约伯书》和若干通俗诗篇,更有福音书中的耶稣受难叙事。在正义和爱的精神光照下,美的光彩散布在不幸之上。唯有正义和美的精神才能使人类思想凝视并且再现不幸的原样。

某个无法解释的真实碎片在词语中惊鸿一现。词语从真实中汲取滋养而没有能力包含真实。然而,经过整理组织,词语有可能与真实建立完美的呼应关系,从而为所有渴望重见真实的人类精神提供帮助。每当这样的情况发生时,词语就会焕发美的光彩。

一切源自纯粹的爱的东西也会焕发美的光彩。

美是可感知的,尽管在人类思想首先被囚禁的监牢里,美的感知极其含糊，混淆有大量对美的虚假模仿。就被阉割的语言而言，真实和正义除了美没有希望找到别的援助。美本身不具备言语能力。美不会发言。美什么也不说。但美有呼唤的声音。美呼唤并且展现没有声音的正义和真实。就像一条狗拼命吠叫，敦促众人赶到昏倒在雪地里的主人身边。

正义、真和美是姊妹，是同盟。有了这么美的三个词语，用不着再去寻找别的词语。

*

正义在于保持警惕不让对人作恶的事发生。当一个人在内心呐喊"为什么要对我作恶"，那么对这个人作恶的事就真的发生了。如果这个人试图弄清楚他蒙受的是什么不幸，谁对他作恶，为什么对他作恶，那么他常常会弄错。但呐喊本身是不会错的。

我们常听到另一种呐喊："为什么另一个拥有的比我多？"这样的呐喊与权利相关。须得区分两种呐喊，尽量杜绝第二种呐喊，杜绝的过程须得尽可能避免暴力，不妨借助法律条款、常规法庭和治安警察。法律学校足以培养出解决这类问题的人员。

然而，"为什么要对我作恶？"这样的呐喊提出截然不同的问题。涉及这类问题，真实、正义和爱的精神不可或缺。

在人类灵魂里，免于被作恶的要求总在不断升起。天主经中向神提出这个要求。① 然而，只有当灵魂的永恒部分

---

① "但求救我们免于凶恶。"（《马太福音》6：13）

与神发生真实直接的接触，神方能为之免除恶。灵魂的其余部分则由属人的意愿和时运的偶然所支配。那些未能蒙受神恩的人无缘与神发生真实而直接的接触，他们的全部灵魂要由属人的意愿和时运的偶然所支配。

因此，人类须得保持警惕不让对人作恶的事发生。

一个人被作恶，不幸就真正深入他的内心。不只有疼痛苦难，还有恶的恐怖本身。人与人之间既有能力传递善，也就有能力传递恶。通过奉承讨好，为一个人提供便利乐趣，这有可能对此人作恶。但更常见的情况是，通过对人作恶，人与人之间传递恶。

不过，基于永恒的智慧，人类灵魂不会完全由突发事件的偶然和属人的意愿所支配。一个人以受伤的形式从外在蒙受不幸，这会刺激这个人对善的欲求，进而促使自动生成某种可能的解决方案。一个人在精神上深受创伤时，被欲求的善乃是一种完全纯粹的善。灵魂中有一部分在发问："为什么要对我作恶？"这是灵魂中深藏不露的部分，即便一个人杀人放火，灵魂的这一部分自幼年起始终未变质，始终无可指摘。

维护正义，保护世人免于蒙受不幸，首先须得阻止世人不对他人作恶。对于那些已然蒙受不幸的人，须得清除不幸的实质后果，须得妥善安置受害者。如果创伤不是过于严重的话，须得提供有益的环境让伤口自然愈合。对于那些创伤严重撕裂灵魂的人，额外要做的第一件事就是让他们吸纳完全纯粹的善，以此缓解他们的饥渴。

为了引发饥渴再缓解饥渴，有时候须得使人蒙受不幸。这就是惩罚所在。有些人浑然不知善的存在，一心只想在周围散播恶,这样的人只有通过蒙受不幸才能重新融入善中。须得持续让他们蒙受不幸,直至某个完全无罪的声音从他们的内心深处发出惊异的呐喊:"为什么要对我作恶?"须得让罪犯的灵魂中的这个无罪部分得到滋养不断生长,直到灵魂内部自行建构法庭,自我审判以往的罪行,并在神恩的救援下随后原谅这些罪行。惩罚的运作就此完成。有罪者重新融入善中,须得帮助他们公开而隆重地重新融入城邦之中。

所谓惩罚就是如此。有些重大刑罚从字面意思上排除罪犯重新融入城邦的可能性。但即便涉及这类重大刑罚,所谓惩罚也就是如此。惩罚只能是一种运作,旨在把纯粹的善给予并不欲求善的人。惩罚的技艺在于借助痛苦乃至死亡在罪犯身上唤醒对纯粹的善的欲求。

*

然而,我们甚至连惩罚概念也一并丢弃。我们不再明白,惩罚旨在给予善。在我们眼里,惩罚仅仅是让有罪者蒙受不幸。为此,现代社会有一种并且仅有一种比犯罪更丑恶的东西,也就是用以镇压的正义。

把用以镇压的正义理念当成发动战争或掀起革命的核心动机,这是我们所能想象到的最危险的事。有必要运用威吓手段去减少怯弱者的犯罪行为。然而,把我们今天在无知中构想的用以镇压的正义当成英雄们的前进动力,这是最糟糕的事。

今天的人说起处罚,说起奖惩,说起惩罚意味的正义,仅仅是在说最低级的报复。

这样一种受难和强制死亡的财富,这是耶稣基督为自己接受的财富,也是他经常送给爱他的世人的财富。我们却如此看轻这财富,我们把它丢给在我们眼里最卑劣的人,并且我们心知肚明他们不会从中受益,我们甚至不愿意帮助他们从中受益。

对罪犯,须得有真正的惩罚。对不幸者,对那些在灵魂深处被不幸吞噬的人,须得有救援,引领他们用超自然的水源解除饥渴。对其他所有人,须得有一点幸福,许多的美,并且保护他们免于蒙受不幸。此外,须得到处严格限制谎言、宣传和意见的喧嚣,须得实现一种让真实有可能萌芽成长的寂静。以上就是对人类应有的责任。①

为了保证人类实现这一点,只能依靠那些超越某种极限之彼岸的人。我们会说这样的人少之又少。他们或许罕见,但又不可计数,因为他们中的大多数人隐匿不可见。从天国派往人间的纯粹的善在数量上微乎其微,在每个灵魂中如此,在人类社会中亦如此。"芥菜种在百种里是最小的。"②佩尔塞福涅只吃下一粒石榴子。掩埋田间的珍珠不可见。肉眼无法从面团中分辨出酵母。

然而,正如催化剂或细菌在化学反应中的作用,酵母即一例,在人类事务里,不可察觉的纯粹的善的种子只要各得其所就能发挥决定性的功用。

问题是如何使它们各得其所。

那些专门负责向公众显示理应赞美、欣赏、希望、探

---

① 参看《人类义务宣言研究》和《扎根:灵魂的诸种需求》。
② 《马太福音》13:32 等。

寻和要求之物的人，如果他们中至少有几个人下定决心，除纯粹的善、完美、真实、正义和爱以外，他们毫无例外地要绝对轻视其他一切事物，那么许多事情将得到解决。

那些现如今掌握有若干精神权威的人，如果他们中的大多数人感到有必要建议世人只追求真正而彻底纯粹的善，那么更多的事情将会得到解决。

*

词语的力量永是一种充满幻象和错误的力量。然而，作为某种神意安排的结果，有些词语在得到善用时自带有光照和向善升华的美德。这些词语与某种我们无从察觉的绝对完美相呼应。光照和往高处牵引的美德存在于这些词语中，就在这些词语本身，而不在任何观念中。因为，善用这些词语，首先就是不让这些词语与任何观念相适应。这些词语所表达的意思超乎人类的理解能力。

神和真，就是这样的词语。还有正义、爱和善。

运用这些词语是危险的事，形同某种神意裁判。想要正当使用这些词语，须得同时做到既不将这些词语局限在任何属人的观念之内，又要使这些词语与另一类言行相连，这类言行必须直接得到这些词语的光照启示，并且仅仅得到这些词语的光照启示。否则的话，很快众人会将这些词语视同谎言。

与这些词语相伴不会让人感到舒服。诸如权利、民主和个人等词语更随和些。就这点而言，在那些承担公共职责的人眼里，即便他们用意善好，后一类词语也自然而然地更加讨喜。公共职责的意味无他，就是对世人行善的可能性。那些带着善好用意履行公共职责的人想要对同时代人散播善。然而，他们普遍犯了认识上的错误，他们以为他们自己可以先打折扣买到善。

诸如权利、民主和个人等中间地带的词语有可能在中间地带也就是一般制度里得到善用。作为所有制度的起源的启示却要求另一种语言。所有制度犹如这一启示光源的投影。

个人服从集体，这属于事物本质范畴，正如天平上的克必然向千克倾斜一样。不过，千克也有可能向克倾斜，只需让天平的一边比另一边长上千倍。在此，平衡原理压倒性地战胜重量的不平等事实。然而，重的一边永远不可能向轻的一边倾斜，除非两边关系真正符合平衡原理。

同样，要在集体面前保护个人并确保民主政治，须得在公共生活中真正实践更高级的善，这样的善是非个人的，与一切政治形式无关。

位格一词确乎经常用于神。有一段经文中，耶稣基督向世人展现神本身，作为世人实现某种自我完善的榜样。他不但给出某种有位格的形象，也给出某种不具位格范畴内的形象。"这样就可以作你们天父的儿子。因为他叫日头照好人，也照歹人，降雨给义人，也给不义的人。"①

这一不具位格并且神圣的宇宙秩序在世人中的形象就是正义、真和美。对于接受有死性的人类而言，但凡低于这几样的东西都不配作启示。

在保护权利、个人和民主自由的制度之上，须得创立

---

① 《马太福音》6：45。

其他制度，后一类制度旨在分辨出当代生活中一切将灵魂碾压于不义、谎言和丑陋的东西，并予以取缔。

须得创立这样的制度，因为这样的制度尚不为人所知，并且毋庸置疑，这样的制度不可或缺。

我们为正义而战吗?*

"唯有双方面对同等的必然性(la nécessité),审视何为公正才是可行的事。只要存在强者与弱者之别,那么,可能性(le possible)由前者施行而由后者承受。"①

在修昔底德笔下,雅典人对不幸的小城邦米洛斯发出最后通牒时这么说。

雅典人还补充说:"我们对诸神持有信仰,对人类持有确信,也就是基于自然的必然法则,神和人在各自能力所及之处做主。"

雅典人就这么用两句话解释清楚现实主义政治的全貌。唯有那个时代的希腊人懂得以不可思议的清醒去思考恶的问题。他们不再热爱善,但他们的父辈一度热爱善,把善的光照启示传承给他们。他们利用这一点去认识恶的真相。彼时的人类尚未步入谎言中。正因为此,缔造帝国的不是雅典人而是罗马人。

这两句话让善好的灵魂不适。然而,一个人倘若尚未

---

* 原文标题 Luttons-nous pour la justice?,最早刊于 1953 年 6 月《见证杂志》(*Preuves*)第 28 期,后收入《伦敦文稿及书信》(pp. 45–57)。

① 修昔底德,《伯罗奔尼撒战争史》,第五卷,7:89。此处依据薇依的法语译文译出。另参译法:"唯有在双方实力均等的情况下,正义问题才会进入人们的思考范畴。在相反的情况下,强者施行力量而弱者不得不屈服。"战争第十五年,雅典人远征不愿臣服的米洛斯,并在开战前派使者与米洛斯人谈判。此见雅典人与米洛斯人的对话。

全副身心并整个灵魂地体验到这两句话里的真相，那么他也尚未通达对正义的真正的爱。

希腊人让人赞叹地以相互认同（consentement）来定义正义。

柏拉图说："爱神既不会施行不义，也不会蒙受不义，对诸神如此，对人亦如此。爱神不会迫于力量去经受什么，当爱神经受什么的时候。因为力量不能控制爱神。爱神也不凭靠力量去采取行动，当爱神采取行动的时候。因为人人乐意在一切事上顺服爱神。正如王制城邦的礼法所言，只要有相互认同达成的协定，就有正义。"①

凭此看来，在修昔底德记载的话语中，正义与可能性的悖论极其清楚。当双方具有相等的实力时，人们谋求实现某种相互认同。当有人不具备拒绝的能力时，人们不会想方设法寻求此人的认同。实现正义的条件唯有在满足客观必要性时才会被检验。人们谋求的只是物的认同。

换言之，人类行为除了阻碍，别无规则或限制。除了和阻碍发生关系，人类行为未与其他现实发生关系。物强加阻碍，阻碍由物的机械运作所决定。一个人凭靠某种拒绝的能力有可能强加阻碍。他有时拥有这能力，有时未必。当他不拥有这能力时，就无法构成阻碍，进而无法构成限制。在这样的情况下，相对于行动和行动的人而言，他不存在。

每当发起行动时，思想总会直指目的。在没有阻碍的情况下，目的很快实现，和思想一样快。有时确乎如此。

---

① 柏拉图，《会饮》，196b – c。此处依据薇依的法语译文译出。

孩子远远看见有一阵子未见的母亲，他在明白看见母亲以前就已经投入母亲怀里。但是，在不可能当即实现的情况下，思想虽然首先指向目的，却不可避免受阻碍吸引。

思想只会受阻碍吸引。在没有阻碍的情况下，思想不会停止前行。但凡在行动方面不构成阻碍的，比如丧失拒绝能力的人，对思想来说就是透明的，好比目光穿透玻璃那样。思想停止前行不是取决于自身，正如目光穿透玻璃也不是取决于自身。

没看见玻璃窗的人不知道自己看不见玻璃窗。看见玻璃窗的人，也就是置身别处的人，他不知道前一种人看不见玻璃窗。

一旦我们的意愿在我们之外通由他人的行动得到表达，我们便不会花费时间和关注的精力去检验他人是否赞成这些意愿。在这一点上人人如此。我们的关注在于整个过程是否顺利。只要他人是顺从的，我们就不会被吸引去关注对方。

这一点是必要的。不如此成不了事情。事情成不了，我们就会消亡。

但是，基于这个事实，行动也因亵渎神圣而被玷污。这是因为，属人的认同乃是神圣之物，乃是人对神做出允诺之处，乃是神降到人的身旁好似乞丐一样寻索的东西。

神持续不断恳求每个人做出允诺之处，甚至就是其他人所轻视之处。

强暴是有关爱的某种恐怖的讽刺画，其中不存在认同。继强暴之后，压迫是人类生存的第二大恐怖之事。这是有关顺服的某种恐怖的讽刺画。对于顺服而言，正如对于爱而言，认同必不可少。

毁灭米洛斯城邦的那群雅典人是异教徒，尽管他们的父辈并非如此。此处当取"异教徒"这个词的可恨含义。他们只用一句话就完整而彻底地定义出异教观。"我们对诸神持有信仰，也就是基于自然的必然法则，神和人在各自能力所及之处做主。"

基督宗教信仰不是别的，就是明确相反观点的呐喊。中国、印度、埃及和希腊的古人学说同样如此。

创世行为不是一种权力的行为，而是一种让位。借由创世行为，一个有别于天国的国度就此建成。此世的现实由物质的机械论和理性存在者的自主性所构成。神从这个国度隐退。① 神放弃在这个国度做王，只以乞丐的身份前来。

关乎这次让位的原因，柏拉图是这么表述的："他是善的。"

基督宗教教义包含某种二度让位概念。"他本有神的形象，不以自己与神同等为强夺的，反倒虚己，取了奴仆的形象……他存心顺服，以至于死"② ……"他虽然为儿子，还是因所受的苦难学了顺服。"③

这些话语很可以用来回答残害米洛斯的雅典人。他们听了想必会大笑不已。他们有道理。这些话荒诞不经。这

---

① 参看《这场战争是一场宗教战争》："在神那里，不可能就是可能。从某种程度而言，在神那里，唯有不可能才是可能。神把可能性抛弃给了物质的机械论和存在者的自主性。"
② 《腓立比书》2: 6-8。
③ 《希伯来书》5: 8。

些话疯狂无度。

然而,任何人强制要求在没有拒绝能力的地方得到认同,这将和这些话的内容一样荒诞疯狂。这是同一种疯狂。

但埃斯库罗斯在提到普罗米修斯时这么说:"爱得像个疯子,这是好的。"

爱的疯狂降临一个人,会彻底改变此人行动和思想的方式。爱的疯狂与属神的疯狂有关。属神的疯狂在于神希求人的自由认同。那些疯狂地爱上同类人的人们难以想象,这个世界上处处有人为他人的意愿充当中间人却不认同这些意愿。他们忍受不了面对事实,也就是他们的意愿和他们所属群体的意愿经常就是如此。在与人相关的一切行动和思想里,无论个中关系是何种性质,在他们看来,每个人的存在构成毫无例外源自某种由于爱而自由认同善的能力,某种被束缚在灵魂和身体中的能力。改造一种人类思想的运作机制,不能凭靠理论、观点、偏好、意图和愿望。须得凭靠疯狂。

一个身无分文的人饥饿难耐,他看见任何能够联想到食物的东西时难免痛苦不堪。对他来说,城市、村庄和街道不是别的,就是饭馆和食品店,环绕四周的是其他面目模糊的房子。他沿着一条街走,经过每家饭馆几乎不可能不驻足。尽管表面看来没有什么阻碍他前行,但他有一个阻碍,那是饥饿所致。其他路人漫不经心地散步或者匆忙赶路办事,他们在这些街上移动,仿佛经过某个舞台背景。但对这个人来说,由于不可见的机械运作效果造成某种阻碍,每家饭馆无不具有完整的现实意味。

但前提条件是他饿了。倘若他当时没有折磨肉体不得满足的需求，那么这一切根本不会发生。

为爱疯狂的人有个需求，那就是看见自由认同的能力处处得到发展，在这个世界上，在各种人类生活方式中，在每个人类身上。

这对他们又有何好处呢？理性者这么想。可是，这不是他们的过错，可怜的人。他们是疯子。他们脏腑失调。他们对正义如饥似渴。

正如所有饭馆对饥饿的人来说是真实的，所有人类对疯子来说也是真实的。并且只对他们来说如此。唯有出于环境的特殊作用或个人的特殊天赋，正常人方能心生触动，感觉某个人真实存在。疯子却能把关注集中在任何环境的任何人身上，并从对方收获真实性的震颤。

不过要做到这一点，他须得是疯子，须得对灵魂的自然平衡具有某种破坏性的需求，形同饥饿对人体器官运作的破坏性。

许多人缺乏给予或拒绝认同的能力，一般说来，这些人没有机会自我提高以具备上述需求，除非说他们中的领导群体形成默契。但类似的默契仅仅存在于疯子之间。疯狂越是在低微处，越有机会通过感染而出现高贵处的疯狂。

伴随人类之间在某个时刻发生爱的疯狂，也就有正义的含义相应发生变化的可能性。仅此而已。

只有盲目的人才会把正义和仁慈对立起来，相信两者的范围不同，相信其中一个概念比另一个概念更宽泛，相信存在某种凌驾正义的仁慈，或者某种超乎仁慈的正义。

一旦把正义和仁慈对立起来，那么，仁慈只不过是通常出身卑劣的任性，正义只不过是社会约束。一个人对此一无所知，要么他从来不曾处在一切不义均被允许的环境，要么他置身于谎言中，以致相信自己能轻松施行正义。

不偷窃货架上的商品是正义的。布施是仁慈的。但是，商店店员可以把我送进监狱。而乞丐依靠布施维生，我若拒绝帮助他，他不会为此报警。

左派右派之间的诸多分歧归根结底在于个体的任性趣味与社会的约束趣味之间的对立。更准确的说法，或许是社会约束的恐怖与个体任性的恐怖之间的对立。无论仁慈还是正义均与此无关。

正义的目标是在世间施行认同能力。在有认同的情况下处处宗教性地保护认同，在没有认同的情况下努力创造使其生成的条件，这就是爱正义。

正义这个独一无二的词如此美好！这个词包含法兰西共和国座右铭中三个关键词的全部含义。自由就是达成某种认同的真正可能性。人类只有与自由相连才需要平等。博爱精神就是人人自由的愿景。

认同的可能性来自某种包含认同动机的生活。灵魂和身体的贫困匮乏阻碍认同发生在心灵的幽微处。

认同的表达只在次要层面上不可或缺。一种未经表达的思想是不完善的，但是，只要思想是真实的，思想有可能自行开辟通往表达的间接道路。不与任何思想相呼应的表达就是谎言。谎言的可能性无时不有无处不在。

顺服实乃人类生活中不失效的法则，只需区分被认同的顺服和未被认同的顺服。但凡有被认同的顺服，也就有自由。除此之外别无自由。

自由不存在于某个国会、某张报纸或某个机构组织。

自由存在于顺服中。自由存在之处，则顺服处处带有日常恒久的自由滋味，否则自由不存在。自由是真正顺服的滋味。

在不同传统和不同环境里，认同的形式和表达极其多样。因此，一个社会的组成者也许比我们自由得多，但如果这个社会与我们的社会迥异，那么，这个社会有可能由于我们的无知而显得专制。我们一无所知，在词的领域之外，还有语言的差异和误解的可能性。我们小心维系这样的无知，这是因为这无知总在迎合我们每个人身上不言明的可耻趣味，对名为解放实乃控制的征服的趣味。

此外有一类与奴役相关的忠诚，远远不是认同的信号，而是某种粗暴约束体系的直接结果。这是因为，人的天性在不幸中总会绝望地到处寻求补偿。仇恨、沮丧的冷漠、盲目的迷恋，只要能够逃避不幸的想法，一切都是同样好的。

但凡有自由之处，也就有幸福、美和诗的充分发展。这也许是唯一肯定的标志。

民主思想包含一个严重的错误，那就是混淆了认同本身与某种认同形式，后者不是独一无二的，和一切形式一样，极易沦为某种空幻的形式。

战前的法国议会民主徒然无益，因为，我们在选举出一些人做领袖时轻视这些人，我们希望由我们未选举出的另一些人来做领袖，我们违心地顺服所有人。

认同不可买卖。无论一个社会采取何种政治体制，只要金钱交易支配大多数社会活动，只要顺服几乎全系买卖所生成，那么这个社会不可能有自由。

正如压迫与强奸相类似，金钱对劳动的支配到了金钱成为劳动的动机这种程度，性质与卖淫相类似。

激情不是认同，而是灵魂的表面冲动。激情之于认同的差别，正如浪荡子对风骚女的病态恋情之于夫妻姻缘的差别。

一个社会除了约束、金钱和细加维系刺激的激情之外别无动机，这个社会就没有自由的可能。

然而，在所有白种人的国家，在白种人深入影响的其他国家，这几乎就是当前现状，只不过程度各异。

如果说英国在相当程度上是个例外，那是因为英国还保有一点生动无损的过去。这过去在某个时刻俨然是独一无二的对世界的救赎光照，这过去联系英国的当下。在别处不存在相似的珍宝。

不幸的是，自由不是近在身旁的东西让我们可以轻易找回，不是熟悉的物件让我们可以用诡计获得。自由是有待创造的东西。

我们法国人从前向世界散播 1789 年大革命原则。但我们错误地为此得意洋洋。这是因为，无论当时还是事后，我们始终不知如何思考这些原则又如何付诸实施。追溯大革命本该是奉劝我们谦卑。

一旦涉及祖国，谦卑确乎像是在亵渎神圣。不过，谦卑的禁令在现代爱国主义与正义精神、爱的精神之间设下屏障。从一开始就败坏的法利赛人的精神拥有诸种情感，只除谦卑以外。

现代爱国主义乃是传承自异教罗马的一种情感。它穿越如是多基督宗教世纪，未经受洗直接来到我们面前。基于这个原因，现代爱国主义与1789年大革命精神无法协调。没有可能在现实中整合这两者，尽管这是法国人必须做的事。

就本质而言，现代爱国主义有可能给某些人压力，甚至促使这些人作出极端的牺牲，但现代爱国主义不可能滋养当前绝望的人群。人群需要某些非高乃依式的东西，亲切、人性、热情、简单而不带傲慢。

要使顺服有可能被认同，首先须得有某种值得爱的东西，人们出于爱才会认同顺服。

一种东西值得爱，不是由于对与之相反的东西的仇恨，而是因为这种东西本身。被认同的顺服精神来自爱，而不是来自仇恨。

仇恨有时确乎能够提供某种极其出色的模仿效果，但由此生成的顺服精神没有价值，品质低劣，无法持久，很快就会耗尽。

一种东西值得爱，不是由于它的荣耀、声誉、光彩、胜利、影响或将来的发展，而是因为它本身，它的原样和现实，正如母亲爱儿子身上的其他东西，而不是爱他以第一名考取巴黎综合工科大学。否则爱的情感不够深沉，不足以成为顺服的恒久源头。

一国之民须得有某种东西才能自然而然去爱，发自内心深处去爱，透过自身历史和传统启示去爱。光靠提议、宣传或海外投资做不到这一点。

少年人须得有一种如吮吸奶汁般自然畅饮的爱，方能在内心深处一劳永逸地缔结某种忠诚契约，并以一生的顺服作为契约的延续。

须得重估诸种社会生活方式，以便用一种国民最能理解、最符合国民风俗传统喜好的象征语言，提醒国民注意此种忠诚契约的神圣性质，以及此种忠诚契约所承接的自由认同和所带来的严格义务。

就这点看来，在法国，共和制、全民选举和独立工会运动确乎不可或缺。只是远远不够，因为这些制度已然变得无足轻重。只有遭到破坏再经过漫长间歇，这些制度方有可能重新激发人们的兴趣。

至于法兰西殖民帝国，如果此前的迹象包含若干真实，那将严格要求人们以前所未有的形式提出有关殖民地的诸种问题，违者以谎言处治。

没有生活方式的更新，没有社会创造，没有诸种发明的涌现，我们不会有自由、平等和博爱。

可是，我们似乎过于疲惫不堪，无法实现这样的涌现。

人类整体在道德上沾染重疾，除非神迹出现，似乎别无疗治可能。神迹，不是说不可能，而是说仅仅在某些条件下可能。

灵魂有可能向恩典开放的条件有别于机械运动的条件。只不过，前一类条件更严格地得到确定。利用诡计或骗局试图规避这一类条件是更不可能的事。

为正义而战不容易。辨别哪个阵营较少不义，加入其中，拿起武器与敌人作战，这么做不够。当然，这么做很美，比话语所能说出的更美。但敌对的一方同样也是这么做的。

除此之外须得有正义精神常驻心中。正义精神不是别的，就是爱的疯狂所开出的极致完美的花。

由于爱的疯狂，同情成为一种适用于各类行动（包括战斗）的动机，比崇高、荣誉乃至尊严更强大。

爱的疯狂强制世人为同情抛弃一切，并且，如耶稣的门徒保罗所言虚空自己。

甚至在不公平地蒙受苦难时，人类出于爱的疯狂而认同承受那使一切世间造物遭遇不义的普遍法则。认同使灵魂免除恶。它具有神奇的功效，能在灵魂中变恶为善，变不义为正义。它使人心怀尊敬地迎接苦难，既不低贱也不反抗。凭靠认同，苦难变成神圣的东西。

爱的疯狂倾向于在诸种人类环境和世界各处分辨出关乎此生的美、幸福和完满的诸种微弱可能性，并平等地予以珍惜，倾向于带着同等宗教性的关怀保护这些可能性，在没有可能性的情况下，倾向于轻轻地唤醒那些存在过的可能性的点滴痕迹，振作那些有可能萌芽的微末种子。

爱的疯狂在心灵深处激发对敌人的温存同情，这比愤怒和勇气在心灵深处汲取力量更为深沉。

爱的疯狂不寻求自我表达。但它凭靠语气声调和方式不可阻挡地光照所有思想、所有语言和所有行为，这发生在任何场合，并且没有例外。爱的疯狂无法光照到的思想、语言和行为也就变为不可能。

这真的是一种疯狂。疯狂敦促人冒险。一个人的内心若与世间任何一样东西达成一致，诸如事业、教堂或祖国，那么他不可能像这样去冒险。

耶稣基督在爱的疯狂的指引下的结局毕竟不能提供为一种参考。

但我们不必担心个中危害。爱的疯狂没有进驻我们心中。如果有的话，我们感觉得到。我们是理性的人，正如理性的人负责世间重大事务看来确乎是恰当的事。

然而，倘若世界秩序是一种智慧的秩序，那么必然会出现这样的时刻，就大地上的理性而言，唯有爱的疯狂才是合乎情理的。这样的时刻只能发生在人类由于欠缺爱而变疯狂的情况中，比如当下。

在我们今天，对于身体和灵魂同样饥饿的不幸群众，爱的疯狂真的没有能力提供比诸种来源不那么高贵的启示更容易消化的食物吗？

况且，凭我们之所是，我们真的站在正义的阵营吗？

临时政府的合法性[*]

合法性属于一类美的词语,人类精神没有能力在这些词语上附加任何观念,但这类词语本身具有远远超乎人类观念的功效。

如果试图用某种人类观念予以定义,这类词语会丧失全部功效,沦为恶的源头。

真实和正义是这类词语。神是第一个。这类词语是有生命的。"神的道是活泼的,是有功效的,比一切两刃的剑更快,……连心中的思念和主意都能辨明。"[①]

我们不能回答庞提乌斯·彼拉多的问题:"真实是什么?"[②] 我们须得绝对肯定偏爱任何形式的真实胜过任何形式的假象。一旦对世间万物做出这一选择,无例外,无条件,明确彻底,义无反顾,永远如此,人的思想伴随每次专注努力必将愈加接近真实。这一点完全肯定。

反过来,如果把真实看作某种既成信念系统,一如天主教正统教义的做法,其直接结果是宗教裁判所,那么我们将自行跳入深渊。无论何种既成信念系统,结果概莫如此。

---

[*] 原文标题:Légimité du gouvernement provisoire,收入《伦敦文稿及书信》(pp. 58 – 73)。

[①] 《希伯来书》4:12。

[②] 参看《约翰福音》18:37 – 38。

合法性也是如此。这个美的词语有令人赞叹的功效，有能力指引意念、欲求和愿望。如果用人类观念、用政府形式予以定义，这个词语就会制造恶。

研究最常规的政府形式不难发现：君王可能合法，议会制政府领袖也可能合法；君王可能不合法，议会制政府领袖也可能不合法。

一名领袖合法地治理国家，前提条件是他渴望做合法领袖超过他渴望其他事情，并且近乎全体人民把他视同合法领袖，感觉到他渴望保持这个身份。

政治制度形式的首要目的是让领袖和人民表达情感。这与情书、交换婚戒或情人间的其他信物相似。某些地区的女性若不戴金戒就会感觉自己不是真正已婚。婚戒并不构成夫妻婚姻事实，但处于此种精神状况的妇女须得戴婚戒。

政治制度从根本上构成某种象征语言。语言绝非某种专断的东西，某种约定。远非如此，语言像一棵植物般生长。

当下法国问题之所以让人如此焦虑，就在于没有一种语言能够讲到法国人心里去。

法国人的合法性观念从未强烈过。十八世纪末期，君主王权不再合法。制宪议会之后，紧随而来的是战争和雅各宾专政。再往后是一连串夺权斗争。第三共和国诞生于1871年5月令人反感的死人堆中，只有微乎其微的合法荣光，并且连一度拥有的东西也丧失殆尽。

1937年以来，不但政权背离合法程序——这一点倒是无关轻重，因为英国政府同样如此，却没有比丘吉尔更具合法性的英国首相——而且合法性观念逐渐消亡。几乎没有法国人赞成达拉第夺权，也几乎没有法国人为此感到愤慨。唯有合法性观念促使人对夺权感到愤慨。

人们只是闷声说道："管它发生什么呢！我们没有什么好丢失的了。"人们不但这么说，也确实这么想。1940年6月以及接下来的日子他们印证了这一点。

1940年6月不是某些伪社会精英的阴谋，而是整整一个国家的缺席和弃权。

7月在维希发生灾难般的闹剧，第三共和国就此终结，政权的废止没有在法国人心中造成丝毫悔恨、痛苦或愤怒，撇开那些在职业层面上与垮台政府休戚相关的小团体不算。

法国人同样不关心接续的政府。一派冷漠。唯有稍后的贝当传奇带出一丝风吹草动。

这样看来，并不是外敌或某个国内阴谋组织从法国抢走了合法性这件珍宝。从精英人士到劳苦大众，全体法国人民摊开手，任凭珍宝掉到地上，甚至没有低头看它滚到何处。有人经过还用脚踢。

在这样的情况下，戴高乐将军与合法性的关系何在？

就在这里：珍宝掉在地上，谁也没把它放在眼里，而他捡起来，安放好，公开宣布他将担任这件珍宝的保护人，直到主人有能力讨还的那天。

没有人会在当前或往后质疑他的保管人身份。除非那些与敌人暗中勾结的罪犯，但这些人怎么说都不算数。在类似情况下，无人质疑等同于确认。

假设有个孩子的父亲坐了牢，母亲被关进德国集中营，有人收容这个孩子，并在报刊上声明，在孩子的亲人来接他以前把孩子收留在家里，许多年间没有哪个近亲或友人对此提出异议，孩子也得到好的照顾，那么，这个人有正当理由做孩子的临时监护人。把孩子从他身边带走再送进公共救济院，这将是愚蠢有罪的做法。

正是相似情况所引发的本能情感促使人们在法国声明拥护戴高乐。这些声明承认某种客观合法性，却不足以建构合法性。这些声明本身没有能力建构任何合法性。抵抗运动不具备资格为法国推荐国家领袖。从法国到伦敦的法国人无论受到何种形式的委托，也不具备资格将一种额外的合法性授予戴高乐。

抵抗运动只能在真实中并且凭靠真实焕发生机。谎言和错误将是致命的。真实很简单，几句话就能说清楚。

1940年夏天，法国抛弃合法性的全部关切，戴高乐将军把如敝屣般的合法性捡起来，充当保管人。他是主动这么做的。此种主动性无人质疑。此种无人质疑的主动性使他成为法国合法性的真正保管人，直到国家有能力向他讨回的那一刻。

国家何时有能力讨回呢？

不是法国领土得到解放的时候。不是法国技术上允许选举的时候。采纳上述做法将是一次严重致命的错误。

如果是敌人进犯迫使某个政权停顿若干年，那么上述做法将是可采纳的。当前情况截然不同。国家抛弃再也不能让人产生依恋情绪的政权，由此而经历某种死亡。须得重建国家的新生。

晚近人们说起从前有面包黄油和葡萄酒香烟的年代，往往生出些微伤感，这种现象必须切实地视同毫无价值。

法国要选举的不是随便什么议会，而是制宪议会。这在法国只出现一回，也就是1789年的制宪议会。不应该把1848年的失败或者1875年"没有共和党人的共和国"看成制宪先例。

这样说来，在几个月里，在席卷整个法国的思想热潮中，1789年国民制宪议会一度像植物般生长。自由讨论社团迅速繁殖产生。撰写陈情书给这些社团提供存在理由。没有哪种党派纪律或宣传带来有害影响。众多法国人切实地追求正义和真理。这是真正的思想迸发。

这次思想迸发的自然成果就是国民制宪议会。在几个月里，国民制宪议会为了制定宪法，始终维持作为初衷的灵感启发。

倘若法国没有在1792年投身于战争的犯罪疯狂中，谁能知道这一势头将带来多少成果呢？中央中学与第一帝国时期的公立中学截然不同，① 前者远远优于后者，这证明法兰西的创造性才华在当时的能力。

我们想在驱逐外敌之后成立国民制宪议会，必须实现如下条件，也就是早在付诸行动的好几个月前，全体法国人民已经开始思考这个问题。此外，议会代表必须在长期思想协作工作中脱颖而出，而不是在有损名誉的宣传中向公众强制的人选。

最终选出的议会代表并非全是知识分子。在思考正义方面，一名工人或农夫的智力甚至具备优越于一名巴黎高

---

① 法国大革命时期按省成立的中央中学（écoles centrales）制度，计划始于1795年，于1802年废止，拿破仑帝国时期取代为公立中学（lycée）制度。

师毕业生、巴黎综合工科大学毕业生或政治学专业人士的必要条件。

必须在创建全新的法国这一普遍努力的推动下选举议会代表，并且议会代表一经获选，就要把他们深受感染的此种普遍努力视同开展工作的灵感启发。

如果情况和从前一样，法国人只能在竞选造势争取选票的若干人中做出选择，那么将不会有国民制宪议会。届时将产生某种议会，给行将投票通过的系列条款贴上宪法的标签，但在此基础上运作的政权将是不合法的。

有一种便利虚假的断言，说什么主权不能自行授予。然而，如果人民没有通过代表行使主权——这更多取决于选民与代表之间的情感联系，而不取决于选举模式——那么人民就根本没有获得代表，整体政权就遭到篡夺。

只有在多少有能力进行这类制宪选举的情况下，法国才能正式被视为有能力恢复业已丧失的合法性。晚近的不幸是一种思想兴奋剂，其功效将在领土解放后不久达致高峰。不过同时要有一定程度的冷静、平衡和公正客观。

两年或三年，这似乎是合乎情理的期限。

在两年间——假定这是准确的时限，合法性的保管人宜继续保管合法性。但他还得治理国家。他将被迫迅速采取经济措施，这将直接影响国家在未来几世纪的命运。殖民问题将很快提上议程。大量疑似与敌人暗中勾结的法国人的生死命运更是完全取决于他的决定。

有什么能够支持他承担这些责任？有什么能够说服法国人赞成他掌权？他当初主动保管合法性的贡献是不够的。

如果在领土解放前的这段时期里，法国人越来越自发地服从他的领导，那么他将拥有额外的合法性。必须是实际有效的服从。承认他的权威的诸种声明只是言辞，不是行动上的服从。反抗德军也不能算是对他的服从。法国人与德军作战，不是由于他的权威，而是由于德国人在他们心里激起仇恨。他的权威可以在这场战争的鼓舞士气、指挥和作战形态上发挥作用。但是，这只涉及他个人的权威和国家委员会①成员们的权威，而与那些对合法性起到重要作用的技术部门的权威无关。

在法国树立权威的物质条件完全掌握在英国人手里。每当有人用激怒英国人的口吻公开宣布戴高乐将军的合法性时，这在事实上削弱了原本想要声明的合法性。

然而，即便国家委员会和法国本土的关系令人满意，在新解放区成立的临时政府也远远不具备一定程度的合法性，以适应它势必避免不了的诸种严峻责任。

临时国家代表组织不可能带来任何解决方案，这是因为这样的组织不具备合法性。

只要1875年宪法或多或少被法国人民认可为合法性的准则，那么选举议会就是合法的。不是因为选举事实本身，而是因为议会与宪法保持一致。1875年政权仅存空壳，合法性也从包括选举在内的诸种制度中消失殆尽。选举本身不具有任何内在的合法性。

在不幸和希望中近乎疯狂的法国人民仓促指定，一小撮人行将合法地决定国家在长远未来的经济社会走向，决

---

① Comité national français：法兰西国家委员会是自由法国在伦敦建立的临时政府。

定法兰西殖民帝国的政府体系，决定一大群法国人的生死性命。我们真能相信这一点吗？

如果临时议会不具备合法性，临时政府也同样如此，那么两者加在一起将比分开来时更加缺乏合法性。这有可能让数学家感到意外，但事实确乎如此。

临时政府必须从别处寻找合法性。

合法性的一切可见效力消失殆尽时，只能从根源上汲取能量。

必须全面思考合法性的概念。思考这些基础性概念，把它们当成全新事物予以思考，这是必要的，无疑又是艰难的。当下如果规避这项工作，我们必将难逃灾难的惩罚。

*

如果治国者致力于关心正义和公共利益，如果人民深信他确乎如此，并且有合理原因确信这种情况会持续下去，如果治国者仅仅在人民持守这种确信的条件下持守政权，那么合法政府就是存在的。

当然，这里头有一种限制。

规定合法性的政治体系全部由双重运作机制组成。一种机制旨在使执政的一人或多人忠于合法性。另一种是惩罚机制，旨在利用害怕心理阻止或者利用惩罚制止一切背离合法性的行为。如果这两种机制有效运作，人民的确信就能得到合理建设。

对君王来说，教育、加冕、礼节仪式响应了前一种机制的运作目的。在君王犯错的情况下，惩罚机制甚至在王朝传承中得到体现。君王深知，他的统治将长留在人民记忆深处，编年史作者们将对他评头论足，他的儿孙后代将根据情况为他感到骄傲或羞耻。对君王来说，后世影响是一种具体有形的现实，这和古典诗人没有两样。

事实上，在君主制下，双重机制的运作很不完善。很容易发生故障。一旦出现故障，通常没有可能修复。

在议会制下，投票选举响应了前一种机制的运作目的。功效并不存在于选择事实本身（因为那是近乎偶然的运作），而在于被选代表由此产生的情感：他们被选中并由此肩负重任。总的说来由国民议会推选出的委员会主席①同样如此。

惩罚机制在议会代表那里表现为任期，在委员会主席那里表现为对议院负责。政府领袖和议员一旦滥用职权就有必要担心，要么被弹劾，要么失去重新获选的机会。

事实上，长久以来这两种机制不再运作。没有尊严就没有合法性。商业广告运作模式致使竞选活动沦为某种卖淫行为。选举就如闹剧，一切安排只不过是向选民和获选代表传递不合法的印象。同样情况还发生在政府组建前议员们的交易中。

国会议员、部长和委员会主席的职位事实上成为某种职业，从业人数没有大大超过空闲职位的数量。利益关系者从旁监督。这样一来，惩罚机制彻底停止运作。任何被弹劾的委员会主席或部长，任何未获选的议员代表，就算曾经发生过政治丑闻，全有机会在不久的未来大获全胜，

---

① Président du Conseil：法国政府首脑的职位称谓，戴高乐是历史上最后一位担任此职位的法国元首（1958—1959）。

重新登上政治舞台。

即便双重机制充分运作也还是很不够。相较可能有的错误，刑罚显得微不足道。

刑法中无疑针对渎职罪、玩弄权势的不正当交易或背叛行为做出规定。但没有针对不公正和非人性的行为做出规定。

举个例子。假设某些法国国会议员提交一项不分性别年龄灭绝犹太人的法案，而另一些国会议员通过了这项法案，那么没有任何法律条文可以惩罚他们。也许有人会说选民将不再继续支持他们？这甚至不能肯定。而相较他们犯下的罪过，这一点惩罚微不足道。也许有人会说事实上没有发生过这样的事？那么我们能否肯定不存在若干得到落实的措施，尽管不那么恶名昭彰，却具有相近的残暴程度？比如对待殖民地，对待外国人，对待犯罪儿童或受害儿童，对待穷苦人，诸如此类。

*

合法性不是一个基础概念。它派生自正义概念。在与权力相关时，正义首先要求权力与责任的某种均衡。责任只能以惩罚方式得到表达。

任何人若能决定其他人的命运，也就具备持续犯罪的可能性。如果他任意妄为，就应该对他采取罪犯的惩罚。

饥饿的穷人从地里偷了一根胡萝卜，他从肉体上受到惩罚。如果他经常这么干，就会被终身遣送往圭亚那的某个地方，比斗殴者的下场更糟糕。政府领袖如果出于残酷，或冷淡，或仇恨，或疏忽，或偏见而不公正地导致一个人，或成百成千人，或上百万人的死亡和彻底不幸，他的职业生涯也许会受到打击，但他甚至没有在肉体上受到惩罚。

这是对正义的可怕颠覆。不正义不仅仅对那个穷人是残酷的，不正义对那个领袖更残酷。在这么多做恶的可能性中，那个领袖被放任在孤独中发起善倾向与恶倾向的斗争，这是残忍的事。某种公正的同情心本该对他灵魂中向善的那部分施加帮助，并让灵魂中恶的那部分屈服于对惩罚的畏惧。

如果社会权力等级与不断增长的惩罚级别正相对应，人民就能生活在对正义和合法性充满稳定信赖的情感中。一个人几乎既不能行善也不能作恶，他不应该遭受什么痛苦，只要不对他人施暴，不管他做什么都是如此。一个人同意处在既能大大行善也能多多作恶的社会地位，那么一旦做了坏事，他必须在荣誉、身体和命运方面遭受许多痛苦。

这是真正的社会均衡，这种均衡仅仅以司法制度为基础。

如果说这是普遍可接受的合法性原则，那么在战乱时期，人们无从避免残酷责任，诸种合法性的常规形式消失殆尽，这样一种合法性原则将具有千百倍的恰当性。

*

以下是结论。

少有人质疑戴高乐将军受到合法性需求的启示。他的公开言说有一种真诚语调，一种说服人的荣誉语调。如果从现在到法国领土解放期间，这种信任感持续存在不断增强，如果他的权威越来越得到法国人民通过有效服从做出的承认，那么在国际形势没有过分复杂化的前提下，这一切将足以让戴高乐将军在解放区获得政权的行动变得容易和清白。

要在比如说两年内切实行使政权，他必须获得更多的合法性。

通过如下所述的系列措施，他有可能实现这个目标。

他要在抗战胜利前夕发布基础宣言。基础宣言必须能够胜任1789年人权宣言始终不能胜任的功能。基础宣言旨在为国民生活提供启示。其结尾条款必须规定，任何人如果行使职务并因此对人类命运掌握有任何形式的权力，必须正式将基础宣言视同行为准则，并在违反宣言精神时严受惩罚。

在抗战胜利以前，这个基础宣言要在法国得到地下传播、研究和讨论。

这个基础宣言要在解放后接受全民表决。假设它通过了，这几乎是可以肯定的，既然它是好的。即便很不幸情况相反，也几乎可以肯定会通过。

戴高乐将军要公开宣誓绝对遵循基础宣言的精神指导。他还要宣布，他决心在必要期限内——比如两年——保管政权，以待国家有能力为自己重新创造命运。他要承诺准备成立国民制宪议会。

但这一切都不算什么。关键点在于：戴高乐将军及其主要合作者要承诺，临时政权的所有行动必须毫无例外服从制宪议会所指定的法庭监督。该法庭不得有议会成员加入,必须依据基础宣言的精神作出审判,并且得到授权宣判包括死刑在内的诸种刑罚。

要让上述承诺发挥效用,戴高乐将军还要承诺,不允许在国内成立任何类似于他的拥护者可能成立的组织。否则的话,审判显然有可能沦为闹剧。

如此构想的临时政权行使方案似乎意味着放弃从今往后的政治生涯。在危难关头行使临时政权所必不可缺的绝对纯粹性,有可能因为顾虑个人职业生涯而遭到破坏。

同样,一旦国家形势恢复平衡,最好由一位曾经在法国土地上经受过考验的法国人领导国家。

在祖国被奴役的危难时刻挽救国家荣誉,在解放后出现的可怕危机中拯救祖国,这些远远比任何政治职业生涯更美好。

*

此处谈及的运用措施有可能赋予戴高乐将军的合法性,似是临时政府领袖在特殊形势下所能拥有的最高级别的合法性。

全民投票通过基础宣言,无需对戴高乐将军的个人拥护活动,这将在法国国内外被视同一种信任标志。

有鉴于地方政府部门必须迅速恢复民主化运作,戴高乐将军与间接选举产生的国民制宪议会的联系将大有好处。议会在任何时候都不具备让他放权的资格,故而也没必要表达对他的信任或怀疑。但如果议会与政府保持有效合作,事实上这意味着相互间的信任。

这是庄严缔结的承诺,要在不久的将来如实汇报政府采取或忽视的所有措施，为此甘冒风险，牺牲自身的荣誉、前程、身体和性命。这样的承诺向法国人民保证戴高乐将军将全力以赴完成使命。

当戴高乐将军掌权时，几乎全体法国人民信任他的真诚，惟其如此戴高乐将军才算不犯罪地掌权。我们如果信任一个人的真诚，就只能担心他在注意力方面的欠缺。

除生来是完美状态的人以外，在我们所有人身上，纯粹的善的倾向只能对注意力起相当微弱的刺激作用。这是人类天性使然。更粗俗更混杂的动机反倒对注意力发挥更大影响。为此必须对灵魂中完全纯粹的部分提供外在有形的帮助，使之持续担当注意力的至高主人。

船长发号施令，没有人怀疑他的职业良心。船长和他的船有某种肉身性的连结，这是众所周知的事。这可以被看成充分保证。但是航海技术问题极其复杂。在身体极不舒适的环境里，通常船长被要求付出极为强烈深沉的注意力。于是，依据几世纪以来的传统，在上述保证之外还要补充一条死刑，也就是在损失船只的情况下，船长自愿牺牲性命。

这一传统在晚近几近消亡。也许是因为科学技术的进步使得航海问题远远不如从前复杂。

法国人民无需对注意力做出哲学分析就能极为清楚地感受到这类保证恰如其分。法国人民深知无论如何他必须为官员们的过错付出健康、幸福和生命的代价。在这种情况下，这类保证怎么可能不让人满意呢？此处提议只有一个困难，那就是促使法国人民相信这样的承诺乃诚意所立。这是事先准备、营造氛围语调的问题。

如能成功的话，法国人民的敏感知觉将极强烈、极深沉也极持久地受到最好的触动。这类新生事物在其他时期或许是缺点，到时将只有优点。当前法国需要一次震撼以便从中恢复生机。这样的震撼须得是纯粹的善的迸发所致。

人类义务宣言研究*

信仰声明

有一种真实在此世之外,也就是说,在时空之外,在人的精神世界之外,在属人的功能可能企及的任何领域之外。

与此种真实相对应的是人心深处对绝对的善的需求,此种绝对的善永驻在人心中,并在此世绝对找不到对应物。

在此世中,此种真实由于荒诞的事和无解矛盾而变得明显,人的思想只在世间运行时总会碰到荒诞和矛盾。

正如此世的真实乃是世事的独一无二的基础,上述的另一种真实乃是善的独一无二的基础。

一切有可能在此世存在的善,一切美、真、正义、合法性和秩序,一切人类生存条件对义务的从属关系,无不

---

* 原文标题 Étude pour une déclaration des obligations envers l'être humain,收入《伦敦文稿及书信》(pp. 74–84)。从草稿上看,薇依做过大量修改,足见她对此文的重视程度。《薇依全集》第五卷第二册收录了手写稿原文,与《伦敦文稿及书信》中的版本略有出入,尤其在正文开头有两行手写文字:"压缩的文章,也许可以作为一篇正式声明的开场白?"(pp. 95–96)参看卡博传记记载:"得知薇依曾七次修订《人类义务宣言研究》,这对我们颇有用处。这就是说,这篇文章在她心目中的地位很重要。事实上,该文是《扎根》的最好引文。不应与《扎根》分开,而应该是《扎根》的开场白。"(页416)另参看佩特雷蒙特传记记载:"她似乎在那篇题为《信仰声明》的文中提出了这一学说的纲要,该文是《人类义务宣言研究》的序言,写出来也恰好供抵抗组织审阅。"(页878)

是并且仅仅是从另一种真实衍生而出。

善有可能从另一种真实的所在降临人间，其独一无二的中间人，乃是把关注和爱转向另一种真实的那些人。

尽管属人的功能没有可能触及另一种真实，但人类具有把关注和爱转向另一种真实的能力。

没有什么能允许我们假设一个人欠缺此种能力，不管他是什么样的人。

唯有得到实施，此种能力方能算是在此世真实存在的东西。这种能力得到实施的唯一条件是认同（le consentement）。

认同有可能被明确表达，也有可能不被明确表达，甚至在一个人的内心不明确，没有达到清晰的意识，尽管认同切实地发生在灵魂中。认同也经常得到言辞的解释却没有实际发生。无论是否被明确表达，认同唯一且充分的存在条件乃是它实际发生了。

一个人只要认同把关注和爱转向世界之外，转向那一切属人功能之外的真实，那么他必定能够做到这一点。善迟早降临在他身上，穿过他，光照他的四周。

人类需求那停留在心灵深处的绝对的善。人类具备潜在的能力引导关注和爱转向世界之外，并从世界之外接收善。这种需求和这种能力共同构成所有人类毫无例外与另一种真实相连的纽带。

一个人只要承认另一种真实，也就承认这一纽带。正因为有这一纽带，一切人类身上毫无例外带有某种神圣的东西，值得尊敬不容侵犯。

除此以外，对所有人类的普遍尊敬没有别的理由。无论一个人乐于选择有神或无神的言论,只要他的心灵倾向于遵守这种对所有人类的普遍尊敬,那么他事实上也承认有别于此世真实的另一种真实。只要他事实上与这种尊敬陌生无干,那么另一种真实也与他陌生无干。

此世的真实由差异构成。在此世中,互不平等的物体以互不平等的方式要求得到关注。机遇或魅力使得某些个人受到关注。由于机遇的不同或魅力的欠缺,另一些人始终默默无闻。他们没有得到关注,又或者,关注即便转向他们身上,也只能辨识到某种集体性因素。

完全停留在此世的关注也就完全屈服上述不平等的结果。它越是无法辨识这一点,也越是不能避免上述不平等的结果。

在现有的不平等中,对所有人类的尊敬只在一种前提下是平等的,也就是所有人类身上具有某种相同之处。就与此世万物的关系而言,人类互不相同没有例外。人类之间的相同之处只能存在于人类与另一种真实的联系。

所有人类可以被设想由某种善的核心需求所构成,四周环绕灵魂与身体的材料。就这点而言,所有人类是绝对相同的。

关注一旦真正转向此世之外,就只与人类天性的基本结构真正保持联系。唯有这样的关注具备始终同一的功能,也就是把光照投向任何一个人。

一个人具备这种功能,也就具备转向此世之外的关注,无论他本人意识到这一点与否。

人类与另一种真实相连的纽带和另一种真实一样,处于属人的功能可能企及的领域之外。一个人只要承认这一纽带，就会感觉到对所有人类的尊敬，但尊敬无法获得见证。

此种尊敬无法在此世找到直接的表达方式。此种尊敬不表达也就不存在。此种尊敬有某种间接表达的可能性。

人类与有别于此世的真实之间的纽带所启发的尊敬通过人类置身于此世真实的那部分得到见证。

此世的真实即必然。人类置身于此世真实的那部分，也就是受必然支配并顺从需求困境的那部分。

对人类的尊敬只有一种间接表达的可能性，来自人类在此世的生存需求，来自灵魂和身体在大地上的需求。

善是人的根本。在人的天性中，善的需求与感知建立关联，并成为上述间接表达的可能性的基础。没有什么能让我们认为有哪个人的身上不存在此种关联。

基于间接表达的可能性，每当一个人的生活由于他人的行为或疏忽而遭到破坏，或者由于创伤或损失而经受灵魂或身体的残缺，那么，不但这个人的感觉受重创，他对善的渴望同样会受伤。针对人身上的神圣不可侵犯之处，故而发生了渎神的罪过。

相反，如果一个人仅仅因为自然力量的运作而遭到损失或创伤，或者，如果他发现那些看似使他蒙受苦难的人其实并不想伤害他，他们只是在服从某种经得他本人承认的必然性，那么，在这类情况下，只有这个人的感觉在发生作用。

对人类的尊敬的这一间接表达的可能性乃是义务的基础。义务旨在满足所有人类的灵魂和身体在人世间的诸种需求。每种需求对应一项义务。每项义务对应一种需求。

除此之外不存在与属人事务相关的任何其他形式的义务。

如果有人自认为察觉到其他义务，要么那是虚假的义务，要么那些义务错误地未被纳入上述范畴。

任何人只要把关注和爱真正转向有别于此世的真实，那么他同时也会承认，在公共和私人生活中，基于独一恒久的义务，他必须依据职责秩序和权力程度去纠正一切有可能破坏或损伤任何一个人在世生活的灵魂和身体的困境。

与权力程度和职责秩序相适应的限定只有在一种情况下才是合法的，也就是尽可能做到让那些承受相关后果的人认知此种限定的必然性并予以认同，并且整个过程不带一丝假象。

没有什么机遇巧合能使人摆脱普遍义务。有些机遇看似免除一个人或一类人的义务，实则更迫切地强加义务。

有关普遍义务的思想以迥异的方式和极不相等的清晰程度在所有人中传播。人们或多或少要么倾向于认同，要么拒绝接受此种义务是他们的行为准则。

认同最经常混杂假象。就算认同不带假象，实施也并非万无一失。拒绝则使人陷于犯罪。

在一个社会里，善恶的比例一方面取决于认同与拒绝此种义务的比例，另一方面取决于认同者与拒绝者的权力分配比例。

任何性质的权力一旦落入不能明确彻底不带假象地认同此种义务的人手里，那么这种权力是安排不当的权力。

就一个选择拒绝此种义务的人而言，只要他行使的职能形同将人类命运掌握在手中，不管该职能或大或小，或公或私，都会构成犯罪活动。那些了解他的思想并且允许他行使这一职能的人都是共犯。

一个国家的官方学说如果鼓吹此种犯罪，那么这个国家整个儿陷入犯罪。毫无合法性的痕迹可言。

一个国家依据的学说如果不是首先旨在反对此种犯罪的诸种形式，那么这个国家没有完整的合法性。

一套法律体系如果不带任何预防此种犯罪的措施，也就缺乏法律的根本要素。一套法律体系所含带的措施如果只预防此种犯罪的某些形式而不预防另一些形式，也就只具备法律的部分特征。

一个政府的成员如果犯下此种罪行或者授权属下犯罪，那么这个政府就是背叛自身的职责。

无论何种形式的行政单位、组织机构或集体生活方式，只要其正常运作意味或导致此种犯罪活动，就要被判非法，要么整改要么取缔。

一个人在公共舆论导向方面发挥或大或小乃至微乎其微的作用，如果他不在发现此种犯罪的每时每刻予以谴责，或者如果他有时为了不谴责干脆拒绝认出此种犯罪，那么他就是此种犯罪的共犯。一个国家的公共舆论如果拥有表达自由，当公共舆论不谴责此种犯罪的发展趋势时，那么这个国家就不是无罪的。一个国家的公共舆论如果被取缔表达自由，当秘密传播的舆论不包含对此种犯罪的谴责时，那么这个国家同样不是无罪的。

公共生活旨在最大限度地把诸种形式的权力交到那些真正认同与义务相捆绑的人手里，这里说的义务乃是每个人面对所有人类所必须履行的义务，并且每个人必须认识到此种义务。

法律就是有能力实现这一效果的所有常设条款的总和。

对义务的认识具有双重性。既是认识原则，也是认识实践。

实践领域由此世的属人需求所构成。人的理智必须构思需求的概念，必须识别、区分和罗列出灵魂和身体在此世的诸种需求，即便人的理智总有不尽准确之处。

这份研究永远可以一再获得重新审视。

义务陈述

为了具体思考对人类的义务并将其细分成若干义务，只需思考人类的身体和灵魂在尘世间的诸种需求。每种需求即一种义务的对象。

一个人的需求是神圣的。满足这些需求不能取决于国家理性，不能取决于关乎金钱、国际、种族和肤色的考量，不能取决于相关人等的道德或其他价值，不能取决于任何形式的生存条件。

满足某个特定的人的需求，其唯一合法的限定，乃是必然性和其他所有人的需求所规范的限定。只有当所有人的需求得到同等程度的关注时，这一限定才是合法的。

通过列举人类这一造物的基本需求，对人类的基础义务可以细分成若干具体义务。每种需求是一项义务的对象。每项义务是一种需求的对象。

这里仅仅涉及人类在尘世间的需求。因为人类只能满足这一类需求。不仅有灵魂的需求，也有身体的需求。灵魂有诸种需求，当这些需求不能满足时，灵魂沦落到与饥饿伤残的身体相类似的境地。

人的身体尤其需要食物、温暖、睡眠、卫生、休息、锻炼和干净的空气。

灵魂的需求大多数可以整理成彼此均衡和相互补充的对子。

人的灵魂需求平等和等级。

平等是经由制度和习俗所确实表达的公开认可，必须给予所有人同等程度的关注。等级是诸种责任的标度。由于人的关注倾向于投向高处并停留在高处，须得做出特别安排使平等和等级在事实上相互兼容。

人的灵魂需求得到认同的顺服和自由。

得到认同的顺服是人在将某种权威视同合法时所给予的顺服。通过征战或政变建立的政权或者纯以金钱为基础的经济权力，不可能有此种顺服。自由是在自然力量和合法权威的直接限制所留有的余地之内选择的权力。余地须得足够充裕，自由才不会是一种假象。但余地须得只向无罪的东西开放，决不能让任何形式的犯罪有机会变得合法。

人的灵魂需求真实和表达自由。

真实的需求要求每个人无需在物质上或精神上移居外国就有机会收获精神教养。为此在思想领域，一切物质或精神的压力必须不能来自其他顾虑，只能来自真实的顾虑。这意味着严禁一切宣传，没有例外。必须要有反对错误和谎言的预防措施，将一切本可避免的得到公开确认的具体错误转化成应受惩罚的错误。必须要有在思想领域维护公共健康不受毒化的预防措施。

但是，理智的运行要求能够自我表达，不受任何权威限制。因此必须要有一个纯智力研究的领域，要明确区分开来，对所有人开放，并且禁止任何权威进入干涉。

人的灵魂一方面需求孤独和隐私，另一方面需求社会生活。

人的灵魂需求私人财产和集体财产。

私人财产绝不是指占有一定数目的金钱，而是拥有具体的物品，诸如房子、田地、家具和工具，灵魂将这些物品视为其自身和身体的某种延伸。依据正义规定，如此理解的私人财产和自由一样不可剥夺。

集体财产不能通过司法名义得到定义，而是通过某个圈子的人的感情得到定义。这个圈子将某些物品视为自身的某种延伸和结晶。这种感情只有在若干主观条件下才是可能的。

通过私人财产和集体财产的欠缺来定义一种社会阶层的存在，这与奴隶制一样可耻。

人的灵魂需求惩罚和荣誉。

任何人由于某种罪而被排除在善之外，则需要借助痛苦的方式重新在善中安顿。蒙受痛苦的目的是要引导灵魂有一天自由地承认这样蒙受痛苦乃是正义的。重新在善中安顿就是惩罚。任何无罪或赎过罪的人，其荣誉需要得到和其他人一样的认可。

人的灵魂需要合乎纪律地参与某项公用事业，需要具备参与其中的个人主动性。

人的灵魂需求安全和风险。害怕暴力、饥饿和其他一切极端的恶，乃是灵魂的一种疾病。由于缺乏一切风险所引发的焦虑同样是灵魂的一种疾病。

人的灵魂首先需要在好些自然环境中扎根，需要通过这些自然环境与世界交流。

祖国，或由语言、文化、共同历史、职业和地方特点所定义的环境，这些都是自然环境的例子。

任何导致一个人被拔根或者阻碍一个人扎根的行为都是犯罪。

基本标准在于承认，人类的需求在哪里得到满足，那里就绽放友爱、喜悦、美和幸福。哪里还存在自省、忧愁和丑陋，那里就有尚需补救的欠缺。

实践应用

为了使这份宣言成为我国生活的实践启示，首要条件是国民以此为目的接受这份宣言。

其次条件是，任何人行使或意欲行使无论何种性质的权力——政治、行政、司法、经济、技术、精神或其他层面的权力——必须保证把这份宣言当作行动的实践准则。

在这种情况下，义务的平等普遍特性在一定程度上根据特定权力所带出的特定职责而发生改变。因此必须在承诺宣言中加一句："……尤其更加关注那些取决于我的人类需求。"

任何对这类保证的侵犯，无论言语还是行动，原则上必须始终予以惩罚。不过，在大多数情况下，还需要等待好几个世代，有能力予以惩罚的制度和习俗方能出现。

对这份宣言的赞同要求我们做出持续的努力，以便让类似的制度和风俗尽可能早日出现。

扎根：灵魂的诸种需求[*]

义务概念优先于权利概念。权利从属于义务，并与义务有关。权利并不自行有效，只能通过相对应的义务才有效。权利的有效履行不是依靠拥有这项权利的人，而是依靠承认对此人承担某种义务的其他人。义务一经确认就生效。一种义务就算无人认可也不会丧失其存在的完整性。一种权利若无人认可则一文不值。

人们一方面享有权利一方面承担责任，这样的说法毫无意义。类似的用语只是表现出观察视角的差异。权利与义务的关系是主客体的关系。一个人从自身的角度考虑只有责任，这些责任中也包含他对自己的责任。别人从他的角度考虑只有权利。若从别人的角度考虑，并且别人承认对他承担义务，他也就有了权利。世间若只有一人活着，那么这人没有权利，只有义务。

权利概念属于客观范畴，与存在概念和现实概念密不可分。当义务落实到事实层面时，权利概念相应产生，并随即总在某种程度上将事实状况和特定情境放进来考虑。权利的产生总与某些条件相连。只有义务是无条件的。义

---

[*] 原文标题 L'Enracinement: les besoins de l'âme。此篇本系《扎根》正文第一部分，与《人类义务宣言研究》互相呼应，故一并迻译。中译文依据底本：Simone Weil, *L'enracinement, prélude à une déclaration des devoirs envers l'être humain*, Gallimard, 1949, pp. 7–57。

务属于超越此世因而也就超越诸种条件的范畴。

1789年的人们不承认这一范畴实际存在。他们只承认属人的物事这一范畴。这就是为什么他们从权利概念出发。① 可是，与此同时，他们又想设定一些绝对原则。这样的悖论致使他们陷入言语和观念的混乱，进而决定性地让我们陷入当前政治社会的混乱。永恒的、普遍性的、无条件的范畴，有别于与事实条件相关的范畴，前一个范畴里栖居着诸种与人类灵魂最私密处相连的不同概念。

义务只与人类相连。没有专门为某个人群设定的义务。只有为全体人类设定的义务，虽然是人在构成、服务、指挥并代表某个群体，义务既在人类与群体有关的那部分生活里，也在人类独立于群体之外的那部分生活里。

与所有人类相连的是同样的义务，尽管在不同情境下同样的义务对应着不同的行为。无论在什么情况下，无论是什么人，谁也不能免于义务而无罪。除非同时存在两种不可兼容的义务，一个人在类似情境下被迫履行一种义务而舍弃另一种义务。

一种社会秩序的不完善程度可通过它所包含的类似情境的数量得到衡量。

然而，即便在这种情况下，如果在事实上舍弃之外还予以否认，那么，舍弃义务也是有罪的。

在属人的物事范畴里，义务的对象总是人本身。只要身为人类的事实成立，一个人就有面对所有人类的义务，

---

① 参看《个人与神圣》开篇："1789年盛行于世的权利概念由于内在的贫乏不足而无力胜任世人所重托的使命。"

不管有没有别的条件介入，也不管他本人是不是承认。

这义务不取决于任何事实情境，也不取决于法律裁决，或习俗风尚，或社会结构，或权力关系，或继承过往，或假定的历史取向。因为，没有一种事实情境能够促使一种义务生成。

这义务不取决于任何约定。因为，所有约定均有可能依据定约者的意愿而改变，反过来，人的意愿无论如何不能造成义务的改变。

这义务是永恒的。它对应人的永恒命运。唯有人类才有永恒命运。人类群体没有永恒命运。同样，面对人类群体也没有什么永恒的直接义务。只有面对人类本身的责任才是永恒的。

这义务是无条件的。如果说它建立在某种根基上，那么这根基不属于我们这个世界。在我们的世界里，它没有根基。这义务独一无二，与属人的物事有关，而不服从任何条件。

这义务没有根基，却在普遍良知的赞同中获得某种证实。它在流传迄今的一些最古老的文本书写里有所表达。它在所有未遭利益或激情遏制的特定情况下经得一致认可。衡量进步必须相对于义务而言。

对这义务的承认，由通常所说的"实在法"（droits positifs）以含混而不完善的方式做出表达，并且在不同情况下其不完善程度有所差别。在实在法与义务相悖的前提条件下，并且只有在这种前提条件下，实在法被看成非法。

这一永恒义务虽然对应人类的永恒命运，却不以这样的命运为直接目的。人的永恒命运不可能成为任何一种义务的目的，因为，义务不从属于外在行为。

一个人拥有永恒命运，这个事实只能指定给他人一项义务，也就是尊重。只有当尊重以真实而不是假想的方式得到切实表达时，义务方能获得履行。尊重只有以人的诸种在世需求为中介方能得到表达。

属人的良知在这一点上从来没有变化。数千年前的埃及人就在思考，一个人如果不能说"我没有让人挨过饿"，那么他死后灵魂就不能被证明无罪。每个基督徒自知基督亲口说的话总有一天要临在他们面前："我饿了，你不给我吃。"①每个人设想进步时，首先会想到进步就是过渡到一种人们无须挨饿的人类社会状态。不妨用平常的说法提一个问题：假设一个人食物充裕，在家门口发现有人行将饿死，他什么也没给就走了过去。随便问任何人，没有人会认为这个人是无辜的。

在有机会帮助一个人时不让这个人挨饿，因而是一项面对人类的永恒义务。这项义务最不言自明，必须作为范例帮助我们列出一份面对所有人类的永恒责任的清单。为了确保严密性，必须采用类比法从这个首例出发建立清单。

因此，面对人类的义务清单必须对应人类生存需求的清单，这些需求必须与饥饿相类似，都是维持生命所必需的。

在这些需求中，有一些是身体性的，比如饥饿。罗列

---

① 最后的审判。《马太福音》之"万民受审判"："因为我饿了，你们不给我吃；渴了，你们不给我喝。"（26：42）另参看："王要回答说：'我要实在告诉你们，这些事你们既不做在我这弟兄中一个最小的身上，就是不做在我身上了。'"（26：45）

这些身体需求相对容易，包括保护身体不受暴力伤害、居住、服装、取暖、卫生，以及生病时获得必要的治疗。

还有一些需求与物质生活无关，而与道德生活有关。不过，它们与身体需求一样是在世的需求，与人的永恒命运没有直接关联，因而不容易受到我们的心智的影响。和身体需求一样，它们也是活在此世的生存必需品。换言之，这些需求若得不到满足，人就会渐渐沦落到一种与死亡相近的状态，一种与草木无异的生活。

辨认和罗列这些需求比身体需求困难得多。不过人人承认它们是存在的。征服者强加在被征服者身上的所有暴行，诸如残杀、肢体伤毁、有组织的饥荒、奴役或大规模监禁，通常被视为同一类伤害，尽管自由或故乡并不是身体赖以为生的必需品。所有人都意识到，有一些暴行不伤害人的身体却伤害人的生命。这些暴行剥夺了人的灵魂赖以为生的必要滋养。

就人类事务而言，这些义务有可能是无条件的或相对性的，永恒的或易变的，直接的或间接的，但无论如何，它们无一例外来自人类维持生命所必需的诸种需求。有些义务不与这样那样特定的人直接有关，其所针对的对象无不在与人类的关系中承担类似于食粮的角色。

我们应当尊重一片麦田，不是因为麦田本身，而是因为麦子是人们的食粮。

同样，我们应当尊重一个群体，无论它是祖国、家庭还是别的，不是因为群体本身，而是因为它是一群人的灵魂食粮。

这项尊重群体的义务事实上规定了人们的态度和行为

必须随着情境的不同而发生变化。不过，就义务本身而言，它对所有人是绝对同一的。

尤其是，这项义务对所有群体之外的人是绝对同一的。

这项义务对人类群体的尊重达到极高程度，这是出于多方面的考虑。

首先，每个群体都是独一无二的，一经破坏就无可替换。一袋麦子始终可为另一袋麦子所替换。一个群体所能提供给其成员的灵魂食粮在全世界找不到等同物。

其次，就时间性而言，群体已然深入未来。群体含带的灵魂食粮，不仅滋养在世的生者，也滋养那些尚未出世的、在未来几世纪降生的人们。

最后，同样就时间性而言，群体扎根于过去。它建构独一无二的保存手段，守护着往生者世代累积的精神宝藏。它构成独一无二的传递手段，死者借助这中介得以与生者对话。在此世万物中，唯有它与人的永恒命运有直接关联，犹如一道光照，在那些懂得完整意识到永恒命运的人们中，一代代往下传承。

基于上述原因，对一个处于危难中的群体的义务有可能导致完全的献祭①。但这并不会推导出群体高于个人的结论。同样，救援某个处于困境中的人的义务有可能导致完全的献祭，但这并不意味着获救者本身具有任何优越性。

农夫为了耕作田地，在某些情况下可能不得不遭受疲倦、疾病乃至死亡。但他心里始终明白，这只是为了面包。

---

① sacrifice total：比如耶稣受难。

同样，即便在完全的献祭中，一个群体所应得的尊重，必须只与人们对食粮的尊重相类似。

但经常发生角色颠倒。某些群体没有提供滋养，反而吞噬灵魂。在此情况下产生了社会疾病，首要的义务就是治疗。针对某些状况，有必要借鉴外科手术疗法。

在这一点上，无论对群体内人士，还是对群体外人士，义务是同一的。

有时候，一个群体提供给其成员的灵魂滋养不充足。在此情况下，有必要改善该群体。

最后还有些已然死去的群体，既不吞噬灵魂，也不提供滋养。如果可以肯定这个群体确乎死去，而不是处于暂时休眠中，那么唯独在这种情况下，有必要消灭这样的群体。

我们首先要研究灵魂赖以为生的诸种需求，就如食物、睡眠和保暖是身体赖以为生的需求。必须尝试罗列出这些需求并予以定义。

绝对不能将这些需求混同为欲望、任性、幻想或不良习气。必须分清本质和偶然性。人需要的不是米饭或土豆，而是滋养；不是木头或煤炭，而是取暖。灵魂的需求也是一样，必须承认对于同样的需求有不同却等效的满足。必须区分灵魂的食粮与毒药，有时候，毒药给人貌似滋养灵魂的幻觉。

倘若欠缺相关研究，政府就算有好的意图，也只能盲目行事。

下文是一些提示。

秩 序

灵魂的首要需求、最亲近灵魂的永恒命运的一种需求，就是秩序。换言之，这是某种社会关系的组织，置身其中的人们不会为了履行一些义务而被迫违反另一些同样严格的义务。只有在类似情况下，灵魂才因外在环境而遭遇精神伤害。因为，一个人如果只是由于死亡或受苦的威胁而终止履行义务，那么他可能不会有意识，只是身体方面受伤。但如果环境致使最低限度的义务所规定的行为变得互不相容，那么人在这种处境下不可能自我防卫，他对善的爱受到伤害。

在我们今天，各种义务之间存在着极其严重的无序和不相容状态。

一个人行事若是为了助长不相容状态，这个人就是无序的挑动者。一个人行事若是为了消减不相容状态，这个人就是秩序的拥护者。一个人若是为了简化问题而否认若干义务，这个人就在心里和罪立了约。

不幸的是，我们没有办法消减这种不相容状态。我们甚至不能肯定，所有义务彼此相容的秩序是不是一种假想。一旦责任落实到事实层面，为数众多的独立关系就会开始起作用，不相容似乎比相容的可能性更大。

但是，我们每天都在亲眼目睹宇宙的示范。在宇宙中，诸种无穷尽的独立的机械运动共同构成一种秩序，尽管表面千变万化，这种秩序始终不变。我们爱世界之美，因为我们感觉到在世界之美背后隐藏着某种类似于智慧的东西，我们渴望拥有这样的智慧，以满足我们对善的爱欲。

在浅近的层面上，真正美的艺术作品提供了示范，也就是各种独立因素彼此竞争，以不可理解的方式，反过来成就独一无二的美。

最后还有一种感觉可作例证，也就是各种不同的义务总是来自同一种对善的爱欲。对所有人而言，从出生到死亡，这爱欲独一无二，固定不变，始终同一。这爱欲持续不断地在我们内心深处发挥作用，防止我们陷入那些义务互不相容的环境中顺从屈服。于是，我们要么求助谎言以忘却困境的存在，要么为了摆脱困境而盲目反抗。

沉思真正的艺术作品，进一步沉思世界之美，更进一步沉思我们向往却未知的善，这些能够支持我们努力去持续不懈地思考人类秩序。人类秩序必须是我们的首要思考对象。

暴力的大鼓吹家们一边琢磨机械盲目的力量如何变成全世界的主宰，一边从中得到鼓励。

如果我们能够琢磨到，通过某种我们不能理解但又为我们所爱并命名为美的东西，这些不计其数的盲目力量如何被限定和整合为某种均衡，如何被引导以成就某种统一，那么，我们就能比他们更敏锐地看世界，我们能够从中收获更大的鼓励。

如果我们的精神持续不懈地思考一种真正的人类秩序，如果我们思考这种秩序就如同在必要的时候可以为之做出完全的献祭，那么，我们的处境就如一个人在暗夜中前行，没有向导，一路却不停想着他要走的方向。这样的旅人有大希望。

秩序是灵魂的首要需求，乃至超乎所有严格意义上的需求。要思考这一需求，必须先认知别的需求。

灵魂的诸种需求之所以区别于欲望、幻想或不良习性，食物之所以区别于美食或毒药，其首要特性在于这些需求是有限度的，与之相对应的食物也是有限的。吝啬鬼永远觉得金子不够，可是，如果随心所欲给一个人面包，这人迟早会对面包厌烦。食物让人有吃腻的时候。灵魂的滋养同样如此。

第二个特性与前一个特性相关，这些需求通过一些相互矛盾的对子得到规定，并且必须整合达成某种均衡。人既需要进食，也需要在两次进食之间有所间歇；既需要取暖也需要乘凉；既需要休息也需要运动。灵魂的需求同样如此。

通常所谓的中道①就在于，对于两种互相矛盾的需求，既不满足其中一种，也不满足另一种。两种互相矛盾的需求同时得到充分满足，这只是对真正的均衡的一种戏仿。

自　由

人的灵魂必不可缺的一种滋养是自由。就具体语义而言，自由是一种选择的可能性。这里说的当然是实在的可能性。只要是有公共生活的地方，就会有基于共同利益而设定的规则，这些规则不可避免地限制选择。

然而，自由并不因为限制的严厉或宽松而变得更大或

---

① ［法文编按］亚里士多德，《尼各马可伦理学》，卷二，6。

更小。即便在不易衡量的条件下，自由依然有其完整性。

这些规则必须足够合理，足够简明，任何人只要愿意并且具备一般的关注能力，就能够明白这些规则所对应的益处，以及设定这些规则的必要性。设定这些规则的当权者必须不被视为外人或敌人，必须被当成其所领导的人群中的一分子而受到爱戴。这些规则必须足够固定，足够少量，足够普遍，让人稍动脑筋就能一劳永逸地领会，而不至于在每次需要作决定的时候与之相抵触。

在满足上述条件时，有善良意愿的人们的自由即便在事实上受到限制，在意识中也是完整的。因为，这些规则已然融入他们的生命，他们不会想到可能性被禁止，也就不会加以拒斥。正如在一个正常人那里，不吃恶心有害的东西是在教育中养成的习惯，并不会让他觉得在饮食领域里的自由受到限制。只有孩子会感到被限制。

那些欠缺善良意愿或始终稚气未脱的人们处在任何一种社会状况下都不会自由。

当选择的自由性大到危害共同利益时，人们享受不到自由的乐趣。因为，他们要么不得不从推卸责任、稚气和冷漠中寻求解脱，并且这类借口最终只能带来烦恼，要么不得不因为担心妨碍他人而随时随地不堪忍受责任的重负。在这些情况下，人们误以为拥有自由，同时又感到无法享受自由，这就会促使他们认为自由不是一种善。

顺　服

顺服是人的灵魂赖以生存的一种需求。有两类顺服：

对既定规则的顺服,对被视为首领的人的顺服。顺服以认同为前提,不是对既成秩序的逐一认同,而是某种一劳永逸的认同,在必要时候只有良知的约束不在此限。构成顺服的原动力即认同,而不是惩罚的畏惧或奖赏的诱惑,这一点必须得到普遍认可,尤其要得到首领们的认可,只有这样,顺从①才不会有奴性的嫌疑。发号施令者本身也要顺服,这必须成为一种共识。所有等级必须朝同一目标努力,全体社会中人,从最高层到最底层,必须都能感受到这目标的价值和崇高意义。

顺服是灵魂必不可少的一种滋养。一个人若彻底缺乏顺服就是生病了。一个群体若任由某个不对任何人负责的最高统治者支配,就是被一个病人弄于股掌之上。

这就是为什么,一个人若被置身于社会组织的首位,他就必须是一种象征,而不是一个首领,如英国君王那样。礼仪必须限制这人的自由,比限制普通民众还严格。这样一来,拥有实权的那些人虽身为首领却总有一人在他们之上,另一方面,他们可以轮替而不至于破坏执政的连续性,从而也可以接收每个人不可推卸的那一份顺服。

有些人利用强力和暴行迫使众人服从,也就造成众人同时丧失了自由和顺服这两种赖以生存的食粮,因为,众人不再有权使内心的认同与他们所遭受的强权达成一致。有些人有意促进凡事以利益诱惑为主要动机的状态,也就从人们身上剥夺了顺服,因为,作为顺服的原则,认同不是一种可以买卖的东西。

---

① la soumission:译"顺从",以区别 obeissance(顺服)。

成千上万的迹象表明，我们这个时代的人们长久以来渴望顺服。可是，有人却利用这一点奴役他们。

责　任

主动和责任，自我感觉有用乃至不可或缺，这些是人的灵魂赖以为生的需求。

失业者就是在这方面完全欠缺的例子，即便他得到救济，有吃有穿，居有定所。他在经济生活中全无作用，就算在政治生活中还有一张选票，对他来说并无意义。

不含技术成分的操作工人的情况并不比失业好多少。

为了满足这一需求，一个人必须经常在大大小小的问题上做决定，并能够影响那些与他本人无关却让他感觉参与其中的利益。他必须持续为此做出努力。他还必须把他身为一分子的那个群体的整体成就在精神上视为己有，包括那些他从未做过决定给过意见的领域。要做到这一点，必须让他认识到这些成就并为之感兴趣，让他感受到这些成就的价值、用处乃至崇高意义，必须让他清楚领会到他参与其中的位置。

不论何种类型的群体，只要是不能给其成员提供这些满足，就是败坏的，必须予以改造。

在个性稍强的人那里，主动的需求会演变为指挥的需求。一个人只要不欠缺能力，在他一生中的某些阶段，本地紧张生活、大量教育工作和青年活动必能提供给他指挥的机会。

平　等

平等是人的灵魂赖以为生的一种需求。平等就是在一种经由制度和习俗所确实表达的公开、普遍而有效的认可中，必须给予所有人等量的尊重和关注，因为人所应得的尊重本身没有程度之别。

因此，人与人之间不可避免的差别不应该意味着尊重也有程度之别。为了不让人察觉这种意味，必须在平等与不平等之间建立某种均衡。

在可能性上做到平等，就能实现平等与不平等的某种整合。假设任何人都有机会获得与他所能胜任的职责相对应的社会地位，假设教育足够普及，没有人单纯因为出身原因而欠缺技能，那么所有孩子就会有同等的希望。这样一来，人人在希望上是平等的，年轻时是对自己的希望，年长时是对子女的希望。

然而，这种整合若不是作为诸种因素之一而是单独地起作用，就不能建立均衡，反而带有严重隐患。

首先，一个人若是处于社会底层并受困其中，当他知道这一处境乃是由他本人缺乏能力所致，并且所有人都知道这一点，那么，他不但不会获得慰藉，反而会感到双倍的苦涩。依据性格的差异，有些人也许会勉强忍受，另一些人则会走向犯罪。

其次，在社会生活中还会不可避免地产生某种向高处爬的风气。如果一次自上而下的移动不能与一次自下而上的移动形成均衡，就会出现社会弊病。如果说农场工人的儿子有一天成为总理部长的可能性真实存在,那么,与之相应,总理部长的儿子有一天成为农场工人的可能性也必须真实存在。没有相当有害程度上的社会约束力,第二种可能性的实现程度微乎其微。

这种平等若是毫无限制地独自起作用,就会给社会生活带来一定程度的流动性,并进而解构社会生活。

还有一些不那么粗暴的方法可以整合平等与差异。第一种方法是比例。比例依据平等与不平等的整合得到定义,在此世中,比例处处是独一无二的均衡因素。

比例运用到社会均衡,就会给每个人做出强制性规定,既规定与每个人的能力及其所有福利相应的诸种责任,也规定在无能或失误的情况下相应的诸种风险。比如说,老板面对工人时无能或失误致使在灵魂和身体上吃的苦头,必须比工人面对老板时无能或失误吃的苦头多得多。此外必须让所有工人明白这个道理。这一方面要求建立某些风险机制,另一方面要求在刑法上形成一种处罚概念,也就是说,社会地位作为一种加重罪行的情节,总是在很大程度上对量刑发挥作用。出于更有力的理由,一个人担任的公职越高,承受的个人风险也必须越重。

还有一种方法可以使平等与差异变得相容,那就是尽量去除差异的量的特性。只有本质的差异,没有程度的差异,如此一来也就没有不平等。

把金钱当成所有行为的唯一或几乎唯一的动机,当成所有事物的唯一或几乎唯一的衡量标准,这无异于到处散布不平等的毒药。诚然这种不平等是可变动的,并不与任何人捆绑在一起,因为钱能赚来也能输掉,但不平等并没有因此而减少现实性。

有两类不平等，与之对应的是两种不同的刺激作用。一类是相对稳定的不平等，比如在旧时代的法国，不平等激发人们崇拜比自己优越的人——并非没有混杂某种被压抑的仇恨——并顺从这些人的命令。还有一类是可变的流动的不平等，激发人们向上爬升的欲望。它并不会比稳定的不平等更接近平等，并且同样是有害健康的。1789年法国大革命提倡平等，无非是奠定了一种不平等对另一种不平等的取代。

一个社会越是平等，与两种不平等相对应的这两种刺激越是起不到作用，于是就要有别的刺激。

我们看待不同的生存状况，若能只承认不同而不进行比较，平等就会更大。矿工与部长只是两种不同的职业，正如诗人与数学家。在矿工的荣誉中，应该算进与他们的生存状况相连的物质上承受的艰苦。

在战时，一支部队若有恰当的作战精神，士兵会为冲锋陷阵没有留在总部而感到幸福自豪，将军会为战况依照他的布局思路发展而感到幸福和自豪。与此同时，士兵欣赏将军，将军也欣赏士兵。这样一种均衡构成了平等。在社会生存状况中，有这样的均衡，同样就会有平等。

这就要求每一种生存状况都要有专属的思考标志，专门针对这种状况，并且不能作假。

等　级

等级是人的灵魂赖以为生的一种需求。等级由某种尊敬、某种下级对上级的忠诚所构成，这里的上级不应被看成身居高位者的个人或他们行使的权力，而应被看成一些象征。这些象征意义属于某个超乎人类的范畴，在此世的表达由每个人对其同类的义务所构成。真正的等级制度意味着，上级必须意识到这一象征功能，必须明白这是下级的忠诚的唯一合法目的。最有效的等级制度的作用在于引导每个人在道德上安顿自身的位置。

荣　誉

荣誉是人的灵魂赖以为生的一种需求。每个人所应得的尊敬，即便是切实得到了，也不足以满足这一需求。因为，尊敬对所有人来说是同一的，持久不变；而荣誉与一个人发生关系，这个人不只是作为他本人被看重，而是在周遭的社会关系中被看重。一个人有可能是不同群体中的成员，如果每个群体能够把它过去所包含的外界公开认可的伟大传统提供给这个成员，使他成为其中的一分子，那么，这一需求就能得到充分满足。

比如说，为了满足职业生涯中的荣誉需求，每种职业在工作实践中付出崇高、英勇、正直、慷慨和才华，必须有相应的群体真正有能力保存这些财富的鲜活记忆。

一切迫害均会造成荣誉需求方面的饥荒。由于缺乏社会声名，被迫害者所拥有的伟大传统不被承认。

这往往就是征服的结果。维钦托利①在罗马人眼里不

---

① Vercingétorix（约前82—前46）：高卢部落首领，曾反抗罗马统治。

是英雄。英国人若在十五世纪战胜法国，贞德将为世人遗忘，就连法国人在很大程度上也会遗忘她。如今我们对越南人和阿拉伯人讲贞德，而他们明明知道，法国人根本没有听说过他们的英雄和圣徒。我们勉强他们维持的状态因而是对荣誉的一种损害。

社会迫害也有同样后果。齐内梅和梅尔莫兹①凭借航空事业的社会威望，在公众良知中通行无阻。矿工或渔民有时付出不可思议的英雄气概，却在矿工或渔民的圈子中几乎毫无反响。

荣誉欠缺在最极端程度上就是某些被分门别类的人彻底丧失基本尊重。比如在法国有各种各样的形态，妓女、惯犯、警察、来自移民或殖民地原住民的流氓无产者，等等。这样的分门别类不应该存在。

只有罪是例外。必须把犯罪者排除在社会的基本尊重以外，必须通过惩罚让犯罪者重新融入社会。

惩　罚

惩罚是人的灵魂赖以为生的一种需求。有两类惩罚，纪律的和刑法的。第一类惩罚旨在各种过失状态下提供保障，如果没有外力援助，过失状态下寻求补救必将极其费力。不过，灵魂最不可或缺的是对犯罪的惩罚。一个人犯了罪，就是把自己置身于永恒义务的组织系统之外，而这

---

① Geroges Guynemer（1894—1917），Juan Mermoz（1901—1936）：齐内梅和梅尔莫兹均系法国传奇飞行员。

系统原本建立了每个人和其他所有人的关系。只有通过惩罚，这人方能重新融入系统。如果这人对惩罚有所认同，重新融入就是完全的，否则就不完全。对挨饿的人表示敬意的唯一方式是给他吃，同样，对犯法的人表示敬意的唯一方式，就是让这人服从法律规定的惩罚并借此使他重新融入法律中。

如果刑法只是一种利用恐怖效应的制约手段，那么惩罚的需求没有得到满足。这样的情况普遍存在。

为了满足这一需求，首先要做到，但凡涉及刑法，必须具有庄严神圣的性质，法律的威严必须在法庭和警察局、在被告和犯人身上得到传递，必须体现在那些无关轻重却有可能导致自由被剥夺的事件里。惩罚必须是一种荣誉，惩罚不只清洗罪的耻辱，还必须被理解为一次要求在更高程度上忠于公共福利的额外教育。刑罚的无情必须与被侵犯的义务的性质相对应，而不是与社会安全的诸种利益相对应。

警察丧失信誉，法官轻率判决，监狱的规章制度，累犯彻底丧失社会地位，刑罚等级导致十桩轻微偷窃案比一桩强奸案或某些谋杀案判刑更重，甚至导致有人纯粹因为灾难而被判刑，所有这些状况均妨碍人类中间存在名副其实的惩罚。

无论过失还是犯罪，应该伴随社会地位的下降而不是上升，适当加强免予处罚的程度。否则一边吃苦头一边觉得事出权力的制约乃至滥用，这不能构成惩罚。只有当吃苦头在某一时刻或者在事后的回忆里伴随一种正义感，方能算作惩罚。音乐家通过声音唤起人们的美感；同样，刑法系统必须懂得借助痛苦,甚至在必要时借助死亡,唤起罪犯的正义感。人们常说,学徒受点伤,手艺也就进入他的身体;同样,惩罚也是一种方法,通过身体吃苦,正义进入罪犯的灵魂。

如何更有效地防止上层人士为了免于处罚而互结同谋,这是最难解决的政治问题之一。这个问题要得到解决,必须是有一人或多人担负起防止类似共谋的责任,并且必须是这些人的处境决定了他们不会受诱惑参与共谋。

意见自由

意见自由和结社自由通常相提而论,这是种错误。除了自然的群聚以外,结社不是一种需求,而是实际生活的临时措施。

相反,一个人无论持何种意见,都有无限制的充分的表达自由,没有任何缩减和保留,这是心智的绝对需求,故而这也是灵魂的一种需求,因为,当心智不自在时,整个灵魂就会生病。满足这一需求的本质和诸种限制共存于灵魂的不同机能的结构中。因为,同一种东西可能既有限制又无限制,正如我们可以无限延长长方形的长,与此同时长方形的宽总是受到限制。

人的心智有三种活动方式。处理技术问题,也就是探寻实现既定目标的手段。促进方向选择,在意志沉思完成时提供启示。与其他机能分开,在纯理论思辨中单独活动,暂时抛开一切对行动的关怀。

在健康的灵魂里,心智依次展开这三种活动,且自由程度各不相同。第一种功能是服务性的。第二种功能是破坏性的，一旦心智开始向灵魂的相关部分提供论据，就必须使之噤声，因为任何不是完善状态的人的灵魂总是处在恶的那边。不过，当心智分开来单独活动时，必须让它享有最高程度的自由，否则人就会欠缺一些基本的东西。

在健康的社会里同样如此。这也是为什么最好能在出版领域设立一个绝对自由的保护地带，不过必须形成共识，这个保护地带里的所有出版物既不让作者卷入任何事端，也不向读者提供任何建议。这样一来，所有支持负面意见的论据将得到淋漓尽致的陈列。这是恰当有益的。任何人将有机会在此赞同他原本最谴责的观点。公共舆论必须形成一致，这类出版物的目的不在于确定作者面临诸种生活问题时的立场，而在于通过预备性研究，罗列出与每个问题相关的准确完整的资料。法律必须保障这些出版物不会给作者带来任何形式的风险。

相反，还有一些出版物旨在对我们所说的观念施加影响，也就是对人生实践施加影响，这些出版物构成某种有效行为，必须和所有有效行为一样服从同等限制。换言之，这些出版物不得对任何人带有任何不合法的偏见，特别是不得对那些经过法律庄严认可的针对人类的永恒义务表示出任何或直白或隐晦的否认。

一种在有效行为以外，一种属于有效行为，这两种范畴的区别无法用司法语言明确成文在纸面上。尽管如此，区别是明白无误的。只要有足够充分的意愿，其实很容易区分这两种范畴。

比如说，日报和周刊明显属于第二种范畴。各种杂志也是，因为杂志是传播某种思考方式的权威中心，只有那些放弃这项功能的杂志可以追求绝对的自由。

文学也是如此。这也许有助于解决新近兴起的关于道德与文学的论战。这场论战受到一个事实的遮蔽，所有有才华的人出于职业连带性站在同一阵营，另一个阵营只剩无能胆小之辈。

然而，无能胆小之辈的立场在很大程度上并非没有道理。作家们有脚踩两只船的不可容忍的做派。他们从未像我们这个时代这样声称要充当意识的导师并付诸实践。事实上，在战前那些年里，除了学者以外，没有人与他们争辩过这个问题。物理学家和小说家担当起从前在国民道德生活里由教士所负担的责任，这一点足以衡量我们的进步究竟价值何在。然而，如果有人责问作家们所施加的影响取向，他们会一脸愤慨地逃避到为艺术而艺术的神圣特权里。

打个比方，纪德无疑很明白，诸如《地粮》或《梵蒂冈地窖》这样的小说影响了不计其数的年轻人的人生实践，他也为此而自豪。从此我们既没有理由把这类书安放在为艺术而艺术的不可侵犯的屏障之后，也没有理由囚禁责罚一个把人推下行进中的火车的男孩。我们还可以为这种犯罪争取到为艺术而艺术的特权。从前的超现实主义者离此不远。诸多无能之辈让人厌烦地反复强调作家们应对我们的战败负责，很不幸，他们显然说对了。

如果一个作家利用与纯心智相对应的绝对自由，公开发表与法律所认可的道德原则相违背的作品，如果他稍后在公共舆论中成为影响焦点，那么大可问他是不是准备公开声明这些作品并不代表他的立场。如果他做不到，大可惩罚他。如果他说谎，大可让他名誉扫地。此外还必须承认一点，一旦一个作家跻身于影响公共舆论的引导者行列，他就不能够要求享有无限制的自由。在这一点上同样无法形成司法定义，但事实并不难认清。在司法用语可能表达的范畴里，没有任何理由去限制法律的至高无上的权威，因为，公正的审判同样表现出这种权威。

再者，作为心智的最根本需求，自由的需求本身也要求能够保护人们抵制强迫性的暗示、宣传和影响。这些都是不同样式的限制，某种特定的限制，并不伴随惧怕或身体的痛苦，却并不因此而不成其为暴力。现代技术为这种限制提供了极其有效的工具。就本质而言，这种限制是集体性的，相应受害的是人的灵魂。

当然，国家如果利用这种限制就是在犯罪，除非是为了公共安全而迫不得已的例外。国家不仅本身不能使用，还必须进一步加以制止。比如说，广告必须受到法律的严格限制，必须在数量上极大缩减，必须严禁触及思想领域的主题。

同样，诸如新闻报道和电台节目有可能受到管制，原因不只在于它们损害了公共认可的道德原则，还在于论调和思想的卑劣、不良的趣味和低俗，在于某种暗中败坏的道德气氛。实行这类管制不会影响到意见自由。比如说，一份报纸可能被查封，但其撰稿人依然有权在他们认为合适的地方发表意见，或者在最不严重的情况下，只需更换报纸名称，他们有可能继续与同一份报纸合作撰稿。只不过这份报纸会留有声名的污点，并且有可能继续顶着同一风险。意见自由必须只能给予记者，并且是有所保留的，而不能给予报纸，因为唯独记者有能力形成一种意见。

一般说来，所有涉及言论自由的问题都能得到澄清，只要我们能够明确，言论自由是心智的一种需求，并且心智只存在于个体的人身上。集体性的心智活动不存在。一个团体不可能正当地要求言论自由，因为它没有丝毫相关需求。

相反，保护思想自由相当于要求法律禁止集体表达意见。因为，一个集体一旦开始拥有某些意见，就会不可避免地强加给成员。每个成员迟早会在不同的严格程度上被禁止就若干大小问题发表与集体相悖的意见，除非他们脱离这个集体。然而，一个人与其所属的集体决裂，总会引发诸多痛苦，至少是情感上的苦楚。风险，痛苦的可能性，这些因素在实际活动中越是安全必要，在心智活动中也就越是无益于健康。再轻微的一种惧怕也会迫使人要么让步要么僵化，视此人的勇气而定；而这就足以让心智所构成的极度纤细脆弱的精密工具走样变形。在这方面，就连友情也是巨大的危险。只要在表达思想的开头冠以小小的"我们"，无论以明确的还是隐含的方式，心智就一败涂地了。心智的光照一旦熄灭，很快对善的爱欲就会迷失方向。

直接实用的解决办法是取消政党。正如第三共和国的情况所示，党派之争让人难以容忍。党派之争不可避免的最终结果是单一党派，而这是恶的极致。唯一剩下的可能性就是一种没有党派的公众生活。在如今，类似的想法听起来似乎新颖大胆。这最好不过，既然需要创新。但归根到底，这只是1789年的传统。对于1789年的人们而言，其他可能性甚至是不存在的。我们在过去半个世纪里的那种公共生活在他们眼里想必就如一场噩梦。他们绝对不会相信，人民代表竟然可以放弃尊严，乃至不惜成为某个党派的盲目听从的成员。

卢梭早就明白不过地指出，党派之争自动断送共和政体。他已然预见到相关后果。在当前鼓励人们阅读《社会契约论》是有好处的。事实上，如今哪里有政治党派，哪里的民主就是僵死的。我们知道，英国的党派有诸种传统，有一种精神和一种功能，这是别处的党派无可比拟的。我们也知道，美国的竞争性团体不是政治党派。一种民主政体，如果它的公共生活由政党之争所构成，那么当某个旨在破坏这种民主政体的党派形成时，它没有能力加以阻止。它若开了法律例外的口，则迟早会扼杀自己。它若不这么做，则它的安全无异于孤鸟立于蛇前。

要区分两类团体，一类是利益性的团体，允许有某种程度的组织和纪律，另一类是思想性的团体，严格禁止有组织和纪律。在当前的形势下，应该允许人们自由集结，以便维护自身利益，诸如钱财或相类的物事，应该允许这类团体在严格的限制下运作，并且受公共权力的持续监督。不过，应该严禁这些团体触及思想领域。另一类团体的内部有思想动荡，这类团体与其说是团体，更像是多少带有流动性质的业界。当一种行动计划在这类团体中孕育成形时，没有道理让别的人而不是让认同者去执行。

比如工人运动，上述的区分本可以结束错综复杂的混淆状态。战前有三种风向标在持续不断地挑动牵扯所有工人。首先是为钱财而斗争。其次是从前老派工会精神的残余，这一派越来越薄弱，却始终活跃着，带着理想主义色彩，多少还有些绝对自由主义意味。最后就是各种政治党派。通常在一次罢工中，受苦和斗争的工人们自己也搞不清楚，这究竟是为了工资，还是受老派工会精神驱使，还是某个党派操纵的政治运动。外头同样没有人能搞清楚。

这样一种处境相当难办。等到战争爆发时，法国的工会已然死去，或行将就木，尽管当时还有数百万会员，或者说，工会的终结恰恰应该归咎于这些会员。经过漫长的麻木状态，借着抵抗侵略者的时机，工会重新焕发出某种萌芽的势头。这并不意味着它们可以持续下去。再明显不过，工会已然或几乎被两种毒药毒死，而这两种毒药分开来都足以致命。

工人们在工会中如果计较钱财利益，就像他们在工厂干活按件计酬那样，工会就不可能存活。首先因为，一味计较钱财必然导致某种道德死亡。其次因为，在现有社会状况下，作为国民经济生活中持续活跃的因素，工会不可避免地变成单一的强制性的职业组织，逐渐列入官方体制。届时工会就会进入一种僵死状态。

另一方面，同样明显的是，工会如果与政治党派抱团也不可能存活。这里头有一种属于力学法则范畴的不可能性。话说回来，基于同样的理由，社会党与共产党抱团也不可能存活，因为，不妨这么说，共产党具备某种高级得多的党性。

再说，工薪问题的纠缠不清也强化了共产主义的影响，因为，金钱问题与几乎所有人息息相关，同时也使所有人摆脱某种致命的烦恼。如果说资产阶级不需要这一末世学说，那是因为，在那些庞大的数字里有一种诗意，一种魔力，能够稍加缓解与金钱相关的烦恼，而当钱拿在手里数的时候，烦恼就是纯粹的烦恼。何况，大小资产阶级对法西斯政权的趣味表明，无论如何他们也有烦恼。

维希政府在法国为工人们建立了各种单一的强制性的职业组织，并按现今流行的方式命名为行会，遗憾的是，行会事实上指代某种截然不同的极为美好的东西。不过好在这些僵死的组织承担了工会活动已然死去的部分。直接取缔这些行会很危险。最好是让它们承担起财务和所谓及时反馈的追讨等日常活动。至于政治党派，如果说维希政府在一种自由的总体氛围里严格禁止所有党派，那么必须希望这些党派的非法生存状况至少是艰难的。

在上述情况下，工人工会如果还留有一点真正有生命力的星星之火，就有可能渐渐地重新成为工人思想的代言和工人荣誉的机关。法国工人运动总是被认定应该为全世界负责。根据这一传统，工会将有可能关注所有触及正义的问题，在必要时也包括钱财问题。不过，工会关注钱财问题只是时不时的，并且以解放劳苦大众为根本目标。

当然，工会还必须能够以法律规定的方式对各种职业组织施加影响。

禁止各种职业组织发动罢工，而有所保留地授权给工会，同时要求后者在罢工过程中做到风险与责任相对应，禁止任何形式的强迫，并保护经济生活的持续性。这么做也许只有好处而没有坏处。

至于对付罢工工人所采取的关闭工厂的做法，则没有理由不予以彻底禁止。

授权给思想性的团体则要满足两个条件。首先，在该团体中不存在开除现象。新成员全凭志同道合自由加入，任何人不得被劝说加入有一整套书面成文的规章制度的派别。一旦加入团队，除非成员有损害荣誉的过失或渗透的不法行为，否则一律不得开除。如果出现渗透的行为，则意味着还有另一个非法组织，因而还要面对更为严重的惩罚。

这里头确实有一种对公共安全的考量。经验表明，极权国家由极权党派建立而成，极权党派则通过排除一切思想犯罪①而得以形成。

第二个条件也许是，该团体中有真正的思想流通，并且必须拿出相关的确凿证明，诸如在小册子、期刊或打字版简报中研究一般性的秩序问题。一个团体意见过于统一是很可疑的。

此外，应该授权给思想性的团体按他们觉得合适的方式活动，前提条件是不触犯法律，不对成员强制任何纪律约束。

至于利益性的团体，监督这类团体首先要求作出某种区别，也就是利益一词有时表示一种需求，有时不是。针对一名穷困工人，利益就是食物、住处和取暖。针对一个老板，利益就是别的意思。在这个词表示第一层意思时，公共权力的行为活动必须主要构成对利益保障的鼓励、支

---

① Délit d'opinion：思想犯罪。

持和防护。在相反情况下,利益性的团体的活动必须受到持续的控制和限制,并且公共权力必须始终予以管制。本质上最强大的人,自然也要受到最严格的限制和最严厉的惩罚。

我们所说的结社自由,迄今为止只能说是各种社团的自由。然而,社团是不应该有自由的,它们只是工具,必须受到控制。自由必须只适用于人。

至于思想自由,人们常说,没有思想自由就不可能有思想,这在很大程度上是真的。不过更真实的是,没有思想也就无所谓思想自由。在过去几年间,我们有很多思想自由却没有思想。这种情况就像小孩明明没有肉,偏要讨盐撒一撒。

安 全

安全是灵魂的一种根本①需求。安全意味着灵魂不处在惧怕或恐怖的重负之下,除非是在偶然情况下因某种竞争而引起,而这样的时候罕见并且短暂。作为持续性的灵魂状态,惧怕和恐怖是近乎致命的监狱,其原因可能是失业的隐患、警察的镇压、外来征服者的存在、即将来临的入侵,以及诸种看似超出人的力量的不幸。

古罗马奴隶主在门厅挂一条鞭子,让奴隶们时时看在眼里,他们知道这一景象会让灵魂陷入一种奴役所不可或缺的半死状态。另一方面,依据古埃及人的说法,义人必

---

① Essentiel:区别于vital。

须在临死前有资格说:"我从未让任何人惧怕过。"

持久的惧怕是一种疾病,即便只是潜伏状态,难得让人感觉到痛苦。这是灵魂的某种半麻痹状态。

风 险

风险是灵魂的一种根本需求。欠缺风险会引发麻痹灵魂的烦恼,与惧怕的麻痹方式不同,效果却近乎一样。此外,有一些情况会同时感染这两种疾病,这也意味着存在某种没有确切风险的扩散性焦虑。

风险是一种危险,能够引发某种反射式的反应,换言之,风险不会超过灵魂的反应能力,不会达到让灵魂被惧怕压垮的地步。在某些情况下,风险就是一份赌注。在别的情况下,当人们被迫直接面对某种明确的义务时,风险则构成最有效的刺激作用。

保护人们免于惧怕和恐怖并不意味着要取消风险,相反,这意味着在社会生活的各个方面要持续存在一定数量的风险。没有风险,人的勇气就会削弱,致使灵魂在必要时欠缺抵抗恐惧的内在保护。只需让风险的出现满足一定条件,以免让人把风险误解为宿命中的厄运。

私人所有

私人所有是灵魂赖以为生的一种需求。灵魂周遭如果没有若干亲近的物事,就如四肢对身体的延伸那样,灵魂就会孤立和迷失。所有人不可克服地倾向于在思想上把自己长期以来持续用于工作、娱乐和日常必需的东西占为己有。耕耘一段时日后，园丁觉得花园是他的花园。然而，当占有感与司法产权不相符合时，人持续处于极为痛苦的分离感中。

私人所有被认可为一种需求，这就意味着所有人在日常消费品之外还有可能拥有别的东西。这一需求的形式在不同情况下千差万别，不过，大多数人希望拥有属于自己的住处以及周边一小块土地，如果技术条件允许的话，还希望拥有属于自己的劳动工具。土地和牲畜均是农民的劳动工具。

如果土地交由某个总管代理，雇佣农民和长工耕作，而所有权归城里人，收入进款也落入他们腰包，这就破坏了私人所有原则。因为，在与这片土地发生关系的所有人中，没有一个人不是以这样或那样的方式做了土地的外来人。土地被浪费了，不是从粮食的角度，而是从土地本可以满足所有需求的角度。

在上述的极端状况之外，还有另一种临界状况，也就是农夫自家人耕作自家土地。两者之间还有诸多中间状况，人类的所有需求在其中多少是被忽视的。

集体所有

分享集体财产，不是物质享受，而是某种所有的感觉，这一需求同样重要。这里头更多涉及一种精神状态，而不是法律规定。在一种名副其实的公民生活里，每个人感觉自己是公共古迹、花园、庆典仪式所展现的辉煌气势的所有人，就连穷人在这种情况下也可能享受到几乎人人渴望的奢侈。不过，必须提供这类满足的不只是国家，还包括各类群体。

在涉及灵魂的所有需求的问题上，一座现代工厂就是一种浪费。无论工人们，还是为董事会负责的厂长，无论从未亲身介入工厂的董事们，还是根本忽视工厂存在的股东们，没有人能够从工厂本身获得这一需求的丝毫满足。

交换和获得的方式一旦造成物质的和道德的粮食浪费，就必须加以改造。

所有与金钱没有本质联系。在我们今天，只是因为事实存在某种把各种可能动机的力量集中于金钱的体制，方才有了联系。这种体制既然不健康，就必须采取反方向的解除联系手段。

所有的唯一标准在于，所有只要是实在的就是合法的。更准确地说，涉及所有的法律越是能够坚持这个世界上的财富必须包含满足所有人的共同所有需求的可能性，也就越是完善。

因此，现有的获得和占有方式必须以所有原则的名义加以改造。一种占有若无法满足一个人身上的私人所有或集体所有的需求，那么我们大可以合理地视之为无效。

这并不意味着把这种占有让渡给国家，而毋宁说要尝试让这种占有成为名副其实的所有。

真　实

真实的需求在灵魂的所有需求中最为神圣。然而这一点迄今未被提及。人们一旦意识到，即便在那些最有名望的作者的书中也毫不羞耻地暴露出大量异乎寻常的纯粹谬误，那么人们就不敢阅读了。从此阅读就好像饮用从一口可疑的井里汲取的水。

有些人每天工作八小时，晚上还努力阅读，从中获得教益。他们不可能去各大图书馆考证核实。他们相信书上的每句话。我们没有权利提供给他们谬误的精神食粮。替作者们找借口，说他们本意是好的，这有什么意义呢？他们每天无需从事体力劳动八小时。社会养活他们，好让他们拥有闲暇，致力于避免谬误。如果是一名扳道工造成火车出轨事故，人们恐怕很难同意替他找借口，说他本意是好的。

基于更有力的理由，某些报纸的撰稿人因为没有偶尔认同蓄意歪曲真相而被开除，这是尽人皆知的事，容忍这样的报纸继续存在是可耻的。

公众怀疑报纸，然而怀疑不能保护公众。公众知道一份报纸里大致上既有真相也有谎言，就会把报上的新闻分成这两类，但他们这么做是盲目的，全凭个人喜好。公众就此把自己交付给谬误。

众所周知，一旦新闻报刊混同为谎言组织，这就构成犯罪。但是，人们又觉得这是不受惩罚的犯罪。一种行为一旦被认可为犯罪，究竟是什么在阻止它受惩罚？这样一种怪异的不受惩罚的犯罪概念究竟从何产生？这是对法律精神的最骇人听闻的歪曲。

宣布一切可识别的犯罪都应受惩罚，并且下定决心只要有机会就去惩治各种犯罪，这难道不是当前迫切要做的事吗？

有几种有益公众健康的简单措施，能够保护大众，避免真相受损。

第一种措施是设立旨在实现此种保障的特别法庭，这些法庭必须受到高度的尊敬，由经过特别的拣选和训练的法官组成。这些法庭所担负的责任在于以公开谴责的方式惩治各种本可避免的错误，并且在处理常见的惯犯案件时，能够把惯犯的不良意图作为加重过失的情节，判处以监禁和苦役等刑罚。

比如说，某个古希腊文明的爱好者在马里坦的新书中读到"古代最伟大的思想者们也未曾想过谴责奴隶制"，就可以将马里坦传讯到这样的法庭。他可以带上流传迄今的有关奴隶制的唯一重要文本，也就是亚里士多德的作品。他可以向法官们宣读这句话："有些人断言，奴隶制是绝对反自然和反理性的。"他可以提醒他们注意到，没有任何理由假定亚里士多德文中的"有些人"不在古代最伟大的思想者之列。法庭就会谴责马里坦公开发表错误的论断，而他本可以轻松地避免错误，这一论断还在无意中构成了对整整一个文明的让人难以容忍的诽谤中伤。所有的日报、周刊和各类报纸，所有的杂志电台，都有义务让公众了解法庭的谴责，可能的话还要附带马里坦的回应。在这里的例子里，恐怕是很难有回应的。

某个西班牙无政府主义人士原本宣布参加巴黎集会并公开演讲，但最后一刻没能离开西班牙。就在《哼哼唧唧》①杂志全文②刊登他的演讲稿那一天，上述法庭同样不

---

① Gringoire：法国政论周刊，创刊于1928年。
② 拉丁文：in extenso。

是多余无用的。类似情况所暴露的不良意图甚至比二加二等于四还要明显。监禁或苦役的刑罚也许不算过于严厉。

依据这套制度,任何人只要在公开发表的文章或电台节目中发现本可避免的错误,就有权向这类法庭提出起诉。

第二种措施是绝对禁止通过电台或日报进行任何形式的宣传。应该只允许这两类工具进行没有倾向性的新闻报道。

刚才提到的这类法庭要起到监督作用,确保新闻报道没有倾向性。

涉及新闻机构,这些法庭不仅要判断是否存在谬误的论断,还要判断是否存在蓄意的有倾向性的遗漏。

那些私下传播思想并渴望为人所了解的知识圈子只能发行周刊、半月刊和月刊。如果他们意在促进公众思考而不是让人头脑糊涂,那么绝对用不着更频繁的出版周期。

确保各种说服手段合乎规则,同样要借助同一类法庭的监督。如果一个新闻机构太频繁地歪曲事实,这类法庭可以取缔该机构。不过,该机构的撰稿者可以换个名号另起炉灶。

在上述所有情况下,公共自由丝毫不会受损害。人的灵魂最神圣的需求得到满足,也就是保护灵魂免于暗示和谬误的需求。

不过,人们难免提出异议:如何确保法官们的公正性呢?法官必须完全独立。除此以外,唯一的保障在于,他们必须来自迥然不同的社会阶层,必须天生具有开阔、清晰和准确的理解力,必须在特定学校受训时不是得到法律教育，而首先是精神教育，其次是智知教育。他们还必须养成热爱真实的习惯。

如果一个民族这么做了依然找不到一些热爱真实的人，那么这个民族就没有可能满足灵魂的真实需求。

新宪法草案意见稿

该草案具有若干独到创新之处：
——修订宪法须通过全民公投；
——试图促进司法独立（但不果断也不充分）；
——成立有权提交法案的全国制宪委员会；
——解散在选举超过两年之后弹劾政府的议会；
——特别是承诺遵守基础宣言，惩治违反行为。（但是，要对承诺义务做出比草案深远得多的延伸，要对违反行为做出定义，尤其不能把国家共和制放进承诺内容。这是不同层面的事。）

以上问题都不大……

"主权存在于国家。"不管用何种方式反复斟酌，我敢说这句话言之无物。这是确认事实吗？无论已知历史，还是人们猜测的史前时期，从来没有至高无上的国家。这是肯定值得期许的状况吗？国家至高无上并不值得期许，唯独正义至高无上才值得期许。有个印度神话说，神为了显现而创造主权。"但神没有显现"，于是创造其他更低的社会种姓。"但神始终没有显现"，于是又让一种更高形式诞生，也就是正义。"正义是主权中的主权。弱者凭借正义与强者比肩，犹如某种王政。"（这毕竟比1789年的说法美得多！）

实际上力量至高无上，始终掌握在国家小部分人手中。

正义才应该至高无上。一切合法的政治制度（无论共和制与否）有独一无二的目标，也就是阻止或至少限制压迫，因为力量自然而然倾向于压迫。一旦出现压迫，受压迫的不是国家，而是一个又一个的人。国家不存在，如何可能至高无上呢？这些泛泛而谈制造太多恶，不容宽恕。

主权不长久存在于国家，因为主权被"委托"给某个议会。这样一来，主权存在于议会。古怪的是，国家可以合法地把主权委托给议会，但议会被禁止把主权委托出去。于是乎人们认为，基于某种永恒神秘的自然法则，主权是议会的一种职业属性。

开篇不妨如实地修改为："政治主权存在于某个被选举的国民议会……"诸如此类。

该草案中没有涉及权力分离的丝毫痕迹。依据1789年人权宣言，没有权力分离就没有宪法。一应权力归属议会。有利司法的预防措施非常有限。何况在当前体制下，司法不构成一种权力。司法权力不存在。法官们的个人评估在事实上微乎其微，更像是不由自主地执行一大堆混合材料所下达的命令，这些材料的组成条文来自历代君王、第一第二帝国和最高法院，而与1789年人权宣言的精神或文字全然无关。

司法权力不存在的最好证据，就是达拉第在战争爆发前夕对待司法机构的方式。他颁布的外国人法规定，一名外国人被警察局处以驱逐出境令而未加遵守（事实上不可能遵守），必须处以六个月监禁，并且法庭在任何情况下不得予以延期或减刑。这样一来，警察局有权判处六个月监禁，负责调停的法官只起到自动记录功能。没有一名法官提出抗议。看来他们自认为责任不过于此。

司法权力的存在必须遵守两大前提。第一，法官必须接受过精神性教育。第二，来源于基础宣言的审判公正必须是常规的司法审判形式。

该草案只针对选任职务或行政职务规定了宣言承诺义务。为什么不同样针对工厂老板、法官、记者等职务呢？任何有权力戏弄或欺骗他人的人必须被强制承诺不会这么做。

基础宣言必须由全民投票通过，方能具备充足的权威性。

该草案没有定义何谓违反宣言承诺。特别最高政治法院（为什么要加"政治"这个修饰语？）① 的组成形式不恰当，由议会长推选组成。为什么？草案中的"多数党和反对党的代表"是什么意思？这无异于把政治热情引导向最专断也最不合法的形式，按官方说法，把政治热情引导向本该中立客观的席位。假设有三个人的身份是多数党代表，那么他们将被迫以这一身份表态，而不是仅仅跟随良知的指引表态。为什么要安排三名大学代表呢？在电子研究领域有所建树或者熟悉拉丁文语法细节，这些决不能保证他们的审判、公正和品德。这是我们时代最愚蠢的偏见之一，有一类研究工作带有严格的专门性，进而与精神生活毫无关系，从这类工作中获得的名声却被赋予某种精神价值。

议会同时选举出总理和总统。让人不解的是，总统如

---

① 草案里的提法当系 La Haute Cour de justice politique。特别最高法院（La Haute Cour de justice）由议会推选组成，受理总统及部长等的渎职案。

何做到"在政治多样性之外代表国家共同体的长久利益"。总统任期十年,由此只能得出结论,他将在任期结束时表现出失效十年的政治热情。他确实凭靠四分之三选票胜出,但他尤其凭靠可耻的政治交易赢得竞选。

此外,草案规定的总统权力与第三帝国时期的总统权力没有充分差别,不足以构成修改政权制度的理由。

"多数党"和"反对党"在草案中似乎正式作为主要政制机关得到认可。但这种提法只在涉及两党制时有意义,比如美国或工党出现以前的英国。两大党派针锋相对必须贯彻某种竞技精神,不带激情盲信,也不诉求道德准则。这是盎格鲁-撒克逊人的专有制度,何况在盎格鲁-撒克逊国家也日渐败坏,无可能在法国安家落户。

这样一来,"多数党"和"反对党"指代那些投票赞成或反对总理的人。假设甲先生主张丙先生有资格治理国家,而乙先生不这么主张,那么这是否意味着他们在战争与和平、垄断企业、工人劳动条件和教育等问题上持不同看法呢?假设我主张某人无法胜任总理职务,那么此人上任之后我是否不被允许改变看法呢?假设我改变看法,那么我是否应该放弃身为反对党代表被委托的职务呢?还是我会被指控背叛原有党派?

只有在总理竞选被局限为党派事务的情况下,并且只有在联合竞选中胜出的多数党领袖自动被任命为总理的情况下(莱昂·布鲁姆①即一例),"多数党"和"反对党"

---

① Léon Blum(1872—1950):作为人民阵线联合政府的领袖于1838年担任法国总理。

才有意义。

党派完全操纵公共生活,这对我们来说是最坏的弊端。在宪政条文中予以正式承认将是古怪的做法。

制宪的意图是维护少数派的权利。然而,单从正式强调多数党和反对党的概念这一事实看来,宪法草案似乎在为一种极权制度做准备。

任命某人担任委员会成员,只有一种理由是合法的,那就是相信此人具备判断力和见识,或者有能力使自己具备判断力和见识,并且此人渴望公共利益和正义。其他都是坏理由。

人的智力不幸远远不足以处理公共生活的重大问题。即便最有智慧的人也概莫如此。惟其如此,人类还想方设法制造人为状况,致使问题愈发含糊难懂。要在面对任何一种政治问题时提问:"哪种解决方案最符合理性、正义和公众利益呢?"这要求我们竭尽所能地全神贯注,甚至还要超常发挥。

如果有人必须进一步提问:"有关这个问题采取何种态度,多数党(或反对党)代表的身份要求我履行何种义务呢?"那么他必定会迷失方向。就事情的本质而言,同一个人不可能真正同时对自己提出这两个问题。如果他对自己提第二个问题,那么他只能提第二个问题。

一群人只有一心关怀公共利益,才谈得上有没有能力保证公共利益。反过来,如果没有人把注意力放在公共利益上,那么可以肯定,不会有什么符合公共利益的事发生。

保证公共利益不能凭靠机械运作。保证公共利益的绝对必要条件是对公共利益保持强烈独有的关注。一部宪法的用意无他，就是整合诸种安排，以便最有效地让那些关注公共利益的人掌握政权。

假设一个国家被迫走向消亡，那么，通过最严格意义的议会途径走向消亡，这对这个国家有何安慰可言呢？

宪法承认多数党和反对党的正式存在，也就形同自设障碍，不利于公共利益的关切成为政治行动的动机。

更有甚者，依据该草案，反对党必须有一名领袖，并且只有该领袖有权提出弹劾！……这样一来，政府只要赢得此人的支持就能为所欲为。

还有一个矛盾结论，政府可以违背所属多数党的意见而不受惩罚。当然，政府不受所属多数党的支配是好事，但鼓励政府与所属多数党背道而驰却是过分的事。

议会会期总共只占全年中的一到两个月。这对主权受托机构来说显得古怪。在类似情况下，会期显然只是为了充门面，实际上，党派之间的政治游戏将在一整年暗中展开。

草案中确实规定了若干委员会的会期持续一整年。但这些委员会之间没有正式联络。这将导致党派之间的非法联系。

政府在法案方面享有创议权（虽说各种委员会和国民制宪委员会有权向政府提交法案）。议会只能原样采纳或驳倒呈交上来的法案。换言之，政府执行立法权，议会享有否决权。这是古怪的颠倒！

（看不出来最高行政法院——本系不承担相关责任的机构——的立法部门基于何方职权而被委托以"撰写法案最终稿"的任务。）

确实我们今天已经分不清楚立法和政府活动之间的差别。

作为结论，该宪法草案似乎不如1875年的宪法——这足以说明情况。

该宪法草案中缺乏某种创造力。

想要胜任这项工作，首先须得付出思想的努力。须得思考何为司法权、立法权和执法权（此乃三权的真正排序），这三种权力有可能实现何种合作，每种权力又适合采取何种制定模式和控制模式。

与其说"政治主权存在于国家"，我建议不如说："合法性由人民对其所服从的权威整体的自由认可所建构。"在我看来，至少这句话言之有物。

新宪法的基本观点 *

第一，政府首脑如何得到任命不重要，重要的是他的权力如何得到限制，他行使权力如何得到监督，在必要情况下又如何得到惩罚。

这个原则适用于所有类型的权力，政治权力、行政权力、司法权力、军事权力、经济权力，诸如此类，概莫如是。

政府首脑不得对立法权负责。在发生违反的情况下，他不只要被撤职，还要经受法律审判。

第二，立法行为旨在思考国家生活的基本概念。人民有愿望，但没有能力形成明确想法。国家必须任命一些人，不是"代表"（这个词究竟是何意思？）人民，而是为人民思考问题。

为此，国家要指定一些人，而不是指定党派。党派不能思想。党派比人民更不具备思想力。

须得严格区分政令规章和法律法案。前者是政府方针，后者旨在表述有关基础概念的思考成果。政府颁布政令规章，但不适合制定法案。只有立法者和法官能够胜任这项工作。

---

* 原文标题 Idées essentielles pour une nouvelle constitution，收入《伦敦文稿及书信》（pp. 93 – 97）。

假设政府在政令规章和日常行政事务中违反立法精神，经过理性判断为自觉有意的行为，那么政府成员不是要被撤职，而是要追究其刑法责任。

（如果是无意违反行为，则予以警告处分。）

立法者所关注的诸种概念必须遵循如下排序：所有权、金钱在国家生活中的功能、新闻媒体的功能、定义何为尊重劳动，诸如此类。

法律是具有较高概括性的条文，旨在指导政府的全国日常行政事务，旨在指导法官。

法律必须是而且只能是基础宣言在具体事务范围的投射反映。

为此必须成立一个特别法庭实施监督。如果特别法院不赞成某项法案而立法会拒绝让步，赞成和反对的意见在很大程度没有超乎公众认知范围，那么应该采取全民公投做出裁决。要对被人民判定为错误的一方予以惩处（至少是取消职业资格）。

立法会议员有三大职责：

第一，了解人民的需求、愿望和不能明白表达的想法。

第二，用法律形式把这些需求、愿望和想法转译成明确的观点。

第三，监督国家的有效政府机构和司法机构如何借鉴立法精神，并用立法精神有规律地教育人民。

这三重职责的尊严性与实质为卖淫的竞选活动彼此不能相容。

须得鼓励立法会议员参与其中。这意味着一种全新的社会生活，有别于现如今既是群居又如荒漠般的社会生活特征。如果青年组织、教育工作等有所发展，地区生活有所发展，那么精英人士无须借助有损尊严的宣传广告就能在本地区为民众所知。

法官在法律知识教育之外，还必须接受精神、智性、历史和社会的知识教育（纯法律领域要以相对不重要的形式予以保持）。法官的人数必须远远超过现如今的实际人数。法官必须始终保证司法审判的公正性。立法和以往审判案例必须只对他们起到指导作用。

必须建立一个监督法官的特别法庭，并且保证惩罚从严。

立法会议员同样可以通过他们指定的法庭传讯任何一个在他们看来违反立法精神的法官。

立法与司法之间的严重冲突通过全民公投得到仲裁。全民公投对被人民判定为错误的一方予以惩处。

司法权限很容易得到定义。依据基础宣言和法律（法律乃是对基础宣言的简要解释），法官们有责任惩罚一切罪恶，更具体地说，一切损害国家利益的罪恶行为。记者报道失实，老板刁难工人，这都是违反共同权利的犯罪行为。任何人可以对法官提出指控。法官之间也可以互相指控。

个人主动性在国家生活中，在所有领域中应该发挥尽可能广泛的作用。不过一旦个人主动性没有指向公共利益，则要予以刑法上的制止处分。

涉及诸种特殊情况，必须由专门负责的小组起草制定标准规范。这些标准规范必须是三种权力协调一致的结果（不过在这方面立法权必须拥有最终决定权）。

政府负责最低限度的最轻刑，也就是绝对不能放任个人主动性任意妄为的那部分。

立法权监督政府确实只负责最轻刑。

*

我预见到一部具有如下模式的宪法。（不过这部宪法只有在一到两代人之后方能得到实施，也就是在建立名副其实的司法机构之后，为此还需拟定过渡时期的运作模式。）

共和国总统由司法机构在其内部的高级法官中选定。总统尤其要对司法权实行监督，总统采取终身制。

总理由总统任命——任期暂定五年。总统有权在前三个月内撤换不称职的总理。三个月试用过后，无论总统还是其他任何人均无权撤换总理。不过总统和任何立法会议员有权要求特别最高法院传讯总理。

人民每五年（暂定）选举一届立法会。所有未获连任的议员被自动交由特定法庭，特定法庭审理他们的任职情况并公布评估结果。除立法工作之外，立法会议员还担任调查的双重职责，这使他们成为人民和公共生活主要机关之间的纽带。

立法机构和司法机构之间的严重冲突经由全民公投得到仲裁。

立法机构和政府之间的严重冲突经由司法机构得到仲裁。

（政府和司法机构之间如果发生冲突，则经由立法机构得到仲裁。）

每隔二十年以全民公投的方式邀请人民发表意见：相较于人类事务的不完美性而言，公共生活是否让人满意？

全民公投以前要开展长时间的思考和讨论，并且禁止一切宣传，违反者一律处以最严重的刑罚。

如果人民回答不满意，那么共和国总统将自动被废黜，并自动承受稍后将明文规定的某种社会降级惩罚，直到他去世为止。特别是在暂定为几个月的期限内，任何人可以在某个特别法庭提交总统在任期内的犯罪指控，该特别法庭有权宣判死刑。

总理在五年任期后——如果他顺利结束任期的话——自动交由特别最高法庭审理。特别最高法庭有权调查所有资料，审问所有证人，并且自由做出评估。

*

这一切看似异想天开，其实并非如此。

最大的困难在于想象在上述风俗成形以前的过渡政权制度。

这场战争是一场宗教战争*

人类经常梦想废除宗教问题。这是卢克莱修的梦想。"宗教有可能劝人行下多少罪啊!"百科全书派自认为成功了。他们的影响确实传至五大洲,遍及世界各国。

然而,在今天的世界上,大约没有一个人不由于某一宗教悲剧的投射而在私人日常生活中受苦,此种宗教悲剧独一无二,以整个地球作为表演舞台。

人类不能避免宗教问题,是因为善恶对立是难以承受的重负。至于道德,人类在其中不能呼吸。

在阿尔比教派的传统里,传说魔鬼诱惑世人:"你们和神在一起不自由,因为你们只能行善。跟随我吧。你们将拥有随心所欲行善作恶的权力。"人类的经验印证了这一传说。在知识和经验的驱使下,人类每天都在丧失天真。这甚至比逸乐的驱使更严重。

人类追随魔鬼,也得到魔鬼允诺的东西。只不过,人类掌握善恶这个对子,随心所欲的程度好似一个孩子手拿一块燃烧的木炭。他想要丢掉木炭。他发现这是件困难的事。

有三种做法可以做到这一点。

---

* 原文标题:Cette guerre est une guerre de religions,最早刊于 1952 年 7 月文学期刊《圆桌手册》第 55 期,另命名为《宗教战争的回归》(*Retour aux guerres de religions*),后收入《伦敦文稿及书信》(pp. 98 – 108)。

第一种是反宗教的做法。这种做法否认善恶对立的现实。我们的世纪尝试过这个做法。布莱克说过一句可怕的话，在我们时代引起很大反响："情愿把婴孩扼杀在摇篮中，也不要让他心存不得满足的欲望。"只不过，指引人朝某个方向努力的不是欲望而是目的。人的本质甚至就是朝某个方向的努力。灵魂的思想和身体的活动只不过是这些努力的形式。一旦方向消失不见，人就会发疯——要从疯狂的字面意思和医学含义予以理解。第一种做法建立在一切价值均等的原理上，却促使人发疯。这种做法尽管没有强加任何限制，却迫使人深陷烦恼，与不幸者被判监禁的烦恼相似，最大的痛苦在于无事可做。

自上一场战争以来，欧洲深陷这类烦恼中。正因为此，欧洲才几乎不做什么避免集中营的努力。

倘若是在繁荣时期，资源过剩，人们会通过游戏聊以缓解烦恼。不是孩子的游戏，孩子相信他们的游戏，而是成人在受困中的游戏。

然而，人在不幸中，努力不能满足需求。懂得如何为努力指引方向的问题不再存在。人类只能为希望指引方向。不幸者的希望不是游戏的筹码。于是虚空变得不能忍受。假定一切价值均等的方案被世人满带恐怖地否决。

这就是欧洲发生的事。伴随不幸袭来，欧洲各国轮番发生此种恐怖运动。

第二种做法是偶像崇拜。这是宗教的方法，如果我们采用法国社会学家对宗教一词的理解的话。这是以不同神灵的名义对社会现实顶礼膜拜。柏拉图将其比作巨兽崇拜。

这种做法在于划定某个社会领域的界限，并剥夺善恶对立进入这个领域的权利。身为这个领域的一分子，人类不必经受善恶对立的考验。

这种做法相当常见。一名学者或艺术家常常自认为，身为学者或艺术家，通过把科学或艺术变成一种美德和恶习不得入内的封闭空间，他们得以免除一切义务。同样的情况有时也会发生在士兵和神父身上。这就解释了各种屠城事件和宗教裁判所。总的说来，通过这种区隔的艺术，几千年来表面不似怪兽的人们犯下许多穷凶极恶的事。

然而，这种方法在不全面运用的情况下是有缺陷的。一名学者身为父亲、丈夫和公民不能摆脱善恶这个对子。想要完全摆脱，一个人须得做到彻底地生活在将善恶对立排除在外的区域里。

国家有可能发挥这一功能。古时的罗马和以色列就是如此。在一个古罗马人的心目中，如果他只以罗马人的身份活着，并且不再以其他任何身份活着，那么他就摆脱了善恶的约束。他一味受纯粹野兽式的扩张法则支配。他一心想以绝对主人的面目主宰万国，他或多或少会赦免顺从的外族，镇压骄傲反抗的外族。他对采取什么具体手段不感兴趣，一切但求有效。

教会也有可能发挥这一功能。中世纪出现宗教裁判所，这表明某种集权倾向无疑已然渗透进基督宗教。所幸这一倾向最终没能得逞。然而，中世纪正在成形的基督宗教文明或许因此流产了。

在我们今天，唯有国家可能发挥这一功能，不是直接的，而是通过某个政党和聚集于政党四周的机构组织。在一党制国家里，政党成员一劳永逸地放弃其他身份而只保留政党身份，也就不会再经受罪的拷问。他有可能笨拙如打碎餐盘的仆人。但是，不论他做什么，他没有能力作恶，这是因为他是并且仅仅是某个政治体的成员，诸如党派或国家，而政治体没有能力作恶。

只有当他突然重新变成一个有血有肉的人，或者一个有灵魂的存在者，简言之，一个除了行尸走肉还拥有点别的东西的人，只有这样他才会丢掉这层保护，这身盔甲。然而，超越善恶的特权是如此难能可贵，许多男人女人情愿永远地选择这一特权，完全不为爱、友情、身体苦难和死亡所动。

他们为此付出代价。作为某种补偿，他们热衷于折磨弱者。我们不必为此感到意外。他们需要在经验上向自我证明，他们确实拥有绝对的许可，他们为了这一特权付出了太大的代价。

正如漠视善恶的做法，偶像崇拜的做法同样导致某种形式的疯狂。只不过，这是两种截然不同的疯狂。德国首先沾染上前一种疯狂，严重程度超乎欧洲其他国家，其反应也相对来说剧烈得多。它随即在绝望中陷入第二种疯狂，与此同时还保留第一种疯狂的诸多痕迹。两种疯狂的合并导致了近年来世界所陷入的恐怖惨状。

然而，我们须得认清楚，德国是二十世纪所有人类的一面镜子。我们从中察觉的极尽丑陋之处，恰恰是我们自身的特征，只不过被放大了而已。明白这一点不应该致使我们丧失反抗力量。恰恰相反。

偶像崇拜使人败坏。所幸偶像崇拜是最不稳定的事，因为偶像是会消亡的。罗马最终也亡了城，轮到它受外族奴役。民间传说有许多巨人的故事，没有人能伤害这些巨人，因为巨人把灵魂藏在一个卵中，卵藏在鱼腹中，鱼藏身在遥远的湖中，而湖边有群龙看守。但总有一天，某个年轻人无意中发现这个秘密，夺取卵，杀了巨人。这是因为巨人犯下不审慎的过错，把灵魂藏在大地的某个角落，藏在此世。某个年轻的纳粹党卫队成员犯下同样不审慎的过错。出于安全起见，须得把灵魂藏在别处。

把灵魂藏在别处的技艺构成第三种做法，也就是神秘灵修①。这是超乎善恶相对的领域的一次穿越，实现穿越的方法是灵魂与绝对的善相结合。绝对的善不是作为恶的对立并与恶相应的善，尽管前一种善乃是后一种善的典型和本原。

灵魂与绝对的善相结合，这是真实的运作过程。正如一个少女有了丈夫或者情人就不再是处女，灵魂经历过这样的结合也就永远地不复从前。

这一转化与世人追随魔鬼所发生的转变正好相反。此外这种运作过程极为困难，甚至不可能，它违反能量守恒定律，远甚于违反热运动转化原理。然而，在神那里，不可能就是可能。从某种程度而言，在神那里，唯有不可能才是可能。神把可能性抛弃给了物质的机械论和存在者的自主性。

人类一度从经验上对这一转化的过程和结果做出至为细微的研究，在古代有埃及人、希腊人、印度人、中国人，很可能还有好些其他文明，在中古时代有若干佛教宗派、

---

① La mystique，勉强暂译为"神秘灵修"。

穆斯林和基督徒。几世纪以来，这些东西在所有国家或多或少被世人所遗忘。

基于这一转化的性质，我们没有希望看见整整一个民族实现转化。但是，一个民族的完整生活有可能浸染在某种完全指向神秘灵修的宗教之中。唯有这一指向使宗教区别于偶像崇拜。

法国社会学派对宗教的社会性解释几近有理。只差一点儿无限微末之处。然而，这无限微末之处就是芥种，就是掩埋田间的珍珠，就是面团里的酵母，就是食物中的盐。这无限微末之处就是神，就是比万物无限多之处。

无论一个民族的生活，还是一个灵魂的生命，要紧的是把这无限微末之处放在核心位置。但凡不与之有直接接触的，须得通过美的中介为之所浸染。罗曼式的中世纪早期几乎就要实现这一点。在那个奇迹般的时代，人们在日常生活中眼里所见耳中所闻的全系绝对简单纯粹的美。

两种劳动制度，一种向人类开放世界的美，另一种关闭大门，两者之间的差异是无限微末的。但这无限微末之处是真实的。一旦它消失不在，没有什么想象中的东西能取而代之。

直至某个晚近时期，劳动制度仍具有行会性质，并且始终如此，处处如此——如果允许使用这类词语做概括的话。行会性质的组织出现诸如奴隶、农奴和无产者等制度，就像人体器官出现癌细胞。几世纪以来，癌细胞已然取代了人体器官。

法西斯政权提出行会做法，这与他们谈论和平具有同等程度的可靠性。此外，如今美其名曰行会主义的东西与古老的行会做法毫无共通之处。反法西斯势力有一天也可能采纳这种做法,并且绕过这道屏障陷入某种集权形式的国家资本主义。一种真正的行会制度不可能在没有做好精神准备的环境里生根发芽。

不幸以经济危机的形式降临德国。不幸粗暴地把德国驱赶出冷漠的虚无,又驱赶入偶像崇拜的狂热。不幸则以一场征战的形式降临法国。一个被占领的民族不可能发生国家崇拜。

在这三种摆脱善恶对立的做法中,没有一种适用于奴隶或受奴役的民族。与此同时,痛苦和羞辱每天都在致使恶从外界入侵他们的心灵,进而唤醒名曰恐惧或仇恨的内在的恶。他们既不可能忘却恶,又不可能摆脱恶,他们就此生活在人间地狱——那是人间对地狱最精确的摹仿。

然而,这三种做法并不具有同等的不可行性。前两种做法是不可能的。第三种超自然做法仅仅是难以实现。只有借助神贫(la Pauvreté)才有可能通往这种做法。神贫的美德在富人想要远离财富的污染时不可或缺,在悲惨者想要避免在悲惨中败坏时也同样不可或缺。这两种情况是同等困难的。唯有神贫的美德在间隙扎根,被奴役被压迫的欧洲方有可能在解放时刻迎来更美好的生活。

在文明方面,群众富有创造力的前提,须得有真正的精英向群众灌输灵感启发。今天须得有精英在群众中点火照亮神贫的美德。想要实现这一点,首先精英成员须得是贫穷的,不只是精神上贫穷,事实也须如此。须得让他们的灵魂和身体日复一日承受悲惨的痛苦和羞辱。

今天我们需要的不是一个新的方济各修会。一袭褐色僧袍和一座修院就是一种隔阂。今天的精英成员须得融入劳苦大众中，与劳苦大众没有隔阂亲密接触。他们不被允许得到任何弥补，这是比承受悲惨更困难的事。他们在与周遭的劳苦大众建立关系时须得真诚地带有新入籍的人对本国公民所带有的谦卑。

倘若世人能够明白这场战争是一场宗教悲剧，那么早在很多年以前，人们本该就能预见到，哪些国家是积极的参与者，哪些国家是被动的受害者。那些并不依靠某种宗教而生存的国家在这场战争中只能是被动的受害者。几乎整个欧洲莫不如此。但是，德国依靠某种偶像崇拜而生存。苏俄依靠另一种偶像崇拜而生存。在这样的偶像崇拜下，被否定的过去的若干残余或许依然还在颤动。英国尽管遭到世纪病的侵蚀，但这个国家的历史具有连贯性，这个国家的传统具有生命力，这个国家扎下的根还有可能从某个浸润在神秘光照下的过去中汲取滋养。

在某个时候，英国站在德国面前，好似两手空空的孩子站在手持双枪的蛮子面前。一个孩子在这样的处境下做不了什么。不过，如果他用冷漠的目光直视那个蛮子，肯定会让对方有迟疑的片刻。

事实就是这么发生的。德国为了对自己掩饰这迟疑，为了给自己找一个借口，转而扑向苏俄战场，并在那里耗尽最重要的军力。苏俄士兵流下的鲜血让人几乎遗忘此前发生的事。然而，英国在特定时刻的沉默不动值得成为永不磨灭的记忆。把德军阻挠在英吉利海峡，纯属这场战争中的超自然部分。就像那永是被动的部分，不易为人察觉，无限微末，却又是起决定性作用的。海浪向远方奔流，但总有什么东西在阻拦它们。古人早就知道，那是神划定下一道界限。

有个时期，法国的每一堵墙上都贴着如下口号："我们必胜，因为我们最强大。"这是这场战争中最愚蠢的话语。决定性时刻发生在我们溃不成军时。敌军停止攻击，这是因为，力量不是神圣的，但力量服从限度。

战争蔓延到其他大洲。在日本爆发的偶像崇拜也许比任何国家更暴力。美国的民主信念依然有活力，相比之下，诸如在法国，甚至早在战争之前，早在慕尼黑协议之前，民主信念几乎死气沉沉。但我们的时代乃是偶像崇拜和信仰的时期，而不是单纯信念的时期。对美洲而言，战争还是新近发生的，并且距离削弱影响力。不过，只要战争持续下去，我们几乎可以肯定，美洲在震惊中必然发生深刻的变化。

欧洲依然在悲剧的中心。耶稣基督把火丢在地上，① 那也许就是普罗米修斯的火。从那以后点点星火就此留在英国。这足以避免发生最坏的事。不过我们只是得到一次喘息。倘若欧洲大陆上的点点星火不足以烧成大火照亮整个欧罗巴，那么我们始终一败涂地。

倘若我们仅仅依靠美洲的金钱和工厂得到解放，那么我们迟早会以某种形式重新陷入与从前无异的奴役状态。不应忘记，欧洲并非败在来自另一个大洲乃至来自火星的一群乌合之众手里，果真如此只要努力驱逐敌人就够了。欧洲遭受的是一种内在疾病的侵害，并且迫切需要得到医治。

---

① 《路加福音》12：49。

欧洲必须至少有大部分获得解放，唯有如此欧洲方能存活下来。欧洲不能借助某种偶像崇拜去对抗征服家的偶像崇拜，因为被奴役的民族不可能成为偶像。被征服的国家只能借助某种宗教去对抗征服者。

倘若某种信念能够突然涌现在悲惨的欧洲大陆，胜利将是迅速、肯定而可靠的。从战略层面看这甚至是确凿无疑的。我们的通信隔着海峡，保障通信的首要关注对象是潜水艇。敌方的通信区域在敌占区的居民中，倘若一种真正的信念点燃大火烧遍整个敌占区，敌方的通信将被彻底阻断。

无论新近的战斗机轰炸报告，还是生产制造统计数据，或是衣物食品的供应保证，都不足以促进一种真正的信念爆发。不幸者只有一条通往信念的道路，那就是神贫的美德。不过这是一个被遮蔽的真相。因为从表面上看，神贫与接受奴役相似。两者之间甚至只存在无限微末的差别。永是那无限微末之处，也就是比万物无限多之处。

不幸本身不是神贫的学校。不幸只不过是让人见习神贫的几乎独一无二的机会。不幸虽然不像幸福那样稍纵即逝，但不幸也是暂时的，须得赶紧抓住机会。

当前的机会是否有可能让我们受益？这个问题很可能就军事而言比战略方案更重要，就经济而言比统计数据和分配表格更重要。希特勒给了我们一个教训，如果我们有能力学习的话，那么我们须得明白，真正的政治现实主义首先要考虑思想。

他为恶下赌注，他的筹码是人群，是面团。我们为善下赌注，我们的筹码是酵母。这两个过程必须相应地有所区别。

反抗的思考*

法国遭到精神碾压基于如下事实：法国在进入战争之前已然退出战争。1940年5月，法兰西人民尚未自觉采取参战的精神姿态。一个月后，法国已被排除在战争之外。这就像一个睡着的人头昏脑涨，被惊醒以前在可怕的噩梦里挣扎良久。

总的说来，法国蒙受此次战争之苦也许超过其他任何国家。但法国没有战争精神，无从缓解战争痛苦。一个挨饿受冷的法国人没法儿告诉自己："这就是战争！"因为这不是他的战争。法国在实际处于战争状态的时候没有做好精神准备。现如今做好了精神准备，实际却不在战争状态。此种思想与现实的错位对法国而言从前有，现在还有致命的严重意味。因为这样，当前的考验尽管比其他任何国家更痛苦，却是不真实的，是一场噩梦，一种"怪战"。②

如果说所谓的"民族革命"③ 纯属一场空，原因不仅

---

* 原文标题：Réflexion sur la révolte，收入《伦敦文稿及书信》（pp. 109–125）。依据佩特雷蒙特传记记载，在薇依为自由法国组织撰写的报告中，唯独这一篇由安德烈·菲利普推荐给戴高乐。文中提议成立最高抵抗委员会被认为具有可操作性，1943年5月27日在法国正式成立全国抵抗运动委员会（《西蒙娜·韦依》，页891）。另参看卡博，《信仰与重负：西蒙娜·韦依传》，页382。

② Drôle de guerre：也称"假战"或"静坐战"，指1939年9月至1940年5月期间，英法虽向德军宣战，实际只有轻微的军事冲突。

③ La Révolution nationale：二战期间法国维希政府的官方口号。

在于领导者的腐败和政府的叛国身份。一开始，正直勇敢的年轻人心怀复兴法兰西的抱负，投身革命，特别是投身青年运动。如果当初国家有不一样的部署安排，那场运动本有可能奏效，振作群众，肃清作为反抗根源的政府，引领国家走上真正的法兰西道路。然而，整个国家的精神状态像做梦般，不真实，消极等待，与改良精神格格不入。

假设法国在战争胜利时还停留在这种精神状况，并且凭外力获得解放，那么，鉴于欠缺焕发生命力的精神，最美好甚至最切实可行的改良方案也有可能沦为一纸空文。唯有法兰西人民方能让这些改良方案焕发生机。

一种方案可行与否，与方案本身无关。同一张建筑师草图，用钢筋混凝土能盖出巍峨大厦，光靠木料则显得不切实际。一种方案之所以可行，前提条件是呼应人民内部某种潜在的东西，并首先包含旨在激发这种东西的措施。

1940年6月以前，法国人特别欠缺某种思考方式。现如今则特别欠缺物质手段。现如今法国几乎要受战争精神的浸染，却被敌人解除了武器。

然而，在法国有一种能源，更普遍地说，在被占领国家有一种能源，如在军事上予以大规模利用，很可能发挥比石油更重要的军事作用。

这种能源不是别的，就是人们对压迫的厌恶。

1940年夏天，英国独自面对大获全胜的德国，正是此种因素在关键时刻起到决定性作用。然而，在此以前，自那以后，这场战争几乎无例外地依靠纯军事手段，应按传统意思理解"军事"一词。

然而，克劳塞维茨①早预见到某种战争形式，几乎与反抗不可区分。他认为，法国军队经过大革命转化成国家军队，面对这样的敌人，十八世纪的普鲁士职业军队毫无招架之力；同样，如果有一天某支军队能够在纯军事行动上搭配全体国民起义，那么面对这样的敌人，任何军队也将毫无招架之力。

在上一次大战中，这种现象已然小规模发生。T. E. 劳伦斯发展出一套兼容反抗和战争的策略，促使阿拉伯军队起义迎战受过良好教育并由德国人局部控制的土耳其军队。

当时形势对他有利，因为德国人遇到意外事变反应慢，在突然袭击下措手不及。

他定下目标：让侵略方仅仅占据士兵双脚踩到的几平方厘米土地，进而让侵略行动徒劳无果。为实现目标，在宣传之外组织一系列破坏敌人通信的游击战，秘密筹备，力求迅如闪电，出奇制胜。

当前战争遍及全球范围。有一点越来越明显，这场战争的关键不是战斗，甚至不是生产，而是通信联系。任何一方只要做到保存己方通信并且切断敌方通信，就算遭遇暂时性的严重军事挫败，也终将大获全胜。

我方通信面临海上风险，敌方通信大部分暴露在居民密布且心怀敌意的被占领区。就连美其名曰德国盟友的国家也不例外。甚至德国本土也遍布从战败国涌入的满怀仇恨的受奴役者。

---

① Clauswitz（1780—1831）：普鲁士将军。

通信之外，德国的生产情况面临同样的现实处境。

此外，伴随在战争中过度受苦的现状，我方目前具备战争初期敌方单独具备的优势，也就是一群数量可观的人准备好冒险迎战，乃至愿意牺牲生命。目前我方很可能单独具备这一优势。因为敌方有此精神准备的人想必大多数已阵亡，并且不太可能找到同样比例的接替者。只要运用得当，这个因素将在敌我双方之间发挥不可估量的精神影响作用。

不久前，为了防护与盟军的通信联系，史未资元帅①组建了海底抵抗最高委员会。

战斗法国能否发起相似的倡议，向英国政府提出组建最高抵抗委员会？该委员会届时将由英国主持，被德国占领的所有地区的代表成员国占有席位。

这样一来，遍布欧洲大陆（甚至包括德国本土）的破坏瓦解行动将在此次战争的整体战略中恢复首要地位。

破坏瓦解行动在形式上可能多种多样，其中有些甚至是全新的，在斗争中应运而生。比如，如能掌握某个企业正常运作所不可或缺的人员名单，可以逐个说服这些人员要么逃离敌占区，要么躲到乡间，要么假装病重。铁路运输系统同样如此。必须找到有效办法，让迄今为止用于压迫的现代技术手段反过来在同等程度上为反抗事业服务。必须借助不同手段，让破坏行动如传染病，如不治之症般在敌占区逐渐蔓延开来，用不了多久，德国的处境将比闭关自守更糟糕。

---

① Jan Smuts（1870—1950）：英国陆军元帅。

不过，前提条件是这些行动的协调无懈可击，并且在整体战略中占据首要地位。

如此一来，反抗精神所蕴藏的能量不但得到充分利用，还在利用过程中不可思议地增强。书面印刷、电台广播和口耳相传的宣传手段虽然根本，唯有与行动宣传相结合，方能实现全面效果。言辞和行动相结合，有助于增强彼此的效果。

此类行动的代价是牺牲无比珍贵的众多性命，但是，其所构成的巨大反响必将激励更多英雄奋起抵抗，无论战争期间还是战后均对法国起教育性的影响，在极大程度上弥补战争损失。

显然，目前地下活动起到了类似的作用。只是还很不够。地下破坏行动无论强度还是程度都不足以构成公众广泛关注的反响力。刺杀德国士兵在法国不像在别的地方是普遍现象。何况这类行为带有可怕的精神性危险，与其说是战争行为，不如说是盲目发泄仇恨。

地下出版工作值得称赞。在敌人眼皮底下，有人冒着生命危险对压迫说不，这绝对是极美也极有必要的举措。不过不妨考虑这种做法是否过分浪费精力勇气。因为就舆论宣传而言，伦敦电台高效得多，成本也更低。在地下报刊不能抵达的许多地方，伦敦电台是抵抗群众独一无二的精神食粮。此外，地下刊物让工作人员置身于极大危险中，归根到底涉及言辞，涉及对行动的呼吁。呼吁虽然不可或缺，但唯有与行动相结合，致使敌人蒙受物质方面的具体损失，方能达到最高程度的说服效果。行动本身构成最强有力的呼吁和最不可抗拒的刺激。

目前有一部分人准备好冒险乃至牺牲生命，只是还在等待比宣传工作更实在的机会。他们愿意参加一切旨在尽可能有效打击敌人的行动。① 和当即投身地下工作的人相比，这些人在天性上更节制更审慎，若能先行派回国，在胜利后的国家组织工作中将发挥特别珍贵的作用。此外还有许多人，国家的不幸和宣传尚未根本打动他们，但一次大规模的有效行动足以振奋他们的斗志。比起现有的地下工作，这类行动能够更快地集中一批强有力得多的生力军。

过不了多久，甚至广大群众也可能深受触动。相应地，侵略方的部队士气也将大为减弱。显然这种状况在所有敌占区均可预见，甚至可能蔓延至意大利、西班牙和中欧地区。

当前的胜利让人产生一种自然倾向，也就是相信战争迟早会结束，并略微放松精神压力。恰恰相反，这种时候应该竭尽全力发挥才智，反复打击敌人，使其晕头转向失去希望。在敌占区，随着战争苦难的持续和不断强化，加上战斗实况逐步增强人心希望，这种时候有助于形成有益的精神氛围，让人迸发战斗能量并感受英雄情怀。

若能把握时机，1940年春天的形势很快将翻转过来再度发生。

比如一段时期里，在敌占区和德国本土展开普遍频繁有序的行动，暗中破坏敌方组织，随后不妨设想，某一天盟军突然进攻德国领土。与此同时，除德国人以外的全欧洲人，在从天降下武器时，甚至在手无寸铁时，将以势不

---

① 参看《战地护士分队计划书》。

可挡的勇力摧毁四处逃窜并陷入瘫痪的德国军队。欧洲先前发生混乱、背叛、潜伏或爆发的内战，致使德国军队长驱直入，届时这些现象将转过来逐一发生在德国本土，所有外国人心生希望发动造反，在德国境内处处制造骚乱。

这一切至少很可能发生。反抗精神一经有序有效的利用，原本顺从的民众在整体战争指挥中起首要作用，就能极大提高战败国的士气并挫败战胜国。在这种情况下，单单一起引人瞩目的事件就足以摧毁敌人，诸如盟军突然现身德国境内并连打胜仗。

有两种真相须得总是放在一处思量。其一是士气，主要决定战争的结局，尤其对这场战争的结局起到前所未有的决定作用。其二不是言辞，而是某类与言辞相结合的事实，有可能提高或降低士气。

但是，在欧洲，特别在法国，对反抗潜力的战略性运用在战后的重要意义超过在战争中获胜。虽说不能断然肯定，但打胜仗未必需要此种战略性运用。但在战后这是攸关生死的关键因素。

解放法国领土是根本，但解放本身不解决问题。解放仅仅就提出问题来说是根本。假使德国最终获胜，也就不存在问题，被奴役的人没有提问余地。一旦德国人战败离开，最悲剧性的问题将应运而生。法国犹如一个病人，在病情发作时遭歹徒袭击，被捆绑起来。一旦砍断束缚的绳索，接下来就得治病。不过这个比喻不完全对，因为在解放之前就得先治病了。以何种方式解放法国，直接决定这一病症持续加重还是开始痊愈。

法国当前受德军制约，若是凭靠美国的金钱或苏军的兵力得到解放，则有必要担心继续处于较不明显但同样可耻的奴役状态，要么经济上半附庸美国，要么是苏共形式。此外，长期积压的苦涩、仇恨和反抗如果不能在一次战争行动中有效耗尽，将不可避免引发可怕无益的内战。

正如我们渴望看到确凿的背叛行为受到严厉惩罚，我们也应该期盼人们忘却战败时表现出的不太重要明显的虚弱现象。否则的话，法国还将常年笼罩于残酷可耻的氛围中，充满仇恨恐惧。唯一的规避办法是发起一次重大运动，在解放前先行训练国家，让那些没有受到无法补救的牵连的人与国家、与自己和解，让军队在复兴勇气友爱中抹消从前的软弱印记。

法国面临半殖民奴役和内战的双重可怕风险，一旦领土解放，必将亟需领袖。可是没有领袖。所有在法国扮演重要角色的人，所有在战前、战争期间或战败以来声名显赫的人，无不因同一事实被除名。法国厌恶自己的晚近经历，一如病人厌恶自己的呕吐物。

在法国群众眼里，戴高乐将军是一种象征，而不是一位领袖。两者截然不同，尽管词语未必总能说明差别。某种程度上，象征美好得多，迄今为止也是法国最迫切的需求。可是，一旦领土解放，法国亟需整顿最迫切的危险，届时不可避免得有权力机关。

戴高乐将军与法国地下运动、法国地下运动与法国群众，这几方面的关系远远不够稳定，不足以应对所有人在即将到来的残酷考验中必须经受的极度压力。这几方面的关系若要变得固若钢铁，所有人须得投身参加共同的斗争，事实上那也是此次大战的有机组成部分。与此同时，须得打造一支干部队伍，一种独一无二的法国领袖组织系统，影响遍及法英北非，其成员须在事实上获得法国人民和外国人的共同认可，并且切实经历过战争胜利的洗礼。

目前通信掌握在英国人手里，而英国人相当合理地优先考虑战争，几乎没有例外。有鉴于此，法国本土与法兰西国家委员会之间的联系障碍将对双方构成近乎致命的精神危险。这种联系障碍没有别的解决办法，唯有修改战略，让法国反抗运动成为此次大战的有机组成部分。

在上述情况下，必须向法国派出一定数量的战舰战机，必须在法国和在英国的法国人之间建立往来联系，互相影响渗透。这将给双方带来通风换气的效果，并且名副其实地焕发生机。

同时可以针对在法国本土太受牵制的自己人制定一套保护方案。这些人在盖世太保的监视下不再可能有效行动。通过精心策划可以安排他们逃离敌占区，到法国境外的地方入伍参军。如此看来，本文说明的反抗组织运动也许不会比当前现状付出更大的伤亡代价。一则不会牺牲更多法国人的生命，二则牺牲者前仆后继为祖国的解放事业做贡献，不再限于精神层面，而是精神物质的双重准备。对盟军来说，我们的牺牲有助于减少盟军人员伤亡，争取物资时间优势。盟军将为此欠我们一笔不容忽视的债。

此外，类似达尔朗事件①的操作模式不再可行。无论在法国还是在伦敦，只要敌人在，法国反抗运动自然而然

---

① François Darlan（1881—1942）：曾任维希政府总理、法军总司令，1940年在阿尔及利亚被俘，转与盟军合作。

就会交由最勇敢热忱的人负责。只要法国反抗组织成为不可或缺的决策机关,那么盟军与腐败或半腐败的那部分法国商谈将是在军事上不可能的事。军事上不可能比起精神上不可能,前者构成的障碍更加牢不可破。要让尊严和美德获胜,最可靠的办法莫过于事实上将尊严和美德视同获胜的战略性因素。

此种不可能性甚至会蔓延到胜利后。届时法国至少得在团结行动中重新恢复某种生命力,某种灵魂,某种统一性。以往政治生活只留下分裂的毒害——1934年或1936年的仇恨迄今仍在很大程度上存在。届时分裂将被替代为精神健康的回归,也不会留空隙给人搞政治小阴谋。

此外还有一个问题的影响远比法国命运本身更深远。在苏联,德国集权主义撞上另一种集权主义,后者不但与前者极其相似,实际上还奉前者为典范。在美国,德国撞上金钱的力量,美国人民把希望寄托在这种力量上,正如许多法国人的想法,战时巴黎墙上贴满告示:"我们必胜,因为我们最强大。"有人在边上做注解:"强大"的意思是"富有"。

英国人的抵抗带有另一种性质。不过,1940年夏天的英国英雄主义是消极的,旨在不妥协,而不在获胜。这不是引人瞩目的英雄主义,故而群众的感受中几乎没有留存相关记忆。

在近几年的历险中,欧洲不但丧失了自由,也丧失了荣誉和信念。如果暴政的武器落在金钱力量与另一种暴政的联盟中,我们岂能相信欧洲能重新找回自由、荣誉和信念呢?在这种情况下,法国和欧洲将获得解放,却始终衰竭无力。唯有投机者和最玩世不恭的共产主义者才渴望此等未来。真正的保守派和真正的改良派共同关注与此相反的未来。这是因为，面对僵死的尸体谈不上保守也谈不上改良。

总之须得弄清楚，在这场战争中，究竟是狂热和金钱最终成为唯一起作用的因素，还是荣誉、信念和诸种形式的基督宗教精神切实地占有一席之地？事关战争，这里说的切实带有军事意味。最高的价值往往最需要具体表现。

从实践上看，此种导向的反抗战略带有一大困难，也就是地下工作与有能力引导民众的公开行动之间存在矛盾。但经过细致研究，这个矛盾并非完全不能解决。

比如说，一方面，最高反抗委员会的创建及其取得的重大成就不妨及时而不加细节地公开化。另一方面，德国共产主义和法国地下组织长期实践久经考验的小组活动，比如与上级单线联系的五人小组模式，能够在反抗行动中训练为数可观的人员并且保证最小限度的损失。一旦反抗运动成为此次大战的有机组成部分，努力目标将不是避免伤亡事故，而是在军事行动的可接受比例范围内控制伤亡程度。

地下运动一经壮大，风险也会相应提高，届时将有一定数量的叛徒、可疑或意志薄弱的人渗透进来。不过，等到地下运动持续壮大到一定程度，人数问题反而变成安全系数。因为敌方警察有人员编制限额，这份工作的性质本身决定了不可能增多志愿者人数。只要达到某个上限，就有可能让敌方警察过度工作、疲累不堪、丧失希望，把他们赶进气馁慌乱的状况，弄得他们不起作用。如此一来，经过一段极其艰难残酷的时期之后，地下运动的壮大有可能在短时间创造出比目前更好的形势。有鉴于盖世太保在全欧洲执行任务负荷过重，我方的希望愈发合情合理。只需比较1933年后德国国内反希特勒主义地下小组的活动处境与德占区地下运动的活动处境，就能看出这一点。尽管相关差别大部分源自国家因素，但一定程度上也说明德国警察的镇压效率在大幅度下降。

由战斗法国倡议的最高反抗委员会若能付诸实现，必将大大改善法国在盟军的地位。有必要提醒全世界注意到法国的存在。因为全世界正倾向于遗忘法国。在某些美国人眼里，法国的声望无异于我们看待某个太平洋岛国。这是极端想法，但这类精神状态在不同程度上有相当普遍的表现。法国是时候以显著方式采取主动行动了。

无论生活在法国境外的法国人面临何种政治发展趋势，这类性质的倡议将大大增强迄今为止伦敦的法兰西民族解放委员会所具有的特殊分量。

经过这么长的时间，在风起云涌的政治事变之中，象征功能在今天不再够用。

法国有地下运动。北非有战役。许多人在关键时刻毫不犹豫地选择表面失败的事业。撇开诸种个人问题不谈，最好让这群人构成的圈子承担具体特殊的职能，从而获得某种实质性存在。一开始在较长时间里，有人做出选择，并且日复一日发声呼吁法国做出同样选择，这一事实本身就已足够。这种态度的精神意义和见证价值在当时起到决定性作用。现如今就军事而言，我们有幸进入落实阶段。最好在见证之外补充同等重要的具体职能。

要成为盟军总体战略与法国反抗运动之间的联系单位，让法国反抗运动成为盟军总体战略的有机组成部分。与此同时，要有条不紊地将所有在法国境外更能发挥作用的人员送出法国。相关作用具有让人向往的重要性。

总之，在不远的将来，某种欧洲统一性将和法国统一性一样迫切、必要、攸关生死。这样的统一性不能等到胜利后再缔造。战后时期将一如既往促进分裂。统一性只能在某种共同战斗中事先缔造。敌占区的不同地下运动无法构成这里说的共同战斗。须得有一种合作机制，执行一项任务，任务本身不是从方法就是从成效上从属于此次大战。

否则的话，德国战败后，不只法国，整个欧洲均面临内战风险。更准确地说，存在一种风险，也就是始于1936年西班牙的欧洲内战没有因德军战败而终结，反而持续下来，甚至比先前愈演愈烈。

为了避免这种情况发生，从现在起，须得借助合作机制自上而下将德占诸国的最佳因素团结起来，甚至最好把西班牙人、意大利人乃至良知上真正反感希特勒主义的德国人吸纳进合作机制。稍后他们将参与管理本土的公共事务，从而让本国人民避免在过度受苦之后沦为过度残酷的牺牲品。德国战败后席卷整个欧洲的仇恨浪潮将构成一种精神危险，其危害性与1940年的奴化浪潮不相上下。

就算欧洲大陆单纯因为元气大伤而避开内战，还有另一种同样源自元气大伤的危险，那就是向苏共或美国的影响妥协进而丧失特有的精神传统。抵抗这种危险的唯一办法，就是自现在起在英国与欧洲大陆之间建立稳固的战友关系。英国人想必能领会这么做的必要性。最有才智的英国人不会忽略，美国在何种程度上竭力要做盎格鲁-撒克逊世界的中心。美国已在英联邦自治地施展某种难以抗拒的吸引力。这种影响很快会支配欧洲大陆,届时英国将形同在精神层面消亡。

英国要避免这种局面发生,必须参与欧洲大陆的共同解放运动,把美金的军事影响力降至次要地位。在英国的海军空军支援下创建井然有序的欧洲大陆反抗组织,这个做法很可能有助于实现上述目标,也许还将让人意想不到地加快抗战胜利进程。

这个做法对英法两国同样攸关生死。尽管两国存在性格差别、敌对关系和相互间的不理解,但是两国人民从同一种千年源头中,从中世纪基督宗教基础上发展出的同一种独有文明中汲取养分和精神活力。当前阶段首先是精神冲突阶段,英法两国故而有同一的根本利益。欧洲的根本利益在于得到两国团结指导。不过,必须在胜利前尽快落实这一指导,否则将永远也落实不了。

反抗若有可能实现战略性的广泛运用,法国必须采取主动。这一点至关重要。就法国民族解放委员会而言,这或许是一项影响深远的举措。

全面取缔政治党派摘要*

"党派"(parti)一词取其在欧洲大陆的含义。同一个词(party)在盎格鲁-撒克逊人的国家指代一种别样的现实。该词扎根英语传统,无法移植别处。一个半世纪的经验充分证明这一点。盎格鲁撒克逊人的党派中有某种游戏因素,某种体育运动因素,唯有在起源于贵族制的政治制度中方能存在。在开初即为平民制的政治制度中,一切无不是严肃的。

党派概念没有进入1789年的法国政治构想。就算有,也被当作必须避免的恶。不过,当时有雅各宾俱乐部。一开始只是自由讨论的场所。没有任何必然机制改变它的性质。仅仅是战争和断头台的压力把它变成极权党派。

大革命恐怖统治时期的乱党斗争服从一种想法,托姆斯基①说得好:"一党当政,其他人入狱。"由此看来,在欧洲大陆上,极权主义是党派的原罪。

恐怖统治的遗产,加上英国模式的影响,两方面致使诸党派在欧洲公共生活安家落户。党派存在的事实本身绝不能构成保留党派的动机。唯独善才是合理的保留动机。

---

* 原文标题 Note sur la suppression générale des partis politiques,最早刊于1950年2月文学期刊《圆桌手册》第26期,后收入《伦敦文稿及书信》(pp. 126 – 150)。

① Mikhail Pavlovich Tomsky(1880—1936):苏联工会活动家。

政治党派之恶触目惊心。有待研究的问题：政治党派是否具有某种超越恶的善，从而使其存在符合人心愿望？

还有更多问题值得问：政治党派是否带有无限小的善？政治党派难道不是纯粹或近乎纯粹的恶吗？

如果政治党派本身是恶，那么毫无疑问，政治党派在实践中确实只能造恶。这是经文："好树不能结坏果子，坏树不能结好果子。"①

不过首先须得确认善的标准。

标准只能是真实和正义，其次是公共用途。

民主，或大多数人的政权，这本身不是善，而是以善为目的的手段，或对或错被视同有效的手段。假使当初不是希特勒而是魏玛共和国决定采用最严格的议会合法程序，把犹太人抓进集中营，百般折磨致死，此等酷刑不会比现实情况更具丝毫正当性。然而，这种事并非不可想象。

唯独正义的才是合理的。无论如何，犯罪和谎言不可能合理。

我们的共和理想完全来源于卢梭的公意（volonté générale）概念。但是这个概念几乎立刻丧失原有的含义，因为概念本身很复杂，要求付出高度的关注力。

罕有一本书像《社会契约论》这样美而有力，清醒又简明，除去书中若干章节以外。据说也罕有一本书像《社会契约论》这样影响深远。然而，世事的一应发生就仿佛人们从未读过这本书似的，从前如此，现在也如此。

卢梭从两个不言自明的事实出发。首先，理性总是分

---

① 《马太福音》7：18。

辨并选择正义和无罪之用,而一切犯罪的动机是激情。其次,理性在所有人身上是同一的,而激情经常有所差别。进一步说,假设在一般性问题上,每个人独立思考并表达一种观点,如果事后比较这些观点,那么很可能出现的情况是,这些观点在每个人正确合理之处正相吻合,而在每个人不义犯错之处有所差别。

唯有依据此种推理,我们才说,普遍共识(consensus)指向真实。

真实是一。正义是一。错误和不义则无限多样。故此,人类在正义和真实中趋向同一,谎言和犯罪则让人类产生无穷分歧。既然统一是有形力量,人类有望找到办法,让此世的真实和正义在有形层面上比犯罪和错误更强大。

为此需要一种恰当的机制。民主若构成这样一种机制就是好的。反之亦然。

在卢梭看来,整个国家共享的不义意愿不会比一个人的不义意愿更高明。他是对的。

卢梭主张,鉴于诸种个人激情的相互牵制和抵消,在最常情况下,整个民族共有的意愿更符合正义。仅仅基于这个理由,他才在公众意愿与个人意愿之间选择前者。

这就像一汪水,虽由无数不断运动互相碰撞的微粒组成,总处于完美的均衡静止状态。一汪水无可指摘地真实还原事物的倒影,完美无缺地展现水平面,准确无误地衡量入水物品的密度。

在激情的驱使下,富有热情的个人倾向于犯罪和说谎。但如果这类人以一汪水的方式形成诚实正义的人民,那么人民做主是好的。一种民主政制如果首先在人民内部实现上述均衡状态，其次有能力使人民的意愿得到执行，那么这种民主制度是好的。

1789年的真正精神在于如下思考方式：一样东西之所以公正，不是因为人民意愿这样东西，而是因为人民的意愿在某种程度上比其他任何意愿更有可能符合正义。

想要实践公意概念，须满足多种不可或缺的条件。其中两个条件尤其值得注意。

第一个条件，当人民意识到某种意愿并做出表达时，不存在任何形式的集体激情。

很显然，一旦涉及集体激情，卢梭的推理就失败了。卢梭本人深知这一点。集体激情是一种犯罪和说谎的冲动，远比任何个人激情更有力量。在此情况下，恶意冲动不会互相抵消，而会彼此促进发展，哪怕千分之一力量也不放过。除非真正的圣徒，否则几乎无人能抗拒住压力。

水面被强风吹刮出波纹，就不再倒影事物，不再展现水平面，也无从衡量密度。

究竟是一股风吹刮水面，还是五六股风互相吹刮卷起涡旋，这不重要。在两种情况下，水面受到同样的干扰。

如果单独一种集体激情控制整个国家，那么整个国家在犯罪上保持一致。如果同时出现两种四种或五六种集体激情，那么整个国家就会分裂成若干犯罪集团。不同的集体激情不会互相抵消，不像无数个人激情纷纷消失在人群中。由于数量过小，每种力量又过大，集体激情不可能互相抵消。斗争让激情加剧。集体激情互相冲突，发出可怕的噪音，让人一刻也听不见正义和真实本就难以察觉的声音。

一旦国家出现集体激情，那么，比起公意或者不如说公意的讽刺模仿，任何一种个人意志都很有可能更加接近正义和理性。

第二个条件，人民就公共生活诸种问题表达意愿，而不是做个人选择，更不是做不负责任的集体选择。因为公意与这类选择毫不相干。

如果说1789年存在某种公意的表达——尽管彼时采取代议制而没能构想出别种体制，那是因为选举以外还有其他可能。整个国家生气勃勃，国内有活力的个人团体无不借助陈情书的手段竭力发表见解。国民议会代表为人熟知，很大程度归功于此种思想合作制。他们保持高涨的热情，他们感觉到整个国家在倾听他们的话语，处心积虑在监督这些话语是否准确传达民众的愿望。在一段时期里（很短时期），国民议会代表名副其实地充当公众思想的表达工具。

同样的事再也没有发生。

单单陈述这两个条件足以表明，我们对于究竟怎样才像（哪怕是略微像）民主制一无所知。就我们美其名曰民主制的现状而言，人民从来没有机会也没有办法就公共生活问题发表见解。凡不属于个人利益的全归为集体激情，而后者得到官方系统性的鼓励。

民主制和共和国等词语的运用本身要求我们极其认真地考察如下两个问题：

如何在事实上把偶尔就公共生活重大问题发表见解的可能性赋予所有构成法兰西人民的个人？

如何在人民被质询的时候避免在其内部散布任何形式

的集体激情？

若不考虑这两点问题，谈论共和国合法性必将徒劳无益。

解决方案不容易设想出来。不过，经过仔细研究，有一点显而易见，所有的解决方案无不首先要求取缔诸种政治党派。

*

在真实、正义和公共善好的标准下评估诸种政治党派，宜先辨别政治党派的根本特点。

这里列举三大特点。

政治党派是制造集体激情的机器。

政治党派是一种组织机构，旨在对每个成员的个人思想施加集体压力。

一切政治党派的首要目标（总之亦是独一无二的目标）是自身的壮大，并且是不设限的壮大。

鉴于这三大特点，一切党派从萌芽成形到呼吸滋养无不带有极权意味。如果它在事实上并非如此，那也仅仅因为周遭的组织机构不比它缺少极权意味。

第三个特点构成一种特殊现象，一旦集体控制有思考力的个体，则情况概莫如此。那就是目的与手段的关系颠倒。到处如是，没有例外。一切被普遍视同为目的的东西，就其性质、定义和根本要素而言，显而易见仅仅是手段。来自各领域的例子不胜枚举，金钱、权力、国家、伟大民族性、经济生产、大学文凭，诸如此类。

唯有善是目的。一切从属于事实领域的莫不归为手段。

集体思考不能超越事实领域。这是巨兽的思考。它具有一点善的概念，仅仅够用来犯错，把这样或那样的手段错当成绝对的善。

党派同样如此。原则上，党派是一种为特定的公共善好构想服务的工具。

这个说法甚至适用于与某类社会利益相连的党派，依据某种盛行不衰的公共善好构想，公共的善与这类利益正相吻合。只是此种构想极为含糊。这一点没有例外，也几乎没有程度上的区别。就学说的含糊性而言，最不稳定的党派与组织最严密的党派并无区别。一个人即便深入研究政治，也没有能力就任何党派学说做出准确清楚的陈述，包括他本人可能参加的党派。

人们不对自己承认这一点。一旦承认，难免天真地受诱导，把这种现象视同个人无能的表现。他们不知道，就事情本身的性质而言，"政治党派学说"这样的表述毫无意义可言。

一个人就算毕生写作和检验理念问题，也难得形成一种学说。一个集体绝无可能形成学说。这不是什么集体性商品。

诚然我们可以说基督宗教学说、印度教学说、毕达哥拉斯派学说，诸如此类。这个词指代的意思既非个人性的也非集体性的，而远远超越上述两种领域。纯粹简单地说，这就是真实。

一个政治党派的目的往往既含糊又不现实。目的若是现实的，则要求付出极大关注，因为公共善好构想不是容易思考的东西。党派的存在具体明显，无须努力被认可。

这样一来，党派本身不可避免地成为党派的目的。

于是出现偶像崇拜，唯有神本身才能合理成为神的目的。

这种过渡不难实现。只需设定如下公认原则：党派要为赖以存在的公共善好构想有效服务，其必然充分条件就是党派拥有极大权力。

但事实上，任何有限度的权力总显得不够，特别是已到手的权力。由于欠缺思考，党派处于持续无能状态，并把原因归咎为掌握权力不够。就算在本国当家做主，国际生存形势也会强制规定下严格界限。

如此一来，党派的基本极权倾向不只针对一国内部，更针对全球范围。个中原因恰恰在于，这样那样的党派的公共善好构想纯属杜撰，子虚乌有而不现实，且强制规定追求绝对权力。现实本身意味着一种限度。本不存在的东西永无限度可言。

在极权主义和谎言之间故而存在某种亲和度，某种联盟关系。

诚然许多人从未想过绝对权力。单是想法本身就让他们畏惧。唯有某一类大人物方能坚持如此让人头昏目眩的想法。其他人对党派感兴趣，无非是满足于期盼党派壮大，且是不受限的壮大。今年比去年增加三名成员，或者多募捐到一百法郎，他们就满意了。不过，他们期盼自己的党派朝此方向无限发展。他们绝不会认为自己的党派拥有过多成员、过多选民、过多金钱。

革命者性情促发人构想全体性。小资产阶级性情使人安于缓慢持续无限的进步图景。不过，在上述两种情况下，政党的有形壮大变成凡事定义善恶的唯一标准。好比政党是一头兽,世界的生成仅仅是为了养肥这头兽。

一个人不能又侍奉神又侍奉玛门①。不以善为善的标准,就会丧失善的概念。

一旦党派壮大构成善的标准,紧随而来的必然就是党派对人的思想施加集体压力。此种压力有切实表现,公然摆在世人面前,经得承认和宣告。倘若不是习惯造成无动于衷,我们本该感到极度厌恶。

党派是公开正式创建的组织,旨在扼杀人类灵魂中真实和正义的辨别力。

集体压力通过宣传施加给公众。宣传的公开目的是说服,而不是传播发蒙。希特勒看得很清楚,宣传始终带有控制头脑的意图。所有党派无不做宣传。一个党派不做宣传,就会在其他党派的宣传中走向消亡。所有党派无不承认它们在做宣传。没有哪个党派厚颜无耻到说谎断言它们在进行公共教育,在培养人民的判断力。

诚然党派也谈论教育,那是针对主动接近者、同情好感者、年轻人和新成员的教育。但教育的说法乃是假象。这是某种矫正,是党派为更严格地控制成员思想做准备。

假设某党派的某成员——诸如代表、代表候选人或只是活动分子——公开承诺:"每次检验诸种政治或社会问题时,我承诺绝对忘记我是某个团体成员的事实,并且专心致志地辨识公共的善和正义。"

---

① Mammon:玛门,即财利。《马太福音》6:24:"一个人不能侍奉两个主,不是恶这个爱那个,就是重这个轻那个。你们不能又侍奉神又侍奉玛门。"

这类言辞想必非常不受欢迎。此人的党派同僚甚至其他人将指责他众叛亲离。最不含敌意的人也会说："既然如此他干吗加入党派呢？"由此也就是在天真地承认，某人加入某党派，形同放弃单纯追寻公共的善和正义。做出上述承诺的人将被驱逐出党派，或者至少被撤销职务。他肯定不会当选为党派代表。

更有甚者，这类言辞不可能成立。事实上，除非出了错，否则这类言辞从来不曾成立。如果说确实有人公开说过与此相近的话语，那也仅仅出自这样一些人之口：在本党派支持之外，他还指望其他党派支持他的统治。这样的话语故而听上去缺乏诚意。

反过来，若有人说"作为保守党人……"，或者"作为社会党人我认为……"，这类言辞完全自然，合乎情理，值得尊敬。

诚然这并不是党派的专有表述。"作为法国人我认为……""作为天主教徒我认为……"这类言辞同样理直气壮。

有些小姑娘自称信奉戴高乐主义（等同于法国的希特勒主义），并补充道："真相是相对的，就连几何学也不例外。"她们一语道中问题的核心。

假设不存在真实，那么每个人依据各自的事实情况采取不同的思考方式，这么做就是合理的。正如头发有黑发棕发，有红发金发，既然天生发色不同，发表的想法自然也不同。于是思想如头发，乃是某种物理淘汰的结果。

假设承认存在某种真实，那就只能允许思考真的东西。我们思考某样东西，不是因为我们身为法国人或天主教徒或社会党人的事实，而是因为不言自明的事实发出难以抗拒的光照，迫使我们这样思考而不是那样思考。

假设没有不言自明的事实而有疑问，那么在我们的认知状态里，有疑问就是明显的。假设某方面存在微弱的可能性，那么微弱的可能性就是明显的。诸如此类。在任何情况下，任何人只要向内在光照求教，总能得到显著答案。答案的内容有的肯定有的未必，但不重要。我们总能重新予以审视。不过，除非有更强的内在光照，否则答案不可更正。

假设有个人是某党派的成员，他下定决心在思想上只忠于内在光照，那么，他的党派不可能认可这一决心。他在面对自己时陷入不得不说谎的状态。

此等处境只在一种必然情况下是可接受的，也就是这个人为了有效参与公共事务而不得不加入党派。不过，类似的必然情况就是恶，必须通过取缔政党予以终止。

如果这个人没有下定决心在思想上只忠于内在光照，那么他就会在灵魂中设置谎言。为此得到的惩罚就是沦入内在黑暗。

为了摆脱这种状况，人们就会徒劳地区分内在自由和外在纪律。如此一来，他们会对公众说谎，尽管一切候选人和当选人本有特殊义务对公众说真话。

假设我准备以政党之名说出一番在我本人看来违背真实和正义的话，我要不要预先声明这一点呢？我若不声明，就是在说谎。

有三种形式的谎言：对党派，对公众，对自己。第一种远远不是最糟糕的谎言。不过，既然从属于党派总在迫使人说谎，那么党派的存在绝对是一种恶。

我们经常在会议通告中看到，甲先生（就会议的目标问题）提出共产主义观点，乙先生提出社会主义观点，丙先生提出激进主义观点。

这些不幸的人究竟怎么知道他们必须陈述的观点呢？他们可以向谁请教呢？那是何种神谕呢？一种集体性没有喉舌也没有笔杆子。表达器官全然属于个人。社会主义集体性不存在于任何个人身上。激进主义集体性同样如此。共产主义集体性存在于斯大林身上，但他离得太远，不可能在开会发言前和他通电话。

不，甲乙丙先生们全在向他们自己请教。鉴于他们是正直的人，他们首先要让自己进入某种特殊精神状态，某种共产主义、社会主义或激进主义环境氛围常给人的相似状态。

一旦进入这种精神状态，只需跟着感觉走，自然就会产生与共产主义、社会主义或激进主义"观点"相适应的言辞。

当然，这么做的前提条件是严格禁止一切辨识正义和真实的努力。一旦做出相关努力，就有可能表达"个人观点"，那是遭人厌恶的事。

在我们今天，努力趋向正义和真实，这被视同为担保个人观点。

庞提乌斯·彼拉多问耶稣基督："真实是什么？"耶稣基督没有回答。但他预先回答道："我来到世间，特为真实做见证。"①

---

① 参看《约翰福音》18：37-38。

只有一个答案。有思考力的人类若能做到单纯、彻底、绝无例外地渴求真实，从他脑中迸发的思想就是真实。

有些人不渴求真实，有些人同时渴求真实和别的东西，比如既渴求真实，又渴求与既有思想达成妥协，这些人产生的思想就是谎言和错误（两者是近义词）。

然而，如何做到渴求真实同时对真实一无所知呢？这是奥义中的奥义。有些词表达人类不能领会的完美，诸如神、真实、正义等等。人们从内心深处满怀渴求地喊出这些词，并且完全不附带别的理解。在这种情况下，这些词有能力引导灵魂向上，使灵魂进入光照。

在空无中渴求真实，不试图预先猜测其内容，惟其如此方能蒙受真实的光照。这就是全神贯注的运作机制。

检验公共生活中异常复杂的问题时，既想致力于辨识真实、正义和公共的善，又想致力于维持符合某种组织成员身份的态度，这是不可能的。属人的关注能力无法同时兼顾两者。任何人关注一方就必然放弃另一方。

不过，放弃正义和真实不会让人受苦。相反，党派针对不服从行为设立了最痛苦的处罚机制，处罚涉及方方面面，职业、情感、友谊、外在荣誉，有时甚至还影响家庭生活。

哪怕内心不肯妥协的人，这类处罚机制也难免扭曲他们的判断力。假设他们想要反抗党派的控制，这种反抗意愿本身就是与真实无关的动机，故而也是值得怀疑的动机。进一步说，怀疑本身同样值得怀疑。如此循环往复。对人类来说，真正的全神贯注是一种如此困难又如此暴力的状态，以至于一切个人感知困扰足以构成障碍，由此形成不容推却的义务，也就是尽可能保护自身具备的辨识能力，以防受到诸种个人希望或焦虑的干扰。

假设有个人在做极其复杂的算术运算，同时知道，每次得出偶数的运算结果时他就会挨打，那么这个人的处境相当困难。灵魂中的肉欲部分促使他动一点小手脚，以便总能得出奇数的运算结果。如果他想做出反抗，那就有可能在本该是奇数的地方得出偶数结果。在这样的干扰下，他的关注力不再完好无损。假设运算的复杂程度要求他全神贯注方能应付，那么他不可避免会经常算错。即便此人原本极其聪明勇敢，也极其关注真实，在这种情况下也变得毫无用处。

那该怎么办呢？很简单，如果有可能摆脱那些威胁要打他的人，那他必须摆脱；如果有可能避免落入这些人手里，那他必须避免。

对待政治党派完全亦然。

当一个国家出现诸种党派时，有一种情况迟早应运而生：若不参加某个党派且不遵循游戏规则，就无可能有效干预公共事务。任何人关注公共事务，必然渴望自己的关注切实有效。这样一来，那些倾向于关注公共善好问题的人，要么就此放弃转而关注别的事情，要么不得不接受政党的碾压。在后一种情况下，在公共的善以外，他同样不得不操心其他问题。

党派是一种让人赞叹的运作机制，其功效遍及全国，以至于没有人专注于在公共事务中辨识善、正义和真实。

伴随而来的结果就是（极少数出乎意料的巧合例外），党派只会决定并执行那些有悖公共的善、正义和真实的措施。

就算把公共生活组织任务交到魔鬼手中,魔鬼也不可能想象出更巧妙的手段。

如果说现实情况稍稍不那么阴暗,那是因为党派尚未摧毁一切。但现实情况真的不那么阴暗吗?难道不是和这里勾勒出来的画面一样阴暗吗?当前形势难道没有证明这一点吗?

不得不承认,在历史上,政党特有的精神道德压迫机制最早见于天主教会反异端的斗争中。

一名改教者进教会,或一名信徒在深思熟虑之后决定留在教会里,他们从教义中领会真和善。然而,一旦跨出教会门槛,他们却公开表明没有因"不入教必受诅咒"①而感到震惊,换言之,他们全盘接受所谓"正规教义"的一切信条。他们没有仔细研究过这些信条。一个人就算拥有高度的才智教养,倾其一生也不足以完成相关研究,因为这意味着要弄清楚教会的每次判决的历史详情。

如何赞同我们并不了解的断言呢?这需要我们无条件地服从发出断言的权力机构。

托马斯·阿奎那只接受凭教会权威设立的断言,而拒斥除此之外的任何证据。如他所言,接受的人用不着更多证据,拒绝的人不会被任何证据说服。

不证自明的内在光照本是上天赐予人类灵魂的识辨力,作为针对人类渴求真实的某种回应。这种辨识力被废弃不用,被强制执行无独立精神的任务(比如做加法),被排除

---

① 拉丁文:Anathema sit。

在一切与人类精神命运相连的探索以外。思想的动机不再是无条件无定限地渴求真实，而是渴求与既定教义达成妥协。

这是悲剧性的讽刺，耶稣基督建造的教会竟在很大程度上扼杀求真精神。虽有宗教裁判所，教会终究没有彻底扼杀求真精神，这是因为基督奥义提供某种可靠的避难所。世人经常提起这一点。但世人较少注意到另一个悲剧性的讽刺，那就是针对宗教裁判所的反抗运动偏偏走上了追随精神扼杀事业的道路。

宗教改革和文艺复兴时期的人文主义即这场反抗运动的双重产物，并且历经三百年酝酿成熟，大大促成1789年精神的生成。不久以后，我们的民主制应运而生，以党派之争为基础。每个党派犹如一个世俗小教会，纷纷以开除教籍的威胁为自己的武器。党派影响严重污染了我们时代的整体精神生活。

一个人加入某个党派，大概也是从该党派的活动和宣传中感受到在他看来公正善好的某些东西。但他从未研究过该党派针对公共生活诸种问题的态度。他在加入党派的同时也全盘接受自己并不知情的诸种态度。由此他的思想服从党派权威。随后他渐渐了解这些态度，未做审视逐一接纳。

那些信奉托马斯·阿奎那式的天主教正统教义的信徒恰恰处于同一种状况。

假设有人在申请加入党派时说："我在某些观点上赞同党派，但尚未研究党派在其他方面的态度，在此以前我完全保留个人观点。"毫无疑问，党内人士会叫他过一阵子再来申请。

但事实上,几乎罕有例外,一旦加入党派,人们往往也就顺从地采纳某种精神姿态,随即他会这么表明态度:"作为君主派,或作为社会党人,我认为……"多么舒适!他们并没有在思考。再没有比不用思考更舒适的事了。

关于党派的第三个特点,也就是党派是制造集体激情的机器,这一条显然无需证实。集体激情是党派的独一无二能量,专用于对外宣传和对每个成员的灵魂施加压力。

人们也承认,党派精神让人失去判断力,遮蔽正义,甚至导致正直的人残忍打击无辜者。人们承认这一点,却不考虑取缔那造成此种精神的组织形式。

人们倒是禁止毒品的。

总有人沉迷毒品。如果国家授权在烟草店销售鸦片和可卡因,并且张贴广告鼓励消费者,那么吸毒者还会更多。

*

结论就是政党机制看来只会作恶,并且几乎不夹带行善。政党的原理是坏的,其实践结果也是坏的。

取缔政党是近乎纯粹的善事。原则上这是完全合理的,实际上只会带来好的效果。

候选人面对选民不会再说:"我有某某政党标记"——这等于没有告诉公众他们对具体问题的具体看法。他会说:"我对某某重大问题有哪些想法。"

代表们的联合与解散完全依循亲和力的自然变化规则。我在殖民问题上赞同甲先生,但在农民所有制问题上反对他;对乙先生正相反。在出席殖民问题会议以前,我会找甲先生聊一聊。如果会议主题是农民所有制，我就去找乙先生。

党派的人为凝聚力与现实亲和力鲜少同时发生，以至于某个代表有可能与同党中人在所有具体问题上发生意见分歧，而与外党人士看法一致。

议会之外，还有政论杂志。围绕这些杂志也会自然形成活动圈子。不过这些圈子必须保持流动性。流动性是这类意气相投者组成的圈子与党派的差别所在，并且防止这些圈子施加坏影响。有个人与某杂志的主编和资深撰稿人保持友好往来，或者亲自为该杂志撰稿，这个人自知与该杂志的圈子有联系。但他不知道自己算不算其中一员。圈内圈外的区别并不鲜明。再往远一点的关系看，还有人阅读该杂志并认识其中一两个撰稿人。再远一点，还有人定期阅读该杂志并从中汲取灵感。再远一点，还有人偶尔阅读该杂志。但不会有人想到或说道："作为该杂志的相关人士，我认为……"

如果某个杂志的合作者参加竞选，必须禁止他们利用该杂志竞选，必须禁止该杂志授权他们这么做，或直接间接地援助他们，甚至公开提及他们。

必须禁止某某杂志之"友"这一类组织形式。

如果某杂志以绝交相胁，妨碍其合作者与其他出版物合作，那么一经核实必须查禁该杂志。

这暗含某种出版制度，能使某些报刊无法发行，诸如《哼哼唧唧》或《嘉人》，为这类刊物撰稿是可耻的事。

每当某杂志圈子试图把成员凝聚为一体，为成员性质规定特点，一旦查明事实就要予以镇压处罚。

当然届时还会存在地下党派。但地下党派成员带有负疚感。他们无法公开声明服从党派，不能为党派做宣传。由于缺乏利益、情感和义务的纽带，这类党派不可能为其成员建构秘密组织系统。

一条法律只要符合公正不偏不倚，以人民容易领会的公共善好观念为基础，这条法律就有助于削弱其所禁止之事物。撇开那些确保执法的刑事手段不算，法律存在的事实本身足以起到削弱效果。

法律的固有威严本是一种公共生活因素，长期以来为人遗忘，有必要重新利用。

地下党派似乎不存在任何在程度上高于合法党派的弊病。

总的说来，在细致考察之下不难发现，取缔政党不会带来任何方面的任何损害。

基于某种古怪的悖论，这类无损害的措施往往最少为人考虑采用。人们会说，果真这么简单的话，为什么迄今为止没有人做过呢？

然而，一般说来，伟大的事情总是既容易又简单。

取缔政党措施的净化功能将延伸到公共事务之外。这是因为政党精神已然污染了一切。

鉴于权力带来的威信，那些决定公共生活规则的机关总能影响一个国家的全体思想。

人们先是赞成或反对某个观点，而不再思考任何问题。随后再去寻找赞成或反对的证据。这种本末倒置恰与加入党派相仿。

在政治党派方面，有些民主派人士同时接纳好几个党派。同样，在舆论方面也有些宽容大量的人，他们声称反对某些观点，同时又承认这些观点的价值。

这是彻底丧失真假辨识力。

还有些人一旦拥护某个观点，就不赞成再去检验与之相反的观点。这是极权主义精神的本末倒置。

爱因斯坦来法国时，所有多少称得上知识圈内的人士，也包括学者本身，立即分裂成两个阵营，一边拥护他，另一边反对他。一切科学新思想在科学界都有拥护者和反对者，两方均让人遗憾地受党派精神鼓励。此外在这些圈子里还存在或多或少定了形的趋势或帮派。

文艺界更明显。立体主义和超现实主义均系某种形式的党派。有"纪德派"，正如也有"莫拉斯派"。[①] 拥有一群受党派精神鼓励的崇拜者围在身边，有助于一个人声名远扬。

同样，忠于某个党派，与忠于教会或反宗教态度没有太大区别。无非就是赞同或反对信仰神，赞同或反对基督宗教教义，诸如此类。宗教上同样也谈斗士。

甚至在学校里，激发孩子思考能力竟无别的办法，只能让他们表态赞成或反对。教师援引某个大作家的话，对学生说："你们同意还是反对？说说你们的理由。"考试的时候，这些倒霉的学生必须在三小时里完成作文，却来不及花五分钟时间思考他们是不是赞同作文命题。然而，出题者口吻轻松："认真思考这段文字并陈述从中获得的感想。"

---

① Charles Maurras（1969—1952）：法国作家，"法兰西运动"的代表人士。

几乎到处如是，甚至常常在涉及纯技术问题的时候，表态赞成或反对俨然取代了人们的思想义务。

这是一种传染病，根植于政治圈子，影响很快遍及全国，乃至感染所有人的思想。

若不从取缔政治党派做起，能否根治这个扼杀我们的传染病将很成问题。

与法国人民命运攸关的殖民问题[*]

谈论某种理论或信念问题,用以在当前抵抗和未来建设中启示住在法国的法国人民,这不应与殖民问题区分开来。一种理论不应局限在一国境内。同一种精神表现在一个民族与武力支配它的其他民族的关系中,表现在该民族与自身的内在关系中,也表现在该民族与附属于它的其他民族的关系中。

就法国内政而言,没有人会发疯地宣称,第三共和国将完好无损地恢复到1939年9月3日①的样子。人们只会谈论与法兰西传统相适应的政治制度,大致说来也就是,与中世纪促使法国在欧洲担当重大角色的启示相适应,与法国大革命的启示相适应。简言之,这是同一种启示从天主教语言传译为世俗语言。

如果此种标准对法国有效实在,那么针对殖民地不应有其他标准。

这意味着,在殖民问题重新得到思考之前,不如说,

---

* 原文标题 À propos de la question coloniale dans ses rapports avec le destin du peuple français,最早收入《历史政治文稿》(pp. 364 – 378)。薇依在二战期间已经预见到,世界范围的去殖民化趋势不可逆转。由于戴高乐在非洲得到重要的政治支持,临时政府与法兰西殖民帝国保持密切关系。很难说文中观点在多大程度上影响过临时政府负责人,但战后法兰西第四共和国的发展进程似乎印证了薇依的预感。

① 法国宣战日。

在殖民问题真正得到思考之前,不是要维系而是要悬置现状。① 因为法国不曾有过什么殖民理论。法国不可能有殖民理论,而只有殖民实践。

思考这个问题必须克服三种倾向。

第一种是爱国主义,倾向于爱祖国胜过爱正义,或认为绝不存在两者之间选择其一的情况。如果说祖国包含某种神圣不可侵犯的东西,那么必须承认我们致使若干民族丧失了他们的祖国。如果说祖国不包含什么神圣不可侵犯的东西,那么在正义出问题的时刻,我们不得偏袒我们的国家。

第二种倾向是诉诸权能。在此权能即殖民者。他们构成问题的一部分。更有甚者,如果把问题往深追溯,他们有可能变成被告。他们的判断并非公正不阿。话说回来,他们离开法国去殖民地,多数情况是因为殖民体制预先吸引他们。到了当地以后,环境必然改造他们。众多殖民者的语汇构成最叫人难以忍受的殖民档案资料,远胜过最具反叛精神的原住民的语汇。原住民来法国,但凡有机会,情愿与住在法国的法国人打交道,而不与殖民者打交道。② 他们对殖民者拥有的权能没有好感。但事实上,他们总是被打发回殖民者那里。在法国,权能的魔力往往导致如下情况:原住民投诉一起迫害事件,相关材料在各大办公室转过一轮,经常又交回被投诉对象手中,而他自会打击报复。这样的操作具有大规模发生的倾向。

---

① 拉丁文:statu quo。
② [法文编按] 这是亲身经历得出的结论。在马赛期间,薇依接触到了"怪战"期间抵达法国的越南人,他们通常由政府安排到工厂劳动。在薇依的努力下,某个虐待越南人的难民营负责人(前任殖民地主管)被撤职。

这种权能不但被败坏，而且极其片面。这种权能在空间上不完整，换言之，许多人只知法兰西殖民帝国的某个角落并以一概全。这种权能尤其在时间上不完整。摩洛哥是例外。有些在摩洛哥的法国人真正热爱阿拉伯文化，当地顺带地开始形成法兰西文化的某种复兴源泉。除此以外，一般说来，法国殖民者对他们所在国家的历史并不感兴趣。就算他们感兴趣，法国行政机制也不会鼓励他们从事相关研究。

既然遗忘一个民族拥有过去，又怎能宣称自己了解（即便是点滴的了解）这个民族呢？法国人啊！我们不要从法国的过去寻求启示吧。难道我们真以为唯独法国有过去吗？

第三种倾向是基督宗教倾向。殖民创建有利宣教的环境，基督徒为此禁不住地热爱殖民，即便他们承认个中弊端。

基督教会倡导的通往灵性之道，在印度教徒、佛教徒、穆斯林或别的所谓异教徒的自身传统中是否同样存在呢？这个问题值得深究。但撇开不谈这个问题，无论如何耶稣基督不曾说，战舰须与传播福音的人远道出征。战舰的存在改变福音的性质。一旦有了军队代之复仇，殉教者的鲜血很难保存世人所赋予的超自然功效。人既要恺撒也要十字架，就会贪图生而为人所不被允许的游戏手段。

最狂热的非教会人士、共济会成员和无神论者热爱殖民的原因与此截然不同，但有更好的事实基础。他们把殖民视同摘除宗教的利器来热爱，这一点上殖民名副其实。因为殖民而丧失宗教的人数远远胜过改信新宗教的人数。不过，有人指望通过殖民传播所谓的世俗信仰，他们同样错了。法国殖民扩张一方面施加基督宗教的影响，另一方面施加1789年大革命思想的影响。但两种影响均相当微弱短暂，事实上也只能如此，有鉴于这两种影响的宣传模式，以及理论与实践的过大差距。有一种强大持久的影响来自不信神观点，更准确地说是怀疑主义。

最严重的是，正如酗酒、结核或其他病症，怀疑主义的毒素在未受感染的地带危害更大。很不幸，我们几乎什么也不信。通过与我们接触，我们制造出一类什么也不信的人。再这样下去，总有一天我们会遭遇反击，日本只不过是让我们预先尝到一点粗暴滋味。

不能说殖民属于法国传统的一部分。整个殖民进程在法国人生活以外逐步成形。出征阿尔及利亚一方面是关涉王朝声誉的事件，另一方面是某种地中海治安举措，就像经常发生的那样，防御演变成征战。占领突尼斯和摩洛哥，正如后一次行动的某个重要参加者所言，那更像是农夫扩大耕地的某种条件反射。武力征服中南半岛乃是针对1870年之辱的报复行动。法国人没能战胜普鲁士人，作为某种补偿，转过来致使一个拥有千年文明、和平有序的民族就此国破家亡。不过，费里①政府为此滥用职权，公然冒犯法国公共舆论。一部分执行者是野心勃勃又不知内情的军官，完全不服从顶头上司的正式命令。

大洋洲岛国是航海中的偶然占领。在这个那个官员的倡议下，交由少数宪兵、传教士和商人治理，法国国内从未关注过这些岛国。

---

① Jules Ferry（1832—1893）：两度出任法国总理，主张殖民扩张政治。

唯有在黑非洲的殖民扩张引发公众关注。鉴于这片不幸大陆的状况,这也是最有辩护余地的行为。世人几乎完全遗忘非洲历史。四百年来,白种人到处枪火征战,发展奴隶贸易,不留余地踩躏非洲大陆。但这一切不妨碍尚存一个未解决的黑非洲问题。

我们不能说,当前现状就是对法兰西殖民帝国诸问题的一种答案。我们同样不能说(也不能认为),这只是法国人的问题。否则这将与希特勒对中欧提出的要求同样非法。这不但是法国人的问题,还是全世界的问题,尤其是殖民地居民的问题。

殖民帝国的建立基础是一支海军舰队。法国几乎丧失了所有军舰。我们不能说法国牺牲了海军舰队。当时那些军舰若不摧毁,也会被敌军占领。① 自那以后,法国与殖民帝国的战后关系将完全取决于那些拥有海军舰队的国家。这些国家岂能不就法兰西殖民帝国的重大问题各抒己见呢?若凭实力说话,法国已然丧失实力。若说权利使然,法国从来就没有权利支配非法国人群体的命运。于法律,于事实,无论如何我们不能说,这些群体居住的领土属法兰西财产所有。

当前自由法国有可能犯下最严重的错误,就是在不得已时把这一点作为某种绝对事实,在美国面前坚持殖民主张。② 一种态度同时与理想和现实彻底相悖,那是再糟糕

---

① 指1942年11月27日土伦港法国舰队自沉事件。
② 罗斯福是坚定的反殖民主义者,对法兰西殖民帝国保持敌意。直至1943年8月26日,美国才正式认可自由法国的全国解放委员会。

不过的。一种态度若与理想相悖而与现实相适应（反之亦然），已然有严重弊端。而前一种态度两样兼具。

必须把殖民问题视同全新的问题。两个基本想法有可能帮助我们阐明这个问题。

第一个想法，希特勒主义通过德国在欧洲大陆（更普遍地说在白种人的国家里）的践行包含殖民征服统治的诸种手段。捷克人最早指出这种相似性，他们在反抗波西米亚保护国①时说过："从来没有哪个欧洲民族屈服于此等制度。"仔细研究殖民征服进程，不难发现其与希特勒的行径有明显的相似性。利奥泰②在马达加斯加的书信即一例。一段时间以来，人们似乎将希特勒的统治与其他统治区别开来，这是过度恐怖使然，可以用畏惧和战败来解释。但不应该忘记这两种手段具有本质的相似性，均源自古罗马模式。

这种相似性提供了某种现成答案，足以反驳一切有利殖民体制的言论。因为，这些言论无论好的、次好的还是坏的，无一例外，都带有相同程度的正当性，全系纳粹德国用来宣传欧洲统一。

倘若英国没有阻拦德军乘胜追击，那么德国纳粹对欧洲造成的损害，将是殖民造成的损害，也即拔根。德国纳粹将剥夺被占领国家的过去。丧失过去，形同沦陷于殖民奴役中。

---

① 1935 年 3 月 15 日纳粹德国在捷克成立的傀儡政权。
② Hubert Lyautey（1854—1934）：法国元帅，曾任马达加斯加殖民长官助理，其书信集于 1931—1933 年间出版。

德国纳粹徒然地想要对我们造成的损害，我们已然对其他人造成了。由于我们的过错，波利尼西亚小孩在学校里背诵课本："我们的祖先是高卢人，有金黄的头发，湛蓝的眼睛……"杰保尔①描述过，我们如何对这些原住民强行禁止他们的服装、传统、节庆和诸种生活乐趣，从而毫不夸张地导致他们忧伤致死。这些书虽有众多读者，却未引发反响。

由于我们的过错，越南的大学生和知识分子不能（只有极少数例外）进图书馆查阅涉及本国历史的诸种文献。他们对殖民前的祖国的认知完全来自父辈。无论对错，在他们的认知中，那是一个治理明智的和平国家，余粮储在粮仓，留待灾荒年份接济百姓。这与晚近做法相反，也就是北部居民灾荒从南部运输粮食。此外，殖民前的国家机器完全以科举制度为基础，各个社会阶层均可参加。只要用心读书，哪怕没有家产或出生偏远村落也有机会出人头地。科举考试三年一次。考生齐聚在某处平原考场，三天内作一篇命题文章，通常从中国古代经书出题。科举考试分不同难易程度，一级级往上考。从考试中选拔相应级别的政府官员。最高级别的殿试胜出者将获得宰相级别的官衔。皇帝不得以其他方式委任宰相。在政府和文化的运作中有极高程度的权力分散特点。在旧都东京以北的某些村落，迄今甚至留存若干痕迹，有些农夫能识汉字，适逢节日庆典还能出口成诗。

---

① Alain Gerbault（1893—1941）：法国航海家，曾定居南太平洋岛国，在书中记载岛民生活方式，并整理出版过波利尼西亚的历史文献。

这幅图景也许是美化过的，但不得不承认，这与十七世纪传教士的若干书信带给我们的印象相符。无论如何，即便有部分说法纯属虚构，这些往事就是越南人的过去，他们不可能从别处寻找启示。这个民族已经近乎被拔根了，但还不是彻底拔根。一旦打退日本人，越南就会重新落入欧洲人的统治，届时的损害将无从修复。

尽管日本人溃退很可能带来几许安慰，但持续遭法国统治无疑让越南人深感厌恶。依据若干相互印证的报道，法国与日本协议期间，① 法国当局为镇压越南反抗运动而犯下暴行。依据其中一份报道，有些村落在空投炸弹中被夷为废墟，几千万人被指控为叛军家属，关进沉船淹死。假设报道属实，即便是维希政府官员犯下这些暴行，越南人并不会在法国人中细加区别。

殖民剥夺了受迫害民族的传统和过去，进而剥夺他们的灵魂，迫使他们沦落到人的物质状态。在纳粹德国眼里，被占领国的居民并无两样。而我们不能否认，大多数殖民者对待原住民也是同样态度。强迫劳动在法属黑非洲造成大量死亡，为增加尼日尔河口居住人口而采取大规模驱逐出境手段。中南半岛种植园以半透明的遮掩方式强迫劳动。逃跑者由警察抓回，偶尔施以红蚂蚁刑罚。某个种植园的法国工程师谈及最常见的刑罚说："就算从善意角度出发，这也是最好的手段，因为他们已濒临疲劳饥饿的极限，其他刑

---

① 【法文编按】1940 年 8 月 30 日，维希政府同意日军经过旧都东京并使用当地机场。9 月 22 日，日军全线压进中南半岛。几周后越南共产党爆发起义革命。法国当局为镇压起义，逮捕 5000 人，处死 106 人。

罚还会更残酷。"有个柬埔寨人在法国宪兵家做用人，他说："我情愿做宪兵的狗，有的吃，还不用挨打。"

在反对德国的战斗中，我们有两种态度可能。尽管团结一致是必要的，但我们必须做出选择，把选择公开化，并在行动中表明态度。要么我们大感遗憾，德国实现了我们原本希望看到法国能够实现的事，有些法国年轻人为此说，他们支持戴高乐将军，基于同样的理由，如果他们是德国人就会支持希特勒；要么我们不是厌恶敌人的个体性或民族性，而是厌恶敌人的精神、手段和野心奢望。我们只能选择第二种态度。否则的话，谈论法国大革命或基督宗教精神就是一场空话。做好选择，就要充分表明态度。与德国人作战，这并不能充分证明我们爱自由。因为德国人不只剥夺我们的自由，德国人还夺走我们的权力、声望、烟草、葡萄酒和面包。各种混杂的动机在支援我们的反抗运动。决定性的证据将是，大力促进各种部署，以确保那些被我们剥夺自由的人能够得到至少部分自由。惟其如此，我们才能说服别人也说服自己，我们真正得到了某种理想准则的启示。

希特勒主义和殖民扩张之间存在相似性，这从道德角度指点我们应该采取何种态度，同时也提供最少危害的实践方案。晚近几年经验表明，由大大小小主权国家组成一个欧洲是不可能的事。在欧洲较大部分地区，民族性是一种含糊现象。甚至像法国，民族统一也遭到相当猛烈的打击。布列塔尼人、洛林人、巴黎人和外省人比战前更强烈地意识到彼此不同。这里头虽有弊端，但远远不是坏事。在德国，战胜者竭尽全力地削弱民族团结情绪。一部分欧洲社会生活很可能就此分裂成比民族小得多的规模，另一部分则可能统一成比民族大得多的规模。国家将只是集体生活的诸种框架之一，而不再如过去二十年那样，国家就是一切。那些拥有悠久传统并具备敏锐意识的小国，诸如波西米亚、荷兰和北欧诸国，有必要建立一套结合军事外援保护的独立体制。这套体制在其他大陆也可能实施。法属中南半岛将有可能进入中国的势力范围，正如在历史上向来如此。非洲的阿拉伯地区有可能回归他们原有的生活方式，无需与法国中断关系。关于黑非洲的合理做法似乎是，在解决整体问题的情况下，黑非洲彻底依附整个欧洲，而在其余情况下，黑非洲恢复从前各个村落独立快活的生活方式。

　　第二个可能澄清殖民问题的想法，欧洲位于美洲和东方之间，恰如某种成比例的平均值。我们很清楚，战后欧洲的美国化是一大严重隐患。我们也很清楚，假设事情成真我们将会有何损失。我们丢失的将是我们身上亲近东方的那个部分。

　　我们错误地把东方人看成原始人和野蛮人，还亲口对他们说了。东方人同样基于诸种动机把我们看成蛮族，但没有说出口。同样，我们倾向于认为美洲没有真正的文明，而美国人则倾向于把我们看成初民。

　　假设一个美国人、一个英国人和一个印度人在一起。就所谓的西方文化而言，前两个人有共同点，也就是说，在一定程度上共享某种由科学、技术和民主原则所构成的智识氛围。印度人对此全然陌生。反过来，印度人和英国人也有共同点，那恰恰是美国人根本欠缺的。那就是过去。

当然两个人的过去彼此不同。但不至于像我们通常认为的那么不同。英国的过去是基督宗教，更早则是某种也许接近古希腊文明的信仰体系。印度传统思想对这两种传统均甚为接近。

我们其他欧洲人与德国人作战，我们如今大谈特谈我们的过去。那是因为我们担心丧失这些过去。德国想要将我们从过去连根拔除，美国影响也在威胁我们的过去。我们仅剩若干线索，不想让这些线索断了。我们想重新扎根其中。然而，我们过少地意识到，我们的过去在很大程度上来源于东方。

我们的文明发端于希腊-拉丁文明，与东方形成对比，这个说法成了老生常谈。正如许多老生常谈，这也是错误的说法。希腊-拉丁这个术语不带有任何明确的意思。我们的文明发端于古代希腊。我们从拉丁民族那里只接收了国家概念，而我们对这个概念的运用让人难免不会认为那是一次糟糕的继承。据说拉丁民族开创了法律精神，但在这方面唯一能够肯定的是，拉丁民族的司法系统是仅存的硕果。自从发现某个拥有四千年历史的巴比伦法典以来，我们不会再认为拉丁民族是相关领域的垄断者。而在其他领域，拉丁民族的发明创造近乎零。

希腊人才是我们文化的真正源头，拉丁民族从希腊人那里继承一切并传递给我们。直至征战胜利的傲慢把他们改造成帝国主义者以前，拉丁民族始终公开承认这一点。希罗多德在这方面说得再清楚不过。在史前时代有一种地中海文明，主要受埃及影响，其次受腓尼基人影响。早期希腊人前往地中海沿岸各地，犹如游牧征战民族，几乎没有自己的文化。他们把语言强加给各族，但吸纳了被征服国家的文化。希腊文明要么是这些早期希腊人领会同化的产物，要么是更古老的原住民（非早期希腊人）持久不衰的遗产。在特洛亚战争里，只有一个阵营代表文明，那就是特洛亚。从《伊利亚特》的口吻中，我们能够感觉到诗人对此心知肚明。总的说来，希腊对埃及始终抱持一种学徒式的尊敬态度。

基督宗教的东方源流再明显不过。无论对基督宗教持信仰态度还是不可知论态度，有一点如史实般确凿，那就是基督宗教经几世纪的事先准备才得以生成。在东方的犹太王国之外，起到此种催生作用的思想潮流来自埃及和波斯，也许还有印度，尤其是希腊，不过应限定为直接受埃及和腓尼基启示的那部分希腊思想。

至于欧洲中世纪，在最灿烂光彩的中古时期，东方文明重新让欧洲土壤丰饶起来，借助的是阿拉伯人的引介或者其他神秘途径，因为当时有波斯传统的渗透。文艺复兴同样部分地源自拜占庭的往来刺激。

在其他历史时期，某些东方影响可能成为欧洲文明的瓦解因素。古罗马就是一例。我们今天亦然。不过，在这两个例子里，只有附庸风雅者量身定做的伪东方主义，而没有与真正的东方文明的接触。

总之，欧洲为了保持精神活力，似乎阶段性地需要与东方真正接触。诚然在欧洲有某种与东方精神相悖的东西，某种专属西方的东西。不过，这种东西在美国格外纯粹，具有乘方级别的功率，大有毁灭我们之势。

欧洲文明是东方精神及其对立面的某种组合。在此种组合里，东方精神必须占有可观的参与比例。这样的比例在我们今天远远没有达到。我们需要注入东方精神。

欧洲要避免美国影响带来瓦解，很可能别无他法，只能通过与东方建立全新、真实和深入的接触。就目前而言，假设一个美国人、一个英国人和一个印度人在一起，美国人和英国人虽然自视比对方更高明得多，但表面上将互相交好，把印度人晾在一边。一种允许不同接触反应的氛围逐渐生成，这也许是精神上攸关欧洲生死的问题。然而，殖民远远没有为接触东方文明提供机会，反而妨碍类似接触，十字军东征即一例。研究阿拉伯文化的极少数而极有趣的法国人圈子也许是唯一的例外。对于生活在印度的英国人，或生活在法属中南半岛的法国人，人的活动圈子仅仅由白种人构成。原住民只是生活背景的一部分。

况且英国人的立场符合逻辑。他们做生意，仅此而已。法国人不管愿不愿意，总在到处传播1789年原则。这样一来只能出现两种情况。要么原住民依恋自身传统，为这些陌生的提法而大感震惊；要么他们真心接纳这些原则，为不能从中受益而愤慨不已。虽说表面看来挺奇怪，但这两种敌意反应经常出现在同样的个人身上。

倘若欧洲人与亚洲、非洲、大洋洲的接触建立在文化交流的基础上，情况将完全两样。近年来，我们有发自灵魂深处的感受，也就是现代西方文明不够用，其中包括我们的民主设想。欧洲忍受多种重大病症的侵袭，到了让人不敢细究的程度。其中一种病症就是乡村转向城市、手工行业转向非手工职业的不断膨胀的发展压力，这有可能危害社会存在的有形基础。另一病症是失业。此外还有人为倾毁诸如小麦①等必需农产品。此外还有持续骚乱和永远的娱乐需求。此外还有定期爆发全面战争的毛病。现如今还应补充一种病症,也就是人们越来越习惯于密集考究的暴行,以及最粗暴的对人的操纵。为此我们不能说(也不能认为),我们从上天接到使命,要去教导全世界如何生活。话说回来,我们无疑能提供若干教训。不过,我们从其他不同生活方式中也能学到很多,这些生活方式即便不完善,但拥有千年历史,足以证明其本身的稳定性。而我们指控他们一成不变。事实上,有些文明可能很早以前就已衰落,只不过消亡过程极度缓慢。

不幸在我们法国人身上激发起一种对过去的强烈向往。有人说起法兰西的共和传统,不是指第三共和国,而是指1789年和十九世纪初的社会运动。有人说起法兰西的基督宗教传统,心里想的不是君主制,而是中世纪。许多人同时说起这两种传统,那是行得通的,并无冲突可言。这是我们的过去,缺陷却是不复存在。它不在场。东方的千年文明尽管彼此迥异,却比我们更亲近我们的中世纪。这些切实存在的文明构成我们的过去的某种倒置影像。我们有可能从过去和这些文明的双重光照中汲取力量为未来做准备。人类命运同样如此。这是因为,欧洲的希特勒化进程无疑企图实现全球范围的希特勒化——要么是德国人实现,要么是其仿效者日本人;同样,欧洲的美国化进程也无疑企图实现全球范围的美国化。后者危害不及前者,但很快

---

① 1929年10月为控制纽约股灾引发连锁反应,不计其数的小麦等农产品被人为倾毁。

应运生成。在这两种情况下，全体人类将会丧失过去。过去一旦丧失就找不回来。百科全书派相信人类没有必要保存过去。有了残酷的经验教训，我们正在重新思考这一信念。但我们没有用足够清楚的字眼直截了当地解决这个问题。

问题的实质很简单。假设纯粹属人类的能力是够用的，那么推倒历史从头来过，完全依靠意愿和智力去战胜诸种障碍，这样做毫无不当之处。我们一度这么相信过，但事实上没有人再这么相信了，除非美国人，那是因为他们尚未被不幸的冲击搞得晕头转向。

如果说人类需要外在救援，并且我们承认此种救援属于精神领域，那么过去就是不可或缺的，因为过去是所有精神财富的宝库。诚然在必要的时候，神恩的运作会促使人直接接触另一个世界。不过，唯有过去精神财富的光照才能让灵魂进入蒙受神恩所必要的状态。这也是为什么宗教不可能没有宗教传统。即便一种新兴宗教也是同等道理。丧失过去等同于丧失超自然。尽管这两种丧失尚未彻底发生在欧洲，但已有显著征兆，足够让我们实验性地考察两者的对应关系。

美国人只有我们的过去。凭靠若干极其细微的线索，他们通过欧洲与这些过去相连。即便不是本意，美国影响势必蔓延欧洲，如果没有充分阻扰，这种影响在剥夺我们的过去的同时，还将剥夺美国人自己的那一点过去。另一方面，东方顽强地持守他们的过去，直到欧洲影响半靠金钱魔力半靠枪炮导致他们被拔除一半根。但只是一半被拔根。不过，日本人的例子表明，一旦东方人决心接纳我们的弊端，再加上他们自身的弊端，他们有可能把这些弊端提高到乘方级别的功率。

我们欧洲人处在中间。我们是中轴。全人类的命运无疑掌握在我们手中，而这种情况很可能只持续极短暂的时间。如果我们错过机会，很可能会迅速陷入束手无策的状态，甚至消亡状态。如果我们能够放眼关注未来，同时尝试与我们自己的千年过去重新建立联系，如果我们能够与依然扎根的那部分东方文明在尊重的基础上建立真正的友谊，从中寻求鼓舞动力，那么我们也许有可能防止我们的过去彻底消亡，同时也守护住人类的精神使命。

富高神父①被阿拉伯人的虔诚所触动，基于某种竞争精神而被指引向信仰虔诚，继而皈依基督。他的奇遇故事将如欧洲下一次复兴的某种象征标志。

为此，所谓的有色人种必须停止做附庸群体，即便原始群落也不例外。但是，依循本文概述的观点，协助这些群体建立欧洲模式的国家（也许是民主制国家，也许不是）并不会带来更多益处。这是一件荒唐事，不管可行不可行。世上已有太多国家。

只有一个解决方案，那就是为保护一词重新找到某种并非谎言的含义。迄今为止这个词只用来说谎。如果说这个词已然信誉扫地，那么大可以另找一个同义词。重点是找到某种组合形式，使得没有形成国家的族群在某些方面

---

① Charles de Foucault（1858—1916）：出生于法国斯特拉斯堡，原系坚持不可知论的军人，在北非辞去军职，探索摩洛哥，皈依天主教后再度前往北非沙漠传福音，1916年12月1日在一次当地暴动中遇害。

依赖若干有组织的国家，同时在别的方面足够独立并感觉自由。这是因为，自由和幸福一样，首先通过拥有自由或幸福的感觉得到定义。这种感觉既不可能利用宣传暗示，也不可能利用权威强加。迫使人言不由衷地表达自由或幸福，那是很容易做到的。这也造成两者的区分变得极其困难。标准是相当强度的始终与自由相连的道德生活。

有两个因素有助于解决这个问题。首先，欧洲的弱势族群存在同样问题。这为深入研究带来更大希望。眼下不妨提出若干原则，比如越南人的祖国与捷克人或挪威人的祖国同样值得尊重。

第二个有利因素是，美国对殖民体系没有好感。美国没有殖民地，也就没有殖民偏见，一派天真地将其民主原则运用到一切与之无关的事务中。毫无疑问，美国正严重动摇在常规老套中走向麻木的欧洲。反过来，美国拥护受欧洲奴役的族群，不知不觉为欧洲提供最佳援助，有利于我们在不久的将来抵御美国本身的影响。美国对此一无所知。如果我们对此也一无所知，那将是灾难性的。

只要战争持续，世界上的所有领土首先是战略阵地，必须被当作战略阵地来对待。这就意味着双重义务，绝不说出当即导致骚乱的任何话语，绝不剥夺成千上万被不幸抛向敌人阵营的不幸者发生改变的希望。这双重顾虑同样决定了我们就法国社会问题所应奠定的方向。

撇开战略考量不谈，从政治角度看，公开采取一种凝固为战前状态①的态度将是灾难性的。撇开恶意动机不算，

---

① 拉丁文：statu quo ante。

美国人对欧洲的不信任也许源自对此种凝固的正当担忧,那将妨碍我们提出迫在眉睫的问题,扼杀解决问题的希望,直至新的世界性灾难让问题重新暴露出来。

在政治社会问题上,法国的官方态度在于接受一切公正可行、符合法国人民意愿的东西。此种态度必须毫无例外对一切问题均有价值,惟其如此方能得到坚持。此外应遵守如下特殊性,但凡涉及与非法国人群体(无论是谁)的关系问题,法国人民的意愿必须借助某种起均衡作用的折中办法,与非法国人群体的意愿达成和解,与战争胜利后或多或少负责维护世界秩序的大国意愿达成和解。

直到最近某个时期,法国还是大国。眼下法国不是大国。法国若有能力迅速采取必要措施达成上述效果,将很快重新成为大国。自然我们对此满怀希望。但法国成为大国并非出自神圣权利。国际问题不会比政治问题具备更高的神圣权利等级。承认这个事实与最强烈的爱国热情彼此兼容。

法兰西的光荣过去尤其源自它的精神光照,以及它似乎具备的为人类开拓道路的才能。

甚至在收回政权和解放领土以前,也许法国还有可能恢复这一类精神和才能。尽管虚弱不堪,瘫倒在地,被打到半死,也许法国还有可能尝试重新开始思考世界命运。不是决定世界命运,法国没有这么做的权力;而是思考世界命运,这是完全两样的事。

法国要恢复自我尊重,这也许是最好的刺激和最好的道路。

而首要条件是绝对避免在任何领域预先凝固任何东西。

一种学说的纲要及其他笔记[*]

一种学说的纲要（供法国研究小组使用）：

一种学说根本不够用，但有一种学说却是必不可少的，至少可以免受错误学说的蒙骗。看见北极星并不能告诉渔夫该往何处去，但渔夫若不知辨识星辰绝不敢在夜里出海。

此外，构思、理解和接受最佳学说是容易做到的事。基本真理很简单。困难在于实践。更准确说来，困难在于充分得到滋养，完全吸收消化，从而让实践真理变成本能。

但是，困难首先在词语中。真实在每个人心深处，只是藏得太深，难以用语言传译。人类如此依赖词语，以至于一种思想若未表达成话语，则有可能无法在行动中实现。一个人想要某样叫不出名的东西，别人很容易让他误以为他想要另一样东西，从而把他的能量宝藏转向无关或糟糕的东西。

因此，为一种作为所有人类问题的唯一指南的学说找到语言表述，这是有益的。

不过首先清扫其他学说，这同样是有益的。

两三个世纪以来，相当数量的学说竭力争夺人们的精神。所有这些学说无不暴露出明显的缺陷。这些学说没有

---

[*] 原文标题 Esquisse du fondement d'une doctrine，收入《伦敦文稿及书信》的笔记部分（Fragments et notes, pp. 151 起）。下文另摘译了若干笔记。

消亡,仅仅因为缺少取而代之的更好的学说。

*

树与果子的标准,① 预先是对正统概念的谴责。

科学是旨在察觉宇宙布局的某种努力,继而是人类思想与永恒智慧的某种联系,就像一场圣事礼。

所有古代民族——当然古罗马人例外——均有一种思想:惰性物质顺从必然性,从而向人类提供顺服神的范例。

这一思想让我们有可能在一次精神行动中拥抱科学(作为世界之美的研究),拥抱艺术(作为世界之美的模仿),拥抱正义(作为世界之美在属人事务中的对等物),拥抱对神的爱,且把神奉为世界之美的创造者。

由此形成某种统一。几世纪来,我们丧失了此种统一。

还要补充:劳作,作为与世界之美的物理联系,这一联系通过劳作的辛苦来实现。

物质服从必然,这不仅是人顺服神的写照,也是神恩的超自然运作的写照(光、酵母、循环运动——轮子、星辰、毕达哥拉斯)。

时间的回返和永恒,借此赋予群体生活某种永恒色彩——礼拜和季节——这与劳作相连,至少与农夫相连(播种、养鸡……),经由科学说明,经由艺术表达,经由神指引。

我们离此太远。

---

① 当指《马太福音》:"好树不能结坏果子,坏树不能结好果子。"(7:18)引文另见《全面取缔政治党派摘要》。

但不幸是塑形的良机。

不幸包含超自然智慧的宝藏（典型的基督宗教思想）。不过，必须思考和表达不幸。大多数不幸者被排除在诸种表达方式之外。即便在相反的情况下，思想厌恶不幸，远甚于肉身厌恶死亡。

法国，在伦敦的表达方式。法国的不幸，必须有法国的思想和表达，并经由伦敦传达。

*

什么是教养（la culture）？

培养专注。

分担人类世代积累的精神和诗歌宝藏。对人的认知。对善恶的具体认识。

诗歌：解释。宇宙的景象是最初的诗。培养专注，让人凝望宇宙。

向白种人小孩教授科学基础概念，目的不过如此。

举例：天文学。讲解希腊古人的天文学。

随即在讲解相对运动概念（比如一列火车或一艘船的运动）之后，指出若干更精确的测量标准，这促使人思考：假设太阳是中心，有可能较简单地列出天体运行规则公式。

一开始就说："地球绕着太阳转。"这是宗教裁判式的正统概念，而正统只是真实的替代品。

天平——包含所有符号和所有联想。变幻中的均衡（船、飞机）。

一切围绕两个概念：均衡、能量。

算术：准确概念。

几何学：必然概念（即不可能性）。

*

酷刑与感应魔力。车轮刑是对太阳运行的模仿吗？绞刑一开始在船桅执行，是否呼应地球自转轴的形象？还有被钉在十字架，是水手被绑在船桅吗？

所谓的感应魔力与欣赏风景属于同一性质。

对世界的模仿，乃是大多数古代习俗以及从中衍生的神话的基础。

小宇宙概念是这一切的根源。道成肉身概念。把自身当成范例去模仿一个人，这个人的灵魂即世界的灵魂。

基督徒几乎丧失了有关耶稣基督的灵魂这一想法。

世界秩序在一种人类思想中道成肉身。这是我们的目标。真就此被定义。还有美。还有义人。这就是创世神的概念。世界秩序与人类思想之间的原初相同性。

*

数字的用途，或神圣或恶魔化。继而是数学。最初禁止人口普查。一个民族清点人数。对国家而言，数字是权力。被编成数的灵魂是受奴役的。（摩西从数点以色列人开始。）

尼俄伯也数点她的孩子们。不过，他们既然在数量上强大，也就做了数量的奴隶。数量以时间形式将一切造物沦为奴隶。造物选择数量，继而选择时间的奴役。

纯粹的数学，也就是研究数量，由此将数量赶出数学。尼俄伯的救赎。

借助类比，还有统一概念和无穷概念。

美同样使人转离数量。

（生养子女的数量，原初时代的财富。）

尼俄伯。惩罚不仅仅是她的孩子们纷纷死去，而是她随即饿了。关于原罪及其惩罚，这是最让人心碎的版本。

数学。关系取代数量。量的相对性。

原罪的诸种版本：其一，夏娃；其二，日月乱伦（源自爱斯基摩人、茨冈人）；其三，棕榈酒（源自黑人）；其四，门（格林童话）；其五，对美的仇恨（？）（白雪公主、扁桃树）；其六，数字（尼俄伯）；其七，坦塔罗斯的故事；其八，阿特柔斯和提厄斯忒斯兄弟（？）。

*

"黑牛。"① 神在灵魂中临在时去除一切光彩。神降临，就像某样东西前来要求被爱一样。

神不能以任何名义要求被爱，除非是绝对的善这个头衔。

对灵魂中被造的、有死的、肉欲的那部分而言，这形同子虚乌有。人的良心就处于灵魂的这部分。对灵魂这部分而言，神没有任何被爱的名义。他是绝对的乞丐。他要求爱，但没有展现任何赋予他被爱权利的名义，也没有提供任何交换。他只是一味要求。绝对贫穷。"爱神的伴侣是贫穷。"

要求被爱的善的名义以某种定义为基础。善是值得被

---

① 英文：Black Bull。

爱的东西。这既简单又抽象,简直像双关语。一种精神唯有被培养去承认与抽象相符的真实,方能承认此种名义的真实。

数学提供了类似培养的起点,这是基于数学的绝对纯粹性,以及数学的本质在于认知物质并对物质起作用。

*

必须不再看重金钱。金钱的魅力不但妨碍灵魂找到精神食粮,而且妨碍灵魂在饥饿状态认识自身的饥饿。这是因为,我们太容易把痛苦归咎为金钱的欠缺。这继而妨碍世人承认与己有关的义务。人们几乎抹消全部义务感,取而代之把私人生活里金钱方面的廉洁视为唯一德性。

如果没有类似于圣方济各与贫穷神的联姻这类疯狂行为,看来很难实现真正意义的疗愈。今天的问题当然不是要创建某个修会。何况就算在十八世纪,修会也从根本上与此种让人赞叹的奇遇极少有关联。

今天的问题更严重。在圣方济各与之联姻的时候,按但丁的话说,贫穷神尚未遭受超过千年以上的轻视。在那个年代,并且在那之前有一段时间,贫穷神得到清洁派、里昂的穷人[①]和其他人的拥抱。只不过这些人被歼灭,被遗忘,而方济各更为公正地被封成圣徒。我们今天离十二世纪精神思潮的浸润很远。当前的处境更适合对比耶稣基督诞生时刻的罗马帝国。在那不久前,某个胆敢自称斯多

---

① Pauvres de Lyon:十二世纪瓦勒度教派的自称,其创始人即为里昂人瓦勒度(Pierre Valdo 或 Valdès)。

亚派的人主张，为了强制偿还一笔高利贷，让五名外省法官活活饿死是合乎自然的做法。他的朋友西塞罗仅仅认为他稍有些过分。罗马斯多亚派大可以与如今许多基督徒相提并论。

不过那是一种必要的氛围，不但贫穷神找到伴侣，而且有一种思潮吸引众多心灵转向贫穷神。

今天大多数法国人日复一日感到痛苦、担忧和焦虑，那是在正常时期预留给不幸者的情绪。就某种意义而言，整个国家突然陷入贫穷中。法国由此与若干弥足珍贵的真相有所联系，不过，这些真相若未得到明确表达，则有可能无法深入法国的良知中。

在贫穷中有一种诗，那是找不到对等的。那是从不幸的肉身散发出的诗，前提条件是在不幸的真相中被看见。春日的樱花打动人心，只因那花有不容忽视的脆弱。一般说来，极致的美的前提条件是几乎不在场，要么距离所致，要么虚弱使然。星辰永恒坚定，却极其遥远。洁白的花开，转眼即逝。同样，人爱神，如果那是纯粹的爱，那么爱的构想只能宛若在此世之外，在天宇之间。再不然，就是以人类的方式在大地上存在，但虚弱，屈辱，困乏致死。再不然，就是某种更大程度的不在场，犹如一小口注定要被吃掉的不起眼的食物。

人类生存条件，也就是人类依赖某种至高思想，某种有能力构想并爱此世和彼世的思想。人类生存条件受血肉身躯的束缚，而肉身又顺服诸种外在活动，这是美的。这里头有美，真是无比神秘啊！不过事实就是如此。在艺方面，但凡能够展现人类不幸的真相，无不动人至极，美至极。

财富破坏这样的美。不是说财富给肉身以及顺服肉身的灵魂的不幸带来某种解药，因为我们不被承诺以此世的任何解药；而是财富用某种谎言遮掩不幸。正是藏在财富中的谎言扼杀了诗。这也是为什么富人需要奢华作诗的替代。自从被剥夺贫穷的好处以来，穷人也变得需要奢华。只是得不到罢了。

在小饭馆里，人们花几个钱贪婪吞食粗茶淡饭。这样的小饭馆充满诗，简直诗情洋溢。因为这是抵御饥饿、寒冷和疲劳的真正避难所。设在边界上，犹如边境哨所。换成中等规模的餐厅，没有什么让人想到人可能是饿的，这种诗消失不在。

爱贫穷之诗不是同情穷人的某种障碍。相反，同情是这种诗的根。同情的作品不会减少只会增加诗意。爱贫穷绝不是苦行。这种爱采集并充分品味诸种喜乐和由此而来的趣味。有一天，同伴带回几个别人施舍的完整面包，圣方济各很喜悦，享受纯粹的幸福。他们在清澈的水泉边，在美好的阳光下，坐在平整的岩石上吃面包。爱贫穷有更充分的理由倾向于为他人缓解痛楚带来喜乐。此种倾向须得是完全无损的，这甚至成为爱贫穷的前提条件。一个人若不知爱贫穷为何物，则会因为有人挨饿的事实而感觉不适并欠缺趣味，这样他向挨饿的人提供食物的倾向将会受妨碍。至少在正常时期这是不应该的……

战地护士分队计划书*

本计划书原系参议院武装委员会通过的一份报告，于1940年5月上呈法国国防部。彼时战局骤变，致使计划试行落空。

随文附信一封，内容涉及一战中严重伤残士兵布斯盖①对本计划的评价。布斯盖于1918年脊椎重创，导致截瘫，从此不离病床。比起1918年后重返正常生活的士兵，他与那段战争经历更形影相随。此外这是一位心智成熟者的评价。他的意见弥足珍贵。

本计划旨在组建某种战地护士的特殊分队。此种分队极具流动性，原则上必须始终置身于最危险的地带，以便在战斗现场做急救。②

---

* 原文标题：Projet d'une formation d'infirmières de première ligne。本计划书附在1942年7月20日薇依致舒曼的信中，收入《伦敦文稿及书信》（pp. 187 – 194）。薇依想到的护士人选首先是自己。参看第三封致舒曼的信："蔓延在地球表面的不幸纠缠着我，重压在我身上，简直让我丧失理智。只有亲身承担相当程度的危险和苦难，我才有可能恢复理智摆脱顽念。……上次信中谈及的计划书原本可以完全满足我在这方面的需求。我很难过安德烈·菲利普认为那是不可行的。"参看佩特雷蒙特，《西蒙娜·韦依》："她听说组建战地护士队的计划已呈交戴高乐，而他好像是这样评价的：'噢，她疯了！'这样其他人也因此认为这个计划是疯子的计划。西蒙娜恐怕预感到计划不会被采纳，从此她把精力放到了思想另一个计划上——争取被派遣到法国执行任务。这一次她同样遭到强烈反对以至于她近乎绝望。"（下册，页903）

① Joël Bousquet（1897—1950）：法国诗人。薇依于1942年5月12日致布斯盖的信收录进《敬爱神的无序思考》（pp. 73 – 84）。

② 英文：first aid。

一开始不妨以十人甚至更少的骨干小组进行实验,可以在极短时限内启动,因为几乎不需要做什么必要筹备。护士的基本业务常识足矣。①在火线上只能做做包扎止血,也许还有注射输液。

必不可少的精神品格不可强求。将不具备相应精神品格的女性排除在外不是难事。战争的恐怖充斥当前所有人的想象,如果一位女性主动提出承担类似任务,那么不妨假定她也极有可能具备完成使命的能力。

乍看之下,本计划前所未闻,也许显得不可行。不过,稍加注意不难发现,本计划不但可行,而且极易执行。计划失败的不良后果近乎零,计划成功的好处确实可观。

极易执行的原因在于,只需少数几名志愿者即可试行。起初人数有限,无需考虑组织机构。如果首次实验成功,骨干小组逐渐增加人数,随着分队规模不断扩大的需求,将会产生相应的组织机构。话说回来,就其任务的性质而言,类似的分队无论如何人数不会太多,也没必要太多。

实验失败只有一个原因,那就是组成分队的女性成员没有能力完成使命。

只有两种情况值得担忧。一是这些女性在火线上丧失勇气。二是她们在士兵中造成有伤风化的影响。

这两种情况均不可能发生,既然这些女性是志愿者,并且具备与解决问题相适应的品格。士兵们从来不会不尊重在危险面前表现出勇气的女性。唯一必要的预防措施是

---

① 薇依在巴黎参加过红十字会组织的护士培训班,在纽约还专程上过护理常识课并考取护理证书。

让这些女性只在开战时而不在停战时与士兵接触。

显而易见，这些女性必须具备相当大的勇气。她们必须牺牲自己的生命。她们要时刻准备好待在最艰苦的地带，和最冒风险的士兵一样，甚至比他们冒更大风险，并且这么做不是受到好战精神的驱使，相反，她们要俯身照看受伤和濒死的士兵。

然而，如果实验成功的话，伴随而来的好处将与上述困难成正比。

鉴于志愿者本是少数人，上述困难与其说是真实的，不如说是表面的，尤其试行期间的志愿者如前所言可能少于十人。找到十位具备足够勇气的女性，这是很有可能的事，几乎可以肯定。

对于随后加入骨干小组的女性而言，竞争将构成很有力的刺激因素。

如果首次试行期间发现这些女性要么在火线上表现不力，要么在与士兵的交往中有失节制，那么只需解散分队，将这些女性派遣回后方，放弃这项计划。

小范围的实验，在未加宣传的情况下，除可能发生的人员伤亡之外，几乎没有损失可言。

就战争规模而言，类似的人员伤亡在人数上微乎其微。可以忽略不计。事实上，在一次作战行动中，两三个人员伤亡往往被视为近乎零的损失。

总体说来，如果一名女性过了青春期，没有结婚或生养子女，那么没有理由把她的生命看得比一名男性的生命更珍贵，尤其她本人已经接受赴死的风险。依据这样的归类，很容易排除掉那些身为母亲或人妻的女性，还有适当年龄以下的少女。

身体耐力问题不像表面看上去那么严重,尽管召集此种分队是为了在极端艰苦的环境下行动,不过鉴于任务的性质,很容易保证为她们安排长期频繁的休假。这些女性不必像士兵那样面对持久的耐力考验。根据她们自身的能力,很容易做出相应调整。

现代战争的机械化特点表面看来似是一种阻碍。不过,经过思考不难发现,事情反而可能简单化。

当卡车运送部队上前线时,不难预算出在多少辆卡车里可以有一辆卡车捎带一名女性。这样做没有什么不当。诚然这将少运送一名带枪士兵,但这名女性的在场将带来物质和精神的效用,以至于可以忽略不计由此造成的损失。

我们有理由担心,即便少数人实验成功,由于任务艰巨,也很难扩招新人。

但是,即便此种分队至多只有数十人,而这已属难得,伴随而来的好处却极为可观。

同样,如果实行一段时间之后,人员伤亡太大,难以持续下去,那么,已完成的实验带来的好处还继续有效,并且远远超乎伤亡损失。

如此一来,本计划表面上可能引发的诸种反对意见,经过认真检验显得微不足道。反过来,伴随而来的好处始终明显,并且检验越详细,好处越显著。第一个好处,也是最显而易见的好处,就是这些女性通常情况必能完成的任务本身。

她们出现在风险最高的地带,陪伴火线上的士兵,这是寻常的担架员和男女护士做不到的,她们给予受伤倒下的士兵粗略但即时的救治，多数情况下将抢救下这些士兵的生命。

她们带给那些受救治的士兵的精神安慰同样无法估量。她们安慰临终士兵，为濒死者记取留给家人的遗言。从受伤那一刻到担架员赶到期间的等待有时既漫长又疼痛，她们的在场和言语有助于舒缓伤员之苦。

单凭这点就有充分理由建构此种女性分队。单单这项好处就很可观，几乎没有什么损失能够抵消。然而，本计划的执行还与其他好处相连，从战争整体指挥的角度看，这些好处可能具有至高重要性。

为了评估这些好处，须得记住精神因素在何等程度上是当前战争的重要因素。精神因素发挥远比以往大多数战争更为重要的作用。希特勒最早明白这一点，这是他大举获胜的主要原因之一。

刺激所有人的感官印象，希特勒从来没有忽视这么做的根本必要性。所有人包括他的部下，敌方士兵和这场冲突的无数旁观者。对部下，他不断激发他们奔赴前线的新冲动。对敌军，他竭力挑起尽可能严重的骚动混乱。对旁观者，他有意制造意外和深刻印象。

为了实现这些效果，他最有效的工具之一就是特殊分队，诸如党卫队，或最先进入克里特的伞兵先遣队，诸如此类。

这些分队的成员精挑细选，身负特殊重任，不仅随时准备冒生命危险，更随时准备赴死。这才是根本所在。他们受到某种灵性启示的鼓舞，有别于大多数军队。这种灵性启示类似于信仰，类似于宗教精神。

并不是说希特勒主义配得上宗教之名。但毫无疑问，这是某种宗教的代用品①，也是希特勒势力的主要根源之一。

这些人漠然无视他们自己和其他人类的苦难和死亡。他们的英雄主义源自极度的残暴。他们组成的分队完美响应其元首的政制精神和意图。

我们不能复制希特勒的手段。首先因为我们战斗是基于另一种精神和别样的意图。其次因为，就刺激感官印象而言，任何复制都不能达到效果。唯有出奇制胜。

我们不能也不应该复制这些手段，但我们应该实行与之相等同的手段。必须如此，这有可能攸关生死。

苏俄人比其他国家更有效地顶住德国人的进攻，其中一个原因也许是他们拥有某些与希特勒的手段相等同的心理手段。

我们同样不能复制苏俄人的做法。我们必须有新的做法迸发。这种迸发能力本身就是精神力的象征，有助于让信靠我们的民众鼓起希望，同时让敌人消减希望。

既然特殊分队的所有成员接受赴死，很难怀疑这些分队的用处。不仅可以把其他部队较无可能胜任的使命交给他们，而且他们的存在本身对于全军就是一种强大鼓舞，一种灵性启示的源泉。为了实现效果只需做到一点，那就是牺牲精神不是通过言辞而是通过行动得到表达。

在当前的时代，宣传是成功的重要因素。宣传促成希特勒的发迹。希特勒的敌人同样没有忽略这一点。

---

① 德语：ersatz。

但是，我们充分考虑大后方宣传，而较少考虑前线宣传。后者同样重要。只不过做法不同。大后方的宣传凭靠言辞。前线的宣传必须用行动取而代之。

拥有绝对牺牲精神的特殊分队，其存在本身时时刻刻就是一种行动中的宣传。类似的分队机制必然源自某种宗教灵性启示——不是皈依某个特定教会的意思，而是某种更难定义的意思，并且这是此处唯一恰当的用词。在某些形势下，宗教灵性启示构成一种制胜因素，甚至比那些正规军事因素本身更重要。研究贞德或克伦威尔的获胜机制不难觉察到这一点。我们当下很可能处于类似形势。敌人在前线受到某种偶像崇拜，某种宗教信仰的代用品的驱使。我们获胜的前提条件也许就是我方军中也出现相似的灵性启示，不过须得是真实纯粹的灵性启示。这种灵性启示不但要真实存在，还要通过恰如其分的象征符号得到表达。一种灵性启示只有得到充分表达才能产生功效，在此表达途径不是言辞而是事实。

党卫队构成希特勒灵性启示的一种完美表达。如果我们相信那些看似公正的报告，那么党卫队在前线具备残暴的英雄气概，他们把这种英雄气概发挥到勇气所能达致的极限。我们无法向世人证明，我们比敌人强，在勇气方面超越敌人，就程度而言这是不可能做到的。不过，我们可能也必须向世人证明，我们具备某种不同的勇气品质，某种更困难也更罕见的品格。敌人的勇气既残暴又卑劣，源自权力和摧毁的意志。既然我们的目标与敌人不同，我们的勇气也源自另一种灵性启示。

本计划倡议的女性分队即表达我方灵性启示的再好不

过的象征符号。在这场战争的中心地带,在极度野蛮的顶峰时刻,单纯地坚持某些富有人性的本分责任,这将是对敌人所选择并迫使我们就范的野蛮发起一次显著挑战。这些富有人性的本分责任由女性承担,笼罩着母性温柔,愈发使挑战显得动人心魄。事实上,这些女性人数极少,能救治到的士兵占极小比例,但一种象征符号的精神功效与数量无关。

不是受到杀人意志的驱使,而是在极度危难中现场支援受伤战亡的士兵,显而易见,这样的勇气具有某种比年轻狂热的党卫队更罕见的品格。

一支女性小分队日复一日在战场上展现这样的勇气,那将构成一幅全新的意味深长的景象,其中承载的清晰意涵足以刺激人们的感官印象,远远胜过希特勒发明的诸种手段。迄今为止,只有希特勒做到了刺激大众的感官印象。我们必须做得更好。这里说的女性部队无疑是实现目标的一种手段。

虽系由非武装女性成员组成,这支部队无疑将给敌军造成强烈印象,她们的在场和风度将以全新而意想不到的方式让敌军感受到我军的精神力量和决心。

在参战国和支援国中,这支女性部队的存在还会给公众造成同样强烈的印象。其象征意义将处处得到心领神会。一方是这种女性部队,另一方是党卫队,两者的鲜明反差将形成比任何标语口号更有效的公告。这是对当前人类必须选择的两种方向做出再显著不过的呈现。

毫无疑问,这支女性部队将给我军战士造成更为强烈的印象。

从纯军事角度看，敌方士兵的优势在于十年来脱离家庭备战训练。他们不会因为氛围变化而迷失方向。他们没有经历过另一种氛围。他们不知家的价值。他们从来只表现暴力、破坏和征服。这场战争尽管残酷无比，但对他们而言不是拔根，而是延续和完成。

这场战争对法国、英国和美国的年轻人而言却是一种拔根。一直以来他们生活在安详的家中，他们渴望在战争胜利确保安全之后重新回到家中。

侵略国总是具备某种可观的精神优势，只要预先准备和策划好了侵略行动。我们的年轻人因为德军的侵犯而被迫从真正的生活中连根拔除，被突如其来地送往陌生的氛围中，那样的氛围属于敌人而不属于他们。为了捍卫家园，他们被迫离开家园，几近忘却家园，以便在毫无共同之处可寻的战地存活下来。战斗的氛围致使他们无法时刻牢记战斗的目的。在侵略方那边，情况正相反。为此，侵略方往往具备更大冲劲，这不是让人意外的事。

因此，只有防御方置身于本国境内，离家不远，并且因担忧丧失家园而陷入绝望，只有这种时候，侵略方才会遭遇势均力敌的抵抗冲动。

把我军战士变成与希特勒手下相似的粗暴狂热的年轻人，这既不可能也不合乎众望。但是，通过让士兵尽可能强烈地时刻牢记他们所捍卫的家园，他们在战场上的冲劲可以发挥到极致。

为此，让这些士兵在火线上，在最粗暴的战斗现场得到陪伴，唤起他们对被迫离开的家园的活生生的联想，让他们振奋而不是心软的联想，还有比这更好的手段吗？这样一来，他们不会因为与自己所爱的东西关系破裂而沮丧消沉。

本计划的女性部队恰恰构成对远方家园的让人振奋的具体联想。

古代日耳曼人作为罗马军团始终无法征服的半游牧部落，早就深知女性在最激烈的战斗中具有让战士振奋的特性。依据风俗，他们会在战线前沿部署一名少女，并派遣精挑细选的年轻战士守护在其四周。

在我们今天，据说苏俄人也发现派遣女兵赴火线服役是大有好处的做法。

这支女性部队的成员除照顾伤员之外，还可以根据实际需要担任各种性质的勤务工作。在军官和士官任务繁重应付不了的关键时刻，她们可以合乎情理地充当助手，完成诸种无需操纵武器的任务，担任联络、集合和传令等各项工作。假设她们能够始终保持冷静，那么女性性别在这些时刻反而会促使她们充当极有效的工具。

毫无疑问，这些女性成员须得精挑细选。女性要有相当程度的毅力，冷静并如男人般刚强，才不会碰到什么情况都把自己看得太重。不具备这种毅力的女性永远有造成妨碍的风险。与此同时，安慰伤痛和临终的士兵要求具备温柔的品格。同一个人身上很少兼具冷静的毅力和温柔。但即便罕见，也不是完全找不到。

唯有兼具冷静的毅力和温柔的女性，才有可能主动提出承担这里描绘的重任，否则她就是不够稳重。后一种情况很容易在奔赴火线以前得到排除。

为了启动计划，只需找到十来名真正有能力完成这一重任的女性。这样的女性肯定存在。很容易找到她们。

在我看来，除创建这种特殊分队之外，不可能设想出另一种方案，好让这些女性派上同样大的用场。我们的战斗极其严酷，生死攸关，故而必须尽可能让每个人派上最大用场。

附录：1942年4月《美国外科医师协会简报》摘录如下："及时采取预防措施或简单治疗手段，通常有助于预防休克，或控制轻微休克症状，而一旦休克时间变长，各种已知的抢救手段有可能变得无效。"

依据美国红十字会的官方说法，休克、冻伤和大量出血均系"抢救即时方能治愈"，在战场上构成最大比例的死亡原因。

美国红十字会推行一套针对休克、烧伤和大出血症状的在战场上可实践的输血方案。

圣事理论[*]

人的天性有如下设定，即一种欲求在灵魂中没有实在性，只要这种欲求没有穿越肉身转为自然对应的行为、运动或态度。欲求在灵魂中只如一个魂魄。欲求不对灵魂起作用。

在此设定基础上，有一种通过意志实现自我控制的可能性，也即借助意志与肌肉的自然联系。

不过，如果说运用意志在有限程度里有可能阻止灵魂陷入恶，却也不可能自行提高灵魂中善相对于恶的比例。

钱包里的钱不够用，就要去银行多取点钱。一味在身上找是没用的，因为身上没有钱。

我们身上不具备的善，就算再多的意志努力也不可能自行得到。我们只能接收这样的善。

我们肯定能接收这样的善，前提条件只有一个。前提条件是欲求。但不能是对某种局部的善的欲求。

欲求必须直接转向纯粹、完美、整全、绝对的善，唯有这样的欲求方有可能在灵魂中放入之前没有的善。灵魂处于这种欲求状态，其所取得的进步与欲求的强烈程度和时间成正比。

---

[*] 原文标题：Théorie des sacrements，薇依曾将此文寄给舒曼，文章最早刊于 1958 年 5 月《现实》杂志，并附有舒曼的导言，后收入《敬爱神的无序思考》(pp. 135 – 148)。

但是，唯有实在的欲求起作用。对绝对的善的欲求在多大程度上是实在的，也就在并且仅仅在多大程度上是有效的。

只不过，身体的运动和姿态只有此世的目标，如何做到让灵魂的欲求穿越肉身通往实在状态呢？

这是不可能的事。

如果可以肯定，灵魂救赎所不可或缺的某样东西不可能存在，那么同样可以肯定，在同一处真实存在某种超自然的可能性。

关乎绝对的善以及与绝对的善接触，完美性的证明（有时错误地命名为本体论证明）不但有效，而且是唯一有效的。这直接源自善的概念。完美性之于善，好比必然性之于几何论证。

对绝对的善的欲求若要穿越肉身，必须有某种此世目标相对于肉身而言代表绝对的善，也就是作为象征标志并通过约定形式。

相对于肉身而言代表绝对的善，这并不意味着它是某种肉身的善，而是意味着相对于肉身而言代表精神上的绝对的善。

与世间万物相关的约定有可能在人与人或人与自身之间缔结并得到认可。

与绝对的善有关的约定只能由神认可。

（在弥撒中，这一神圣认可理念直接落实在祝圣仪式前。）

一种神圣认可必然意味着神的一次直接显圣，或许甚而必然意味着道成肉身。

唯有依照这种方式由神认可之物，方能看成神的象征标志。

通过由神认可的神与人的约定，一小块饼象征耶稣基督的人格。自此以后，有鉴于由神认可的约定比物质本身真实得多，相较于圣饼的象征意味所构成的真实得多的实在性，饼本身的实在性虽继续存在却变成单一的表象。

在人与人的约定中，一样东西的象征意味所带有的实在性低于这样东西的构成物质。在神立的约定中，情况正相反。神性意味的实在性超乎物质，远远胜过物质的实在性超乎属人的象征意味。

如果我们相信与一小块圣饼的接触就是一次与神的接触，那么，在与一小块圣饼的接触中，与神接触的欲求（作为某种未付诸行动的愿望）也就通过实在的考验。

在此情况下，灵魂与神之间有一种实在的接触。这是因为，在这方面，欲求是接收的唯一前提条件。

在世间万物中，信仰生造出诸多幻象。唯独在关乎神圣事物的情况下，并且在灵魂将欲求和关注转向神的时候，信仰方能在欲求的影响下有效创造实在的事物。创造实在的信仰（la croyance）即信念（la foi）。

神恩既处于我们最远的外在，又处于我们最深的内在。善只能来自外部，但唯有经得我们认同的善方能深入我们的心灵深处。认同只在一种时候是真实的，也就是肉身通过一个动作使认同成真。

我们不能自行改造，我们只能被改造，不过只有意愿如此，我们方能被改造。一小块物质没有改造我们的功效。但如果我们相信，凭靠神的意志，一小块物质具有此种功效，并且出于同一动机我们让它进入灵魂，那么，我们也就切实做出一个欢迎动作，期盼中的改造也因此从天上降临灵魂。如此一来，一小块物质也具有了预设的功效。

圣事是一种协议，以无可指摘的完美方式，呼应神恩运作的双重特点（既被动临在，又主动认可），呼应人类思想与肉身的关系。

在圣事的超自然运作中，实现信仰的这一功效要求满足双重条件。

首先，欲求的对象不是别的，必须是独一无二的善，纯粹，完美，整全，绝对，让我们难以理解。许多人只是给某个概念贴上神的标签，那样的概念要么由他们的灵魂所生造，要么由周遭环境所提供。这类概念有很多，在不同程度上与真正的神相似，只不过灵魂无需把关注转向此世之外就能够思考这些概念。在这样的情况下，思想尽管表面上围绕神展开，却始终停留在此世，而依据世间法则，信仰不制造真实，而制造幻象。

不过这种状态并非毫无希望，因为神之名和基督之名本身带有强有力的功效，假以时日有可能帮助灵魂摆脱这种状况，把灵魂引向真实。

第二个条件，相信一小块圣饼与神具有某种同一性，此种信仰必须深入我们的整个生命存在，必须渗透灵魂深处，不是渗透灵魂中与此无关的智性部分，而是渗透灵魂中智性以外的其余部分，诸如想象、感觉乃至血肉本身。

一旦具备这两个条件，并且接触圣饼就是让欲求通过实在的考验，那么灵魂中将会真的发生什么。

只要欲求尚未接触真实，那么灵魂不会围绕欲求发生冲突。比如说，有个人真诚地渴望作为士兵为祖国赴死，但他没有可能采取行动实现这个心愿，假设他是半瘫痪的，那么他灵魂中的欲求不会被死亡的恐惧所打消。

假设一个人面临选择，要么参军作战要么逃避战争，而他选择赴战场，朝这个方向采取行动并且成功了，他在前线战火中，被指派执行一项极度冒险的任务，并被杀身亡。那么几乎可以肯定，在整个履行义务过程中的某一时刻，死亡的恐惧在他的灵魂中一度升起又被打消。根据此人的性情和想象的天性特点，这一时刻可能发生在任何节点上。唯有在这一时刻，暴露在死亡面前的欲求变成实在。

灵魂与神接触的欲求同样如此。只要欲求还不是实在的，灵魂总在休憩中。

不过，一旦具备一场名副其实的圣事的诸种条件，并且圣事即将举行，灵魂就会做好准备。

在那一刻，灵魂中有一部分不为意识所感知，并且渴望圣事。那是灵魂中的真实部分。因为，"行真理的必来就光"。①

由此开始区分麦子与稗子。②

耶稣基督说："我来并不是叫地上太平，乃是叫地上动刀兵。"③ 保罗说："神的道是活泼的，是有功效的，比一切两刃的剑更快，甚至魂与灵，骨节与骨髓，都能刺入、剖开，连心中的思念和主意都能辨明。"④

---

① 《约翰福音》3：21。
② 《马太福音》13：24－30；36－43。
③ 《马太福音》10：34。参看《路加福音》12：51。
④ 《希伯来书》4：12。

领圣体是一次在火中的穿行,燃烧并摧毁灵魂中不纯的一小块。下一次领圣体继续摧毁又一小块。人类灵魂中的恶有限量,神圣的火却永不熄灭。这样一来,尽管有严重缺陷,但只要不出现对善的背叛和执意拒斥,只要不意外发生死亡中断运作,圣体礼最终必将通往完善状态。

对神的欲求越实在,通过圣事与神接触也越实在,相应地,灵魂的平庸部分的造反也越激烈。这种造反好比一块活生生的肌肉要被火烧伤时发出的挛缩。根据不同情况,这类造反通常带有反感、仇恨或害怕的表象。

灵魂一旦陷入某种状态,以至于领受圣事比赴死更艰难,那么灵魂也就濒临轻松殉难的边缘。

为了逃避火的摧毁,为了能继续存活下来,灵魂的平庸部分也在拼命做出努力,带着狂热的活力,制造各种理由证据。它不惜借用一切资源,也包括神学和关乎不恰当圣事之危害的诸种警告。

只要灵魂绝对不去倾听这些纷纷涌现的想法,那么这种内在的喧嚣有无穷好处。

灵魂内在的退缩、反抗和畏惧的运动越是激烈,越是可以肯定圣事将摧毁灵魂中的恶,并把灵魂改造得更加接近完善状态。

"芥菜种在百种里是最小的。"①

通过一次实在向神的欲求运动,一颗不易察觉的纯粹的善的微粒居住在灵魂深处。这颗善的微粒就是经文说的种子。只要不因经得认可的背叛而被摘除,假以时日,这

---

① 《马太福音》13:32 等。

种子必将长成大树,让空中的飞鸟在枝上搭窝。耶稣基督说:

> 神的国,如同人把种撒在地上。黑夜睡觉,白日起来,这种就发芽渐长,那人却不晓得如何这样。地生五谷是出于自然的:先发苗,后长穗,再后穗上结成饱满的籽粒。谷既熟了,就用镰刀去割,因为收成的时候到了。(《马可福音》4:26)

一旦与纯粹的善发生实在接触——在圣事面前灵魂的内在喧嚣或许是某种确切标志——并就此跨过门槛,除了静止的等待,对灵魂别无所求。

静止的等待不意味着不从事外在活动。外在活动由人的义务和神的特殊命令所严格规定,乃是灵魂静止的一部分。留在此世或去往彼世,这些同等程度地妨碍静止等待的态度。

灵魂的活动与其所受的命令完全相符,乃是静止等待的前决条件。正如孩子在学习时身体一动不动,乃是注意力集中的前决条件。

不过,身体一动不动不等同为注意力集中,并且本身无效率可言。灵魂为进入静止状态而被规定的动作同样如此。

一个人真正做到全神贯注,也就无需为了集中注意力而强制自己一动不动,恰恰相反,他在思考某个具体问题时,自然而然会自动停顿诸种妨碍思考的动作。同样,静止等待状态中的灵魂会自动做出规定动作。

只要这些动作远远还不完善,就会经常混有障碍、痛苦、疲倦、某种内在挣扎的表象以及通常是严重的缺陷。然而，只要灵魂中不存在经得认可的背叛，这些规定动作带有难以抗拒的东西。

人类不可能逃避不做规定动作，但是，人并不是有所动作就能为神所爱。

> 你们谁有仆人耕地或是放羊，从田里回来，就对他说"你快来坐下吃饭"呢？岂不是对他说"你给我预备晚饭，束上带子伺候我，等我吃喝完了，你才可以吃喝"吗？仆人照所吩咐的去做，主人还谢谢他吗？这样，你们做完了一切所吩咐的，只当说："我们是无用的仆人，所做的本是我们应分做的。"（《路加福音》17：7）

仆人得到爱和感谢，甚至得到主人的服侍，这不是同一个耕地收割的仆人，而是另一个仆人。

并不是说有两种服侍神的方法可供选择。两个仆人代表同一灵魂处于两种不同关系中，或者同一灵魂的不可分的两部分。

被爱的仆人在门边静止站立，处于清醒、等待、专注和欲求的状态，一听见敲门就会开门。

没有什么能够妨碍他的专注静止，无论疲倦、饥饿、恳求、友好的邀请、辱骂、同伴的打击或嘲笑，还是周遭流言，传说主人将死，或对他发怒，下定决心伤害他。

> 你们好像仆人等候主人从婚姻的宴席上回来。他来到叩门，就立刻给他开门。主人来了，看见仆人警

醒，那仆人就有福了。我实在告诉你们：主人必叫他们坐席，自己束上带，进前伺候他们。(《路加福音》12：36–37)

由此得到奖赏的等待状态通常被称作忍耐。

但希腊文 πομον 还要美得多，且有不同的意思。

这个词指一个人一动不动地等待，虽说别人为了迫使他动弹总在打他。

"他们在等待中结果子。"①

---

① 出处不详。参看《诗篇》92：14："他们年老的时候仍要结果子。"

最后的文稿[*]

我信神，信三位一体，信道成肉身，信罪的赦免，信圣体圣事，信福音书的教诲。

我信仰，不是说我照搬全收教会就上述几点的说辞，像肯定经验事实或几何定理那样予以肯定，而是说我出于对真实的爱加以赞同。真实是完美的难以理解的，并且隐匿在这些奥义中。我努力开放自己，让真实光照灵魂深处。

我不承认教会有权限制人类在思想领域的智性活动或爱的灵感。

我承认教会在执行圣事和保管经文方面的使命，也就是明确表述在若干重要问题上的决议，但仅限于指引信徒。

---

[*] 原文标题 Dernier texte，收入《敬爱神的无序思考》（pp. 149–158）。法文编者说明如下："有赖两位多明我修士，弗洛朗神父和勒波神父，我们得以找到《最后的文稿》。1944年底或1945年初，弗洛朗神父从某个年轻姑娘那里得到这份文稿。他忘了那个姑娘的姓名。她把文稿交给他时说，那是一个朋友写的（她没有提作者姓名），希望他能谈谈读后感想。弗洛朗神父认为文稿极有价值，但那姑娘后来没再来过，文稿由他细心保管。不久后，他和阿尔及尔的勒波神父谈起薇依，看到薇依的手稿复印件，惊奇地发现那封文稿与薇依的思想文风乃至笔迹极其相似。他不无道理地相信《最后的文稿》出自薇依手笔，并通过勒波神父捐赠给法国国家图书馆。薇依很可能在生命的最后时刻写下这些文字。"另参《信仰与重负：西蒙娜·韦依传》："该文字迹工整清晰，这排除是在住院时写的。文章似乎写出来是防备短期内死亡，而不是为长期疾病后身亡做准备的，以防在抵抗运动某个孤立战场突然身亡，因此，这文章写于动身返法国仍是有指望的时期。薇依把它交给西蒙娜·戴兹，'要她把文章交给她可能认识的神父或修士看'。"（页436）

我不承认教会有权将其对信仰奥义的解释规定为真理本身,我更不承认教会有权运用威胁和恐吓手段,为达到上述规定而执行剥夺他人圣事的权力。

对我来说,在认真思索的过程中,与教会的教诲发生表面或实际的分歧,这只意味着,在我斗胆做出任何断言以前,我有理由长时间停顿思想,使检验、关注和顾虑臻于完善。仅此而已。

此外,我沉思诸种问题。这些问题关乎不同宗教比较研究,不同宗教的历史,以及每种宗教所蕴藏的真实;关乎宗教与追求真实的世俗形式的关系,宗教与整体世俗生活的关系;关乎基督宗教经文和传统的神秘奥义。我在沉思这些问题时并不在意可能与教会的正统教诲达成一致或发生分歧。

我自知会犯错误。我的灵魂软弱地听凭恶继续存在,这必定导致相应数量的谎言和谬误。有鉴于此,我怀疑那些甚至在我看来确凿无误的事。

不过,这种怀疑在我的诸种想法中保持同等程度,既包括我与教会的教诲达成一致的想法,也包括我与教会的教诲发生分歧的想法。

我希望并决心坚持这种态度,直到生命的最后一刻。

我相信这样的措辞不含带任何罪。惟其抱有其他想法,我才算犯下违背使命的罪过,因为我的使命要求精神上的绝对正直。我看不出任何属人或属魔鬼的动机有可能是这种态度的来源。这种态度只会造成痛苦、道德不适和孤立。

骄傲尤其不可能是这种态度的来源。这是因为,天主教徒未受任何社会影响而赞同荒诞的教义,并被唤起某种过来人对尚在前进者的略带倨傲的庇护式好意，这些在不信者眼里形同反常病例。这种境况不可能迎合一个人的骄傲。

因此我想没有理由打消我的亲身感受，阻止我因顺服神而坚持这种态度。改变态度反而是冒犯神，冒犯耶稣基督。耶稣基督说："我是真实。"①

另一方面，很长时间以来，我对领圣体感到强烈并持续高涨的渴望。

如果人们把圣事视同一种善，我也把圣事视同一种善，如果人们拒绝我行圣事，并且这么做不是由于我犯的过错，那么这里头不可能不存在某种残酷的不义。

如果人们同意我受洗，并且容忍我坚持一贯态度，那就形同打破至少延续了十七个世纪的常规。

如果打破常规是正确且让人期待的，尤其在今天对基督宗教而言攸关存亡迫在眉睫——在我看来这再明显不过——那么，对教会也好，对全世界也好，应该采取引人瞩目的方式打破常规，而不是凭靠某个神父孤立地率先主持一场不为人知的洗礼。

基于上述理由以及其他好些相类似的理由，迄今为止，我不曾向哪个神父正式要求受洗。

现如今我也不会要求。

然而，我感觉有知道的需求：如果我提出要求，他们会接受还是拒绝我？这不是抽象的需求，而是实践上真实迫切的需求。

---

① 参看《约翰福音》18：37 – 38。

——教会本该有容易的办法实现对自身对人类的救赎。

教会须得承认大公会议的诸种断定仅仅具有相对于历史语境的意义。

外行人不可能搞清楚相关历史语境,即便专家由于资料不足也经常如此。

这样一来,诸如"不入教必受诅咒"之类的信条仅仅属于历史,而不具有现实意味。

事实上人们就是这么看待这些信条的。因为成年人受洗从不会被要求阅读《大公会议决议信条手册》。教理问答不能互为等同,因为里头不包含所有技术层面上的"正规教义",此外教理问答还包含不是正规教义的内容。

更何况,就算向神父们请教,也很难弄清究竟什么是正规教义什么不是。

为此只需说明自己或多或少已在践行的信念,只需正式声明自己诚心赞同三位一体、道成肉身、罪的赦免和圣体圣事的奥义,赞同新约的启示意味。这是通往圣事的唯一条件。

如此一来,避开教会对人类精神施行暴政的危害,基督宗教信仰将有可能位居整体世俗生活的中心,位居构成世俗生活的每一次活动的中心,从而完完全全浸染在光照中。对于当前的不幸人类来说,这是独一无二的救赎道路。

致舒曼的信[*]

1

亲爱的朋友：

我在法国经常听闻人们对你的称颂。你深受爱戴。每次听到这些让我满心欢喜。我回想起亨利四世中学，回想起我们坐在课堂长椅上听阿兰①讲课。

我在马赛停留一年半，去年5月14日出发前往纽约。我父母渴望避开排犹运动，且不愿意同我分离。不过，倘若当初知道从纽约转赴伦敦是如此困难，即便有父母压力，我也绝不会离开法国。

我曾在《基督教见证手册》② 的发行中担任负责工作，那是自由区最有影响的地下刊物之一。虽说时局惨淡，但参与到国家的苦难中实属安慰。我了解自己在想象力方面

---

* 舒曼（Maurice Shumann，1911—1998）是薇依在亨利四世中学的同班同学，二战中担任伦敦自由法国组织在英国广播公司的发言人。1942年7月16日，薇依随父母到纽约，即设法去伦敦。致舒曼的前三封信虽写于纽约，但有助于我们了解她去伦敦的前后经过，故一并迻译。薇依为去伦敦多方奔走，先后写信给在伦敦自由法国组织工作的多位老同学，包括苏思戴尔（Jacques Soustelle，1912—1990）。第一封信的主要内容同时见于1943年7月29日致某位英国上校的信（参看《西蒙娜·韦依》，页850–851）。

① Chartier：阿兰原名Émile-Auguste Chartier。
② Cahiers du Témoignage chrétien：二战期间法国抵抗组织周刊，1941年创刊。

的特殊天性，故也知道我在远方比在近旁更为法国的不幸深感痛苦。事实也是如此。时间的流逝只不过让痛苦愈加难以忍受。再加上离开法国让我感觉犯下叛逃罪。我受不了这样的想法。

离开法国对我而言是一种连根拔除。我当初强迫自己接受，仅仅因为心存希望，我只盼更深入有效地参与到这场伟大斗争的诸种努力、危险和苦难中。

我当时有，现在还有两个想法。希望能将其中之一付诸实现。

第一个想法见随信文件①。有鉴于战场上得不到即时救治（诸如休克②、冻伤③、大出血等状况）而死亡的人数，我认为这个计划能够挽救众多战士的性命。

1940年春天，我曾尝试在法国推行这个计划。一开始有进展，无奈局势变化太快。当时我在巴黎，一直相信会开战。直到6月13日，墙上贴了告示，宣布巴黎是不设防城市。于是我离开了。停战④以来，我的唯一心愿是去英国。做过多次合法或不合法的尝试，均以失败告终。一年半前，我听任父母奔走准备我随他们移居美国的手续，我以为纽约也许是前往伦敦的单纯的中途站。到了这里，所有人告诉我这想大错特错。

第二个想法，如果先离开法国，随后带着明确指示和某项（最好是危险的）任务回去，那么我将在地下工作中

---

① 即《战地护士分队计划书》。
② 英文：shock。
③ 英文：exposure。
④ Armistice：法国沦陷于1940年6月22日签署停战协议。

发挥更有效的作用。

关于这个想法,这里不多说,我另外写了一封信,拜托一位即将从本地出发的家族朋友转交给你。

在我看来,要将这两个想法中的任何一个付诸实现,先决条件是从纽约前往伦敦。

我想你在这件事上能帮助我。我在此请求你的援助。我真的自认为能派上用场。同时我也请你看在老同学份上,帮我从目前这种太痛苦的精神状况中解脱出来。

许多人不理解为什么这种状况是痛苦的。但你肯定理解。我们从前一起念书时有许多共同之处。我在法国听说你在伦敦担任要职时由衷感到高兴。

我完全信任并指望你的帮助。

致以友好问候!

西蒙娜·薇依
1942 年 7 月 20 日于纽约

2

亲爱的朋友:

想来你已收到第一封信,信中不及详谈之事,我在孟戴斯-弗朗斯上校代为转交的这封信中做些详细补充。

我听说,你负责与法国地下活动的联络工作。可以肯定,这方面的联络还不充分。安德烈·菲利普直截了当这么说过,很有道理。

从正规军事角度看,正如从组织活动以增强我军的威信和宣传力度这一更根本的角度看,不时安排空袭和破坏活动同时发生,很可能是一项重要部署。

更普遍说来,不管高层拟定何种战略计划,在这些计划和法国地下活动之间建立并且保持联系,这是不可或缺的工作。

这方面从精神角度看至为根本。目前的感觉是欠缺合作,这正造成令人惋惜的精神后果。很快,法国人民的精神状况将会成为这场战争的基本制胜因素。

为此必须不时派出负责联系的人。(当然目前已经这么做了。不过我认为加大强度会更好。)其他联络方式再好也不能完全取代这种方式。

女性和男性同样适宜被派担任这项工作,甚至女性比男性更具优势,前提条件是她有充分的决心、冷静和牺牲精神。

我真的认为自己在这方面能派上用场。我愿意冒各种程度的风险(包括为实现某个足够重要的目标而必然赴死)。这方面我不多说。我想你对我足够了解,你也知道,我这么说是经过漫长成熟的考虑,做过充分权衡,从而具备坚持不渝的冷静决心,并且我相信一有机会就能付诸行动。

我的冷静在好几次生死关头经受住考验,我确认自己是冷静的。你对我足够了解,你也知道我不会说假话。

我很愿意在某项破坏活动中执行任务。鉴于我去年5月14日才离开法国,此前与国内地下组织有过接触,我同样能够胜任一般性质的指令传达工作。我和《基督教见证手册》刊物负责人合作过,和他熟悉,此人与(自由区)

其他地下组织负责人长期保持往来。

另外我在法国执行任务时没有被警察发现。

我恳求你让我去伦敦。看在老同学份上,别让我留在这里抑郁致死。

致以友好问候!

西蒙娜·薇依
1942 年 7 月 30 日于纽约

3

亲爱的朋友:

你的来信带给我莫大安慰。眼下我远离大家战斗受苦的地方,我的痛苦因精神上的孤独而倍加深重,已到不能忍受的地步。

我很高兴看到我们确实很像。早在青年求学阶段就是如此。经过某种平行发展之后,如今我们也许比从前更为亲近。

这倒不是因为我的名字之后可以挂上"虔信徒"① 的称号。我未受洗,不被允许这么做。

然而,在我看来,我挂上这个称号并非说谎。(无论如何,就该词的词源意思看,我没有说谎。)

我完全信靠基督宗教信仰奥义,以在我看来唯一恰当

---

① tala:巴黎高师流行语,也是践行教会仪轨的天主教徒学生的自称。有一种说法,该俚语的词源取自 "ceux qui vont **à la** messe"(望弥撒的人)。

的信靠奥义的方式。这种信靠方式是爱,而不是断言。当然我归属耶稣基督。至少我乐于相信这一点。

然而,基于无可修复的障碍,我留在教会以外。我恐怕这些障碍是哲学层面的,与奥义本身无关,而与几世纪来教会认为必须关注的信条有关,特别是对"不入教必受诅咒"的践行。

尽管在教会以外,更准确地说,在门槛上,我却情不自禁感觉自己实际在教会之内。在教会之内的人对我来说总是最亲近。

这种精神处境很难定义,也很难让人理解。得用几十页篇幅或一本书才说得清楚……但我现在只能三言两语做交代。

我真高兴听说《基督教见证手册》的工作人员是你的朋友。我与那个圈子结下强烈深厚的友情。我相信这代表目前法国最好的东西。但愿他们没有遭遇不幸。

非常感谢你向安德烈·菲利普说起我。他的好意让我开心。如果他来纽约,我强烈希望能和他见面。

说到能做的事,我很尴尬。我没有专长,特别是没有技术特长。在我们共同具备的普遍教养之外,我一无所长,只除了(如果有用的话)在劳动群众中凭私交获得过的若干经验。1934年至1935年间,我在巴黎周边包括雷诺在内的几家工厂当过一年车间女工。当时我向中学请了一年假。我还留着相关证书。去年夏天我下乡劳动,特别是有六个星期在加尔省的农庄收葡萄。

我完全能胜任一切没有技术要求且带有较高效率、难度和危险的工作。

鉴于我本人的精神形态，困难和危险是必不可少的。幸好并非所有人都像我这样，否则一切行动组织将变得无从着手。但我改变不了天性。这是从漫长经验中得出的结论。蔓延在地球表面的不幸纠缠着我，重压在我身上，简直让我丧失理智。只有亲身承担相当程度的危险和苦难，我才有可能恢复理智摆脱顽念。这是让我能够工作的前提条件。

我恳求你尽可能帮我寻找到大量有用处的困难和危险，使我免于在痛苦中耗光精力。我不能忍受眼下的处境，简直是濒临绝望。

我不相信这是办不到的事。目前危险艰难的任务大量涌现，不可能连一个空位也找不到。就算没有也可以创造出来。你我都知道，这方面还有大量工作要做。

关于这一点，我有很多话要说，不过不能写信，只能面谈。

在我看来，最好是派给我一项临时任务，好让我尽快去伦敦，越快越好。你了解我，很可以替我选择合适的任务。等我们从容讨论过后，再为我安排最恰如其分的职务。我愿意接受去往任何地方的任何临时任务，比如宣传或出版方面的工作，其他工作也好。但有一点，如果相关职务不包含较高程度的困难和危险，那我只能临时性地接受。否则我在伦敦又得陷入和在纽约一模一样的痛苦中不能动弹。[1]拥有这样的性格实在不幸，但我真的就是这样，对此我无能为力。这在我的天性里过于根深蒂固无从改

---

[1] 参看致舒曼的第四封信，在伦敦的情况确如薇依所预见的那样发生了。

变。何况我敢肯定，这不只是天性问题，还关系到使命问题。

上次信中谈及的计划书原本可以完全满足我在这方面的需求。我很难过安德烈·菲利普认为那是不可行的。尽管如此，我承认没有完全丧失迟早会实现的希望。很长时间以来，我感觉这是必须完成的事。

无论如何，当前还有别的更合乎时宜的任务。我渴望尽快投入行动。

让我去伦敦吧！我知道目前这是难事。但我也知道一直有人去伦敦，包括女性。我期盼你能帮我。有没有可能让安德烈·菲利普从纽约回去时捎上我呢，作为秘书或别的什么随行人员……

无论如何，非常非常感谢你。

致以友好的问候！

西蒙娜·薇依于纽约
（日期不详）

又及：我当然很乐意为你写一篇文章。很快寄给你。

4

这封长信大约写于1943年4月。薇依在信的开头写道："不知不觉写了这么多页，我自己也吓到了。信里只涉及个人问题。毫无意义可言。除非你真的有多余时间，否则不必费心去读。"

亲爱的朋友：

既然很难真正做到从容谈话，通信也许是无伤大雅的做法。

关于你的理解，我的感激之情难以言喻。

只是，这种理解表现为赞美，这挺荒诞。赞美完全与我不搭调，赞美的方式还带给我极大苦恼。

在表达思想遣词造句方面分出高低，这一事实本身表明我们呼吸的空气何等腐败。唯有虚荣心作祟的厨子在面对一桌菜时才会有此反应，也就是冷眼相待并拿来比较他自己煮的食物。

一桌菜不是用来比较而是用来吃的。言语同样如此，不论书写还是口语，只要可食用，也就是说只要言语里包含真相，就会被吃掉。除此之外言语别无用途。

这一点在今天已然被遗忘。

我们在谎言中出生长大。真相只能来自我们之外，真相永远来自神。是直接来临还是通过人类语言不重要。一切深入人心的真相，一切主动迎接的真相，全系神预先为人命定好的。如果说言语在其中充当中介，那么表达言语的血肉生命不比印刷福音书的纸张更重要更有价值，也不比圣经故事中那头依循神意开口警告先知的母驴①更重要更有价值。

我天生具有差强人意的心智资质。请相信，我这么说，只因这是事实。我在二十岁时陷入的状况本该让这些资质很快泯灭（很长时间里，我日复一日带着同一种感受生活

---

① 巴兰和他的驴：见《民数记》22：23 起。

和工作,也就是这些资质转眼就会黯然熄灭)。这些资质在许多方面确实严重受损(想来你也有所察觉)。然而,对渴望真相的人来说,还有来自神性悲悯的宝藏。无论如何,不管出了什么事,他们不会完全沉沦于黑暗中。

作为此种悲悯的对应物,有一种义务,与其说是穿越自身抵达真实的过程中遭遇障碍的义务,不如说是自身停滞难行的义务。

正是这种义务迫使我写作,而我深知,就个人而言,我无权书写同样这些东西。

我无权谈论爱,因为我不能不知道,爱不住在我身上。爱住在某处,就会起作用,呈现出某种超自然力量的不断迸发。《以赛亚书》中有一句叫我害怕的话:"爱神的人永不疲乏。"[①]自此我一刻也忘不了,我不属于这样的人。

但这并不妨碍我的写作才华为真相服务,只要真相不吝垂用,我绝无拒绝之理。当然,我说的真相仅仅指在我看来明显为真的东西。

同样,我也深知,就个人而言,我绝无权利在我忍不住谴责的东西上有丝毫保留。

在法国生活时,由于能力不足,我只发挥过极其微末的影响。事实上,这点微末影响完全属于恶的方面。自此面对行善事的人——特别像你这样,我个人觉得欣赏和沉默是唯一恰当的行为。

但这同样不能让我停止写作,因为我欠我所爱的人们真实。

---

① 《以赛亚书》40:29:"疲乏的,他赐能力。"

倘若出于偶然有一丝真实通过我来感染你们，那我至少不枉在此世停留。

虽然那些借助我的书写得到传达的思想远远超乎我本身，但我赞同这些思想，将它们视同真实。我还相信有来自神的命令，要我从经验证明，这些思想与一种极端方式的战争行动并非不可调和。

我自认为没有弄错，因为自1914年以来，战争始终萦绕我的思想，我模糊地感觉到相类的东西，并且越来越清晰紧迫。感觉到来自神的特殊命令，这往往笼罩着不确定性。在我看来，不确定性无关紧要。

我认为，如果一个人错误地有这种感觉，为此倾注一切力量、信仰和谦卑去服从命令，那么只要事情本身不是坏事（就我本人的愿望而言肯定是这样），神性悲悯随后会下达原先不存在的神圣命令。

我完全肯定，如果一个人误以为收到一条来自神的命令，由于缺乏精力、信仰和说服能力而没能完成使命，那么这个人形同犯下违抗神意的罪过。

这就是我目前的处境。

这种处境在我看来远比下地狱糟——假设神学就下地狱的诸种论断都是真的。被罚入地狱的人不是违抗神意，他们置身于神的意愿为他们安排的地方。他们的下场符合完美的正义和真相。这也是为什么我不可能害怕下地狱，但我恐惧违抗神意。

由于陷入对我来说远远糟过下地狱的处境，为了挣脱出来，不惜抛却审慎和诸种礼仪，不断向人发出绝望的呼告，我的做法是可理解的。

你也许会说——就算不说,你至少偶尔会这么想——我既在教会以外,就不可能充分领会这里运用的词语所代表的完整意思。

我想有必要就这一点向你吐露心声。

在我看来,一场基督教圣事是与神的一次接触,由教会所运用,借助某种可感知的象征符号得以实现,而符号的象征意味源自耶稣基督的教诲。

还可以补充说,一场基督教圣事必须经得教会的正式颁布。但我认为,最后这条并非绝对必要。有些人基于合理原因被迫留在教会以外,对他们来说别有例外。我想我显然是这种情况,否则我早就入教会了。这里说的合理,是相对于我本人和我的特殊使命的合理。我无意责难教会内部人士。我更倾向于羡慕他们。

耶稣基督说:"摩西在旷野怎样举蛇,人子也必照样被举起来,叫一切信他的都得永生。"①

杖头的青铜蛇保护那些抬头看它的人不被蛇咬伤送命。

我相信,以此想法去凝望高举的圣饼和圣杯,即构成一场圣餐礼。

基于相似原因,我对念诵天主经抱持同样的想法。那是出自耶稣基督之口的字词(我深信希腊文天主经可以追溯至耶稣基督本身,经文太美了),须得渴望仅仅作为中介去复述耶稣基督的祷告,才能完成经文念诵。

再者,有些经文谈及若干圣事带来可确认的效果,我认为恰与我自己身上确认发生的效果吻合。

---

① 《约翰福音》3:14。

因此，从教会构成某种圣礼生活之源的角度看，我不认为自己在教会以外。我可能错了，但也可能是对的。仅仅从教会作为社会现实的角度看，我才在教会以外。

我可能弄错了。在这种情况下，我就是某类新魔鬼的牺牲品，这类魔鬼在望弥撒的人群中寻觅食粮。这不无可能。但我不得不相信在我看来为真的东西。除此之外我还能相信什么呢？

说到战争行动能力，很不幸我完全欠缺诸种方面的能力。

不过，比起在身体、智力和精神上比我更有价值的人，我深信，一旦落入德国人手里，我有更大的机会不泄露情报就赴死。

这种信心是有依据的，也即你有一次提到的观点：人类反感丧失尊严。一个人如果拥有更强的力量、干劲、名誉和诸种才能，也就是具有更大价值，那么他的反感相应也更强烈。

进一步说，一个人处于类似情况，要么他能够抵死捍卫尊严，要么一旦触及忍耐底线并且崩溃，他就会抛弃一切，也包括保密义务。

敌人知道这一点，就会采取有条不紊的手段摧毁他的尊严。

至于我，自从我下定决心参加任何有机会遇到的重大破坏活动以来（出于诸多理由，我对宣传工作没能同样下定决心），也就是说，自停战以来，我意识到有必要进行内心调整，以便应对突发情况，在敌人面前抛开个人尊严。

只要有必要这么做，过程可能痛苦，但不艰难。

显然我有必要这么做。多年来我运用自我控制机制，已超出神经压力所能承受的极限，致使丧失了部分功能。想必你已有所察觉。

我本来想，看见敌人，又有荣誉的激励，必要时刻我可能发挥出超常能力。可是，一旦手中掌握其他人的机密和性命，我将无权碰运气。

为此我下定决心，在类似情况下，要从原则上抛开个人尊严，把全副精力和关注力集中于保密义务。

无论如何，我决定一旦参与某项行动，就会预先精心准备一套无害的假供词并牢牢记在脑中，以便在敌人竭力击垮我的个人尊严时拿出来应对。

这个办法想必能够行之有效，只要在触及忍耐底线以前崩溃。届时还残存一丝必要的注意力，足以说出那套假供词。

完全不必担心敌人识破这等计谋。

此外，目标既是不泄露情报就赴死，须得尽快进入没有能力泄密的状态。

鉴于我的身体弱势，这一点恰能较快实现。一点虐待就能让我彻底进入精神真空的状态。

再者，我并非对激怒敌人的手段毫无概念。一开始还能自我控制时，要漠然给予最侮辱也最无礼的挑衅，因为那些粗暴的人碰到挑衅就会被惹火。接着要随即表现崩溃，因为那些残暴的人总是情不自禁地践踏一切示弱表现。这样一来就能达到目的。

我认为这些做法形成一套合理策略。如果有机会付诸实现，我觉得这套策略足以保证小心谨慎地行事。即便有闪失，我们依然可以坚信神性悲悯将做出弥补。

若有人抛开一切，乃至放弃名誉，一味恳求神恩降临让自己不作恶，那么对这样的人来说，无疑还存在来自神性悲悯的宝藏。

当初我落入法国警察手中，虽不必担心身体受虐待，但我不得不暗自下决心，在必要时候抛开个人尊严。那是因为，假设在我身体严重疼痛的时候，他们又一个劲儿用言语折磨我，那么我将做不到既顾及尊严，又集中注意力保持沉默不说损害他人的话。

后来事情没有这样发生。我想不如说是我让他们急坏了。有个上午我盯着他们看，不管他们问什么，一律回答"不"，或者"我不需要补充先前的声明"。

但是，我能做到这一点，完全出于某种幸运的偶然结果。

这样你就能理解，我先前向你提出的方案，也就是替罪羊方案，对我来说是不费力的事。那些内容早就以各种方式绝对强加在我身上。除此之外，这个方案并未涉及新内容。

由于我天生的身体弱势，在全面牺牲与懦弱之间不存在折中方案。我总不能选择懦弱。我倒有可能主动这么选择，但某种比我本身更强大的力量阻止我这么做。

我的心智状况与此相似。由于其他形式的关注力陷入停顿，在富有创造力和无能为力之间不存在折中可能。

我得到一种好天赋，但我确实配不上它，相当可耻地没能充分利用它。

我期盼得到援助，这迫使我对你讲了这么多我的事。

请相信，我从来没有对其他人说过这些事。

我不希望你对我做出不公正的判断，不希望你想象我表现圣洁——你有一回说过可能得出类似结论的话。我尤其不希望你不合乎现实地理解我的好处。

在圣洁问题上，我可以清楚地解释我的处境。

顺带说一下，我不欣赏基督徒惯常谈论圣洁的方式。他们谈论圣洁，就像银行家、工程师或有教养的将军谈论诗歌才华。那是他们自知欠缺的好东西，他们喜爱和欣赏，但不曾指责自己不具备。

容我斗胆地说，在我看来，圣洁实乃一名基督徒的基本底线。圣洁之于基督徒，好比财务诚信之于商贾，英勇之于职业军人，批评精神之于学者。

基督徒的特有美德名曰圣洁。否则还能有什么名称呢？

然而，某个与基督宗教同样古老的阴谋，千百年来愈来愈强大，总在竭尽全力掩盖这个真相，以及其他同样叫人不舒适的真相。

事实上，正如有弄虚作假的商人，懦弱的士兵，诸如此类，也有人选择爱耶稣基督却完全配不上圣洁之名。

显然，这就是我的情况。

此外，表面上，人类的动机反应似与人的天性根本相连，除非发生超自然的转变，否则无法连根拔除，但事实上，诸多动机反应只不过与一般人都具备的生命力储备相连。

当外部形势造成生命力储备枯竭时，这些动机反应也随之消失。这是随着时间流逝发生的事，也不是没有伴随极其痛苦的内心挣扎。不过，一旦消失就不再来。整个进程和人的衰老一样不可逆转。

正因为这类不可逆转的进程，人生充满悲剧性。

这一进程结束时的状况，和圣徒的超脱有几分表面的相似。在此种相似基础上，故有福音书的譬喻，将耶稣基督的门徒比作奴仆。① 只不过，作为某种完全机械进程的结果，另一种状态毫无价值可言。

分辨两者很容易。圣洁总是伴随超自然力量的不断迸发，这类现象不可抑制地与圣洁形影相随。另一种状态则伴随有精神疲劳，如我的情况所示，经常还伴随有身心双重疲劳。

前面援引的以赛亚的话②说得再清楚不过。

有些人经过漫长可怕的不幸，确乎没有陷入另一种状况。首先，人类天生拥有程度迥然各异的生命活力（不应与力气或健康混为一谈）。其次，人在不幸中有可能生成一股极强的力量，借助谎言、人为补偿和寻求刺激等手段，让自己回避触底时刻。何况许多人陷入这种状态，只是不为人知。

回到我身上，外部形势自然而然地把这一圣洁的代用品交到我手中，我感觉自己担负完全明确的义务，要将这一代用品视同生活准则，尽管它毫无价值可言。这么做仅仅出于我对真正的圣洁的爱。不是说希望拥有圣洁，而只是向圣洁致敬。

---

① 《马可福音》10：43－44："你们中间，谁愿为大，就必作你们的用人；在你们中间，谁愿为首，就必作众人的仆人。"

② 参看前文："《以赛亚书》中有一句话：爱神的人永不疲乏。"

我清楚感觉到，如果没有严肃履行这项义务，我将很快陷入不幸和低劣的最底端。

即便绝对忠于这项义务，我依然远远不如其他人，他们拥有完好无损的人生，充满活力和对幸福的正常向往，不费吹灰之力就能达致正义和真实。

但我不在乎。更准确地说，我感到幸运。

我只盼望从属于一种人，他们被规定把自己当成无用的奴隶，只能做被判罚的事。

我担心相反地从属于那种不顺从的奴隶，担心到焦虑的程度。

说到避免这一点的可行方法，我不可能向情报行动总局①解释那套应对敌人虐待的策略。

（我希望这样详细说明策略不会让你感到难受。无论如何，你无权同情我胜过同情某个普通德国农夫——后者有可能远比我有价值，也远比我无辜。）

我希望能够让你了解我，希望这番解释能够充当我在完成任务之外理应提供的保证。

除了这套策略和心甘情愿为随便什么用途无条件地牺牲性命之外，我还拥有一种直觉，诸如挑衅警察时能够辨识值得信任的人。除此之外我没有特殊能力。

依据以往生活经验，至少我相信是这样。我想很难让情报行动总局把这三种能力视同可加利用的工具。尽管他们错了。

---

① BCRA：全称 Bureau central de renseignements et d'action，1940 年 7 月在伦敦成立。

为此我认为只剩一个可行做法。

那就是让我赴法国为菲利普和你执行任务——既然你愿意相信我有能力替你工作。不过请安排我到那边联系搞破坏活动的地下组织。总有一天，他们为了取得斗争优势会需要赴死受命的人。

在我看来，这个要求既合理又温和，拒绝我是不对的。

菲利普之所以接纳我，想来是假定我能提供若干可行的想法。如果我眼下写的东西在他读过之后没能让他改变主意——这是很有可能的——那么他必须把我安排到唯一合适的地方，也就是和实务打交道，这样才能让像我这样的脑子迸发想法。

我在这里的工作用不了多久就会因三重极限而终止。首先是精神极限，不能适得其所的感觉让我的痛苦不断加剧，恐怕最终将不受控制地妨碍思考。其次是智力极限，一旦落实到具体问题，显然我将因为缺乏实际经验而中断思考。最后是身体极限，因为疲劳在加重。

一旦触及极限，我想我将什么也给不了。

如果还留在本岛，我会请求在体力劳动中无声无息地结束生命。不只因为我在这方面感受到某种激励，而且因为这是义务。我不能不分担英国人的战斗努力却去分食他们的面包。

我想，比起创造性思考，体力劳动的身体极限更远些。可以咬紧牙关强迫自己继续干下去。

如果能同意我去法国，那么我想我将大受激励，足以扫清一切疲劳，除非出发时间遥遥无期。

我承认，我很难忍受有可能会被拒绝。

除了前面提到的，还有别的理由。

不算上有机会为其他人类的利益做点事，对我个人而言，生命除了期待真相别无意义。现在如此，归根到底从前也是如此。

我感到理智和心灵深处同时经历一种不断加剧的痛苦，因为我没有能力在真相中思考人类的不幸、神的完美和两者之间的关系。

我心里很肯定，唯有在一种时刻才可能触及上述真相，那就是我亲身处在不幸中，并且是处在某种当前最极致的不幸中。

我害怕实现不了这一点。甚至在我还是孩子的时候，在我自认为是无神论者和唯物论者的时候，我始终在担心，不是担心错过生命，而是担心错过死亡。这种担心一刻不停越来越强烈。

一个有信仰的人也许会说，我的愿望很自私，因为在这种时刻触及真相对谁都没好处。

但是，一名基督徒不应该这么想。基督徒深知，单纯一种爱的思想，由神在真相中孕生的爱的思想，即便悄无声息，黯无回响，却比最光彩夺目的行动更有益此世。

我处在真相之外。任何属人的方法均无可能将我送往真相。我心里很肯定，神只会以这种方式将我送往真相。这样的肯定类似于所谓的宗教使命赖以扎根的肯定。

所以我才不由自主表现得如乞丐般不知羞耻、毫无审慎和纠缠不休。我和乞丐一样不讲理，一味只知叫嚷自己的需求。

对此塔列朗有一句叫人受不了的回答："我看不出有这

个必要。"①

你至少不会这么回答我吧。

依赖别人是件难受事。但这甚至取决于事情的本质。倘若不幸能够被定义为痛苦和死亡,那么对我来说很容易,到法国去,落入敌人手里。但不幸首先被定义为必然。人们遭遇不幸只有两种情况,不是意外就是义务。义务要有完成的机会,否则不成其为义务。我来伦敦就是为了寻找机会。我估计错了。要么是我将自身的软弱估计得太好?因为我天性软弱。一切艰难的危险的事都叫我害怕。我们太容易在纸上冒最大风险,只是没理由假设这能带来实际效果。这是最叫人轻视不过的事。我如何不轻视自己呢?

我想总算说清楚了和我有关的事。我希望再也不必重提如此无意义的话题。我不知该如何原谅自己为此耽误时间。若非迫不得已我绝不会写这封信。

就我目前的需求,我只能向你求援。

不知你能帮我什么。但至少我向你提出来了,我为此感激不尽。

致以友好问候!

S. W. 于伦敦

(无落款日期)

---

① Charles - Maurice de Talleyrand(1754—1838):法国主教、政治家和外交官。传说乞丐(或求援的人)对塔列朗说:"大人,我总得吃饭啊!(我总得活下去啊!)"他回答:"我看不出有这个必要。"伏尔泰的《阿勒齐尔》(*Alzire ou les américains*, 1736)戏剧开场注释里援引过这句话。

5

亲爱的朋友:

随信附上我对圣事的若干思考。① 之前你谈及领圣体,这让我想到也许你会对这篇文章感兴趣。

当然我无权建立一种圣事理论。

但是,甚至恰恰基于同一原因,如果在我心里出于谬误产生某种圣事理论,那么我有义务写出来。

至于此种理论是否有价值,又从何而来,我想交由他人评判。

(以下略。)

---

① 参看《圣事理论》。

伦敦家信[*]

1

亲爱的①:

我在罗赞太太家写信给你们。她特别友好地招待我。直到四十八小时前,我才在伦敦恢复自由。昨天给你们发过电报。我刚到就被送进调度中心,里头严禁打电话、写信或发电报。人人概莫如此。一般情况下,刚到的人要在调度中心待六到十天。我嘛,我运气不好(永远是安提戈涅!),待了十八天半。不过里头的人很和气,条件也舒适。

我和当地法国人有了初步接触。所有人对我极友好。舒曼再热心不过。克洛松②待我像认识十年的老朋友。我那些小计划③看来没法上轨道。你们对此自然会高兴。完全不清楚他们会派给我什么工作,会是文职还是入伍。目前住在法国志愿者的临时居住地。

---

* 伦敦家信最早收入《伦敦文集及书信》(pp. 216 - 257),其中十九封写给父母,一封写给哥哥安德烈·薇依。法文原版中删节若干段落,多数人名采用缩写。另从《薇依文集》(Simone Weil, *Œuvres*, Gallimard, 1999, pp. 1229 - 1231)迻译了1943年7月14日的父母来信。

① 英文: Darlings。伦敦时期的家信在抬头和结尾处均用英文,比如本信结尾 you most loving,下文不再重复说明。

② Francis - Louis Closon (1910—1998): 薇依在伦敦抵抗组织的直属上司。

③ 参看致舒曼的第一第二封信。

收到安德烈的一封信,但没有你们的。我猜丢了一封你们的信。

不用说我多么盼望你们的消息。我担心极了。很想你们。可是,重新横穿大西洋,这让我感到无尽又完整的幸福。我一直感到遗憾,去年5月不该做那个决定(你们是另一回事)。安德烈在信中问起来,你们可以把这话转告他。他可能觉得我有这种感觉太奇怪,但事实就是如此。

……①

路上一切好。船晃得厉害,不过没人晕船。有几天很冷,船舱里供暖。无事故。气氛愉快。

不用说,我已经迷上伦敦。我提前迷上这座城市。不用说,我喜爱英国,在这里没失望过(我原本做好准备会发现若干不完善之处)。

罗赞太太问候你们。孩子们也是。W长大了,也变得很友好。

(此处一段被审查部门删减。)

不过不要冷天或雨天去那里。去前打电话。

你们这趟旅行的前景不容乐观。我尽力而为。

爱你们。

西蒙娜
1942年12月16日

---

① 省略号处均系法文版编者所删节,下文不再重复说明。

2

亲爱的：

本想等收到你们的音信再写信，顺便也等过完节。但没有任何音信（11月13日那封信除外）。我一到就请人代发过两次电报，因为当时没法亲自发。接着又亲自发过两次。在第二份电报里，我请你们发电报告知近况。但什么也没收到。

没有你们的音信只是让我难过。这不重要。可我不敢想，万一你们也没有收到我的音信怎么办。

我猜你们重新在办理在北非代表团办过的手续。假设我的话还有点影响，那么我建议你们留在纽约，等到世界太平点再说。在我们这种年代，计划家庭团聚是荒诞的。不如忍受分离，权当暂不得已吧。

至于我，只要知道你们有我的消息，你们没有过得不好，那么分离不会让我难过。可我确无消息。甚至不知道你们是不是还活着，自然很焦虑。只是，一旦你们再次舟车劳顿，我会更焦虑。我们欢欣雀跃大谈特谈的这次旅行计划也许不合情理。无论如何，眼下美洲最安定。你们如果不在乎安全，当初不该离开马赛。

我在这里环境良好，只除了住宿有困难，还在临时居住地。此外一切好。每个人对我极友好。他们派给我一件纯脑力工作，完全个性化，让我自己掌握。简言之，若不是如你们所知我把幸福理解为极特殊的概念，我本该感到相当幸福。你们不认同我的理解，故而不必遗憾我所理解的幸福未得满足。事实上我不幸福，你们想必料到了。不过话说回来，正如和你们在一起的情况，眼下的生活就精神而言并非让我不能忍受。

我越来越爱这座城市，爱这个国家，爱住在这里的人。不过，流亡生活的痛苦之一，在于你几乎不可能对身旁的当地人说你爱他们，听上去像奉承。我对罗赞太太的女友说我爱英国。那位英国太太回答我："我爱法国，但我不信有哪个法国人爱英国。"① 不知道她最终有没有被我的真诚说服。

就某种程度而言，这里的人和事正巧符合我的期待，甚至更好些。劳伦斯在某本书里用"幽默和友好"② 这些修饰语定义英国。这是日常生活场景随处可见的两大特点。在差别极大的社会阶层概莫如此。尤其友好的程度远远超乎预期。这里的人不像在欧洲大陆上那样互相谩骂。你们所在的美洲大陆同样如此，不过那是因为美洲人精神放松。这里的人精神紧张，但他们极尽克制，出于对自我的尊敬和对他人的真正宽容。战争在这方面很可能起到相当大的影响。这个国家受苦的程度恰到好处，有助于唤醒潜在的美德。不像法国挨了当头一棒。③ 总的说来我敢肯定，在当前历史时期，他们比我们更有用（要做到这一点确实不困难）。

我一有机会就写信告诉你们，我被关了十九天，不能和外界通信。这是通常的措施，只不过通常情况下不会这么久（请转告 M，因为他希望了解这方面的情况）。我运气

---

① 原文是英语。
② 英语：humour and kindness。
③ 参看《反抗之思》开篇。

不好。再说了，那里头的待遇无论物质还是精神方面都无可指摘。可是，从那里出来的人个个筋疲力尽。这是很奇特的现象。我也不例外。不过只需过几天自由日子，就能抹消全部阴影。

……罗赞太太对我再友好不过。费灵教授越来越和气。这也是很奇特的事，我们的精神似乎有相近的转向。

……我看到利哈依河水泛滥的新闻。但愿西尔维①的摇篮没有被河水冲走。

灵魂深处的爱。

S. W.
1942 年 12 月 31 日

3

亲爱的：

今天收到电报。除了 11 月 13 日的来信外，没有你们的音信。不过，比失去音信更折磨的想法是你们也许没有收到我的音信。总算放心了，你们收到了第一封信。第二封信应该很快到。希望电报也到了。我发过两次。无论如何，通信在某种程度上还算顺畅，这是最根本的。万一信寄不到，你们不时得发个电报给我。隔段时间发，不必太频繁，否则费用太高。

但愿你们真如信中所说的"开心和绝对健康"。② 可我

---

① Sylvie：安德烈·薇依的女儿。
② 英语：happy and perfectly well。

不敢相信。

就我在这里打听到的消息看,你们完全没有可能来伦敦。这里只有两类法国医生。一类战前就定居在英国行医,可以说是英裔法国人,另一类是只给军人看病的军医。这里头有一个漏洞,(像我这种)非军人身份没有被预先考虑在内。倘若哪天他们想要填补这个漏洞,组建一两个专为非军人身份的法国人服务的诊所,那么你们来伦敦就很容易。你们也知道,我口才不好,没有什么说服力,很难劝说他们组建诊所。我所拥有的那一点子力量,我想应该用在与私人无关而有普遍利益的事情上。

……

可惜错过孟戴斯-弗朗斯。他不总在伦敦。没能联系上。

虽然这里的法国人圈子比起纽约来说自然更有凝聚力,但彼此见面机会不多。尤其是我没有养成社交习惯,正如你们所能想见的。这可能是个损失,但我无能为力。我工作很忙。我的意思是我花了大量时间在工作上。至于工作的强度和结果,我没有办法控制,因为他们派给我的是纯脑力工作。大家对我极友好,远超过我认为合理的友好程度。只是,我在信里很难描述工作还有与工作相关的诸种印象,而我眼下的生活无不与此有关,这让我没法告诉你们太多事情。

这并不是说,我确如自己想做和应该做的那样真正把时间用在工作上,每次在伦敦往返交通浪费太多时间。不过这不妨碍我在这里感觉像在家里一样。我温柔地爱这座城市,爱它的创伤。

我在投入工作以前去国家美术馆听过两场音乐会。不过之前的信里应该说过了。我还想告诉你们另一件事，因为这就像纯英国精神的一滴至为美妙的浓缩精华。那是食品部举办的一场"土豆博览会"，旨在鼓励公众食用土豆以替代进口食品。整场展览的构思针对儿童。有改编成相关主题的儿歌，有变形镜呈现不吃土豆会变成的样子，等等。英国人在当前形势下最打动我的乃是某种善好情绪，这既不是自发的，也不是捏造的，而是人人共同面临考验时某种友爱温和的情谊使然。我很肯定，尽管当前出现家庭分离、工作艰苦和其他各种问题，但人们事实上比前几年更幸福，原因就在这里。

　　我还没找到住处。写信寄到罗赞太太家。没有固定住址让我无法和人建立联系。我见过 G，他会向你们转告我的消息。我身体很好，几乎不头疼，过得很舒服，把自己照顾得很好。另外没有可能换工作。我被安排到固定岗位。所以完全不必担心我。我保证，你们的担心是多余的。我会写信给安德烈和贝尔谢[①]，不知道是否有可能帮到他们。

　　最深的爱。

S

1943 年 1 月 8 日

　　又及：读一读贝尔纳诺的《致英国人的信》吧。很美。遇到 B 夫妇，他们非常友好，让我代为问候安德烈和你们。

---

① Louis Bercher：薇依在马赛重新遇到的友人，以 J. Pera 这个笔名为《无产阶级革命》杂志撰稿。

4

亲爱的：

　　收到一封来信，再往后全无音信。通信想必极不规律。G会把消息带给你们。他会告诉你们，我被安排在一间舒适的办公室里，身体健康，心情平和……（我越来越懊悔去年5月做的决定。）到目前为止空袭不算什么，还没有从前在巴黎严重呢。我在生活上应付得很好。我没让别人帮忙，独自找到一间房，虽说简直看不到那条小广告。（我的地址是伦敦W11荷兰公园波尔兰德街31号弗兰西斯太太家。写信寄到这里。）房间很好，只要市场价的一半房租。女房东人很好。我吃得好，睡得好，人人友好。我不知道自己是不是在名副其实地工作，但除了尝试我没做别的。你们在这里会经常看不到我。

　　关于此事有个建议。有人告诉我，比利时人和我们不同，在英国设有为本国公民开放的医院和诊所。你们有没有可能受聘呢？不妨去比利时领事馆打听。

　　关于北非的形势确实始终不明朗……

　　告诉安德烈，如果他在目前形势下有什么愿望，可以写信详细告诉我。目前负责公共事务的人是克洛松，我不认识他。不得不说，我绝无替任何人——除我自己以外，当然不是为了晋升——安插职位的想法。1940年夏天我想来的时候，伦敦还是战败方。眼下人们（我是说法国人）过分感觉是战胜方。我没有在恰当时候加入他们，当时办不到。就个人而言，这样的氛围让我很不自在。

　　……

我越来越严重自责一年多前对换地方诱惑的让步。

请转告贝尔谢,我没有写信给他是因为我想对他说的很多事情难以在信里说清楚。同时告诉他,我打算去找安德烈·菲利普一次性谈谈他的事,不过要在给他找到满意的工作以后(如果找得到的话)。也请写信告诉我,他是不是碰巧找到别的解决办法。那样更好。他需要在当前的公共事务里起什么作用吗?你们是知道的,我对自己的看法恰恰相反……

G即将向驻纽约的自由法国代表团传达一条从这里发出的命令,也就是将如下文章打字成稿并寄回:一是写于1934的那篇"大作"①;二是为《经济与人文主义》(*Economie et Humanisme*)写的那篇关于工厂生活的文章(我们有底稿,对吗?);三是为同一家杂志写的《非奴役性工作的条件》(*Condition d'un travail non servile*)。他们肯定要气坏了……!如果你主动承担打字工作,那么要让他们付你工钱!如果是办公室负责打字,那么最好看着,让他们尽快把事办好……

诗歌方面有若干修订。

首先是《星》的新结尾。(这回真的是定稿,我想!)

> 在你们这一族里痛苦不算什么。
> 我们沉默在路上蹒跚。
> 心头顷刻亮了,星的神圣火焰!

其次是《普罗米修斯》第五节第一行:"最灿烂莫如

---

① 指薇依在1934年撰写的《自由与社会压迫的起因思考》。

数字这个恩赐。"第六节第一行:"他把黎明成就为永恒的喜乐。"

再次是《白日》第三节第三至五行:

> 这般安详的光辉,
> 如随处有的一次爱抚,
> 温柔明净,总会再来。

最后是维奥莱塔的歌唱,自第二节起:

> 夜夜怎及昨夜的好眠,
> 舒展了多少睡意缠绵。
> 睁眼白日步移如青莲,
> 比睡眠更甘甜!
>
> 久盼的白日终于来召唤
> 伫立在石与水间的城邦,
> 清晨的空气静默无言,
> 先起一丝轻颤。
>
> 看哪幸福临在了,我的城
> 与大海结姻缘,远眺近观
> 这层层欢声轻叫的海浪
> 与你醒来做伴。
>
> 日光在海上缓缓地蔓延,
> 我们将陶醉在节日的庆典……

如能打几份诗集稿出来就好了。不急。(也包括维奥莱塔的诗,前头加上加斐尔的最后四行诗。)

除此之外我没有时间修订剧本①……

我希望这些诗可以找个地方按写作先后顺序一并发表。②

K的杂志有消息吗?

我喜欢你们的说法,我走后你们仿佛被世人抛弃。我在纽约的时候就像活在沙漠里,没有人给我一点消息。

我会寄点钱给你们,那是给我的待遇里多出来的。不用说我花得少……你们用不着就给需要的人。不过你们一定能派上用场的……

我多么希望你们身体健康没有烦恼,在纽约生活愉快,总能阅读些好东西,并且天气晴朗,诸如此类!但愿我能相信你们两个都不忧伤……

最深的爱。

S. W.
1943年1月22日

5

亲爱的:

收到12月21日的来信。信总能寄到,但很慢。想到一封

---

① 指《被拯救的威尼斯》。维奥莱塔和加斐尔均系剧中人物。
② 薇依诗稿中译,参看《柏拉图对话中的神》附录。

信要花这么长时间才能寄到，这让人几乎没有写的勇气。须得写一些永恒的话题以确保不过时，比如与黑天神有关……

亲爱的姆妈①，如果说你怪有趣地爱快乐的生活，那么我也怪有趣地爱你过快乐的生活。在这一点上我和你一样无可救药。我热忱盼望纽约的空气带有阳光气味让人陶醉，公共图书馆里有美好的读物，日常生活有让人兴奋的偶然事件，你们能够结交若干可喜有趣的相识（试试那家传教士邻居，如果他们还在的话）。我还想补充几出值得一看的电影或戏剧，可我担心你们外出受凉。至于星期天早晨哈莱姆区的活动，你们并不喜欢……

我在前几封信里建议你们找比利时人打听前来此地的事。我会继续打听，问清楚你们没有工作能否过来，但我对此深表怀疑。在法国人中没有发生过这种情况，尽管不乏同样的需求。但眼下做另外的打算是不可能的。这里很少有私人联系，尽管所有组织部门全在同一街区。

我越来越爱伦敦。很少外出。没有时间。我说过了吗？我在诺丁山找到一间房。我本该为此打个赌的！我真傻，一开始没在那一带找过（地址是伦敦 W11 荷兰公园波特尔兰德路 31 号弗兰西斯太太家）。房间很漂亮，在一栋小屋顶楼，窗前有树，树上全是鸟儿，夜里有满天星星。

这里的酒吧②和法国小酒馆很不一样（放心我很少去），这很有意思。英国警察相当让人愉快。

我在生活上应付得很好，吃得好，睡得好，诸如此类，

---

① Mime，原文简称 M，薇依家人对母亲的昵称。
② 英语：pubs。

大家很友好。和我一道工作的克洛松是极好的同伴。

你们瞧，只要你们过得快活，一切都好……

最深的爱。

S. W.
1943 年 2 月 1 日

随信附上维奥莱塔诗行的最新版本，我想这次是最终定稿。

又及：我在这里看了《第十二夜》。很值得在伦敦看这出戏。莎士比亚的狂欢聚会场景与伦敦酒吧的当前气氛毫无违和之处，这很说明问题（我的意思并不是说酒吧里的人都喝醉了，事实并非如此）。

6

亲爱的：

收到寄至罗赞太太家的信。真高兴信上说你们很快活，虽然不太敢相信……春天来了。伦敦公园树上开满粉色的花。满城是让人愉快的小公园。我很少外出，完全沉浸在工作中。但不至于过度疲劳。有时疲倦让我自动停下来，强迫我休息，直到重新恢复体力。就算这种时候我也没有外出散步。你们信上说相信我工作大获成功。说实话，我完全不知道自己写的东西能否有用。这取决于太多未知因素。但我没法儿给出太多细节。同伴们一如既往很友好。不妨转告安德烈，我在纽约时听人传说的关于这里的消息全是错的。

……

我始终没有机会,尤其没有时间融入英国人的圈子,我对此深感遗憾。我继续享受工人街区的酒吧独有的美妙气氛。星期天在海德公园待几小时,看前来听演讲的人。我猜,在白种人的国度里,也许在全世界,独有此地还留一丝残余,让人想到雅典城邦广场,苏格拉底混迹其中。我住在穷苦人的街区,租住廉价房间(但绝对让人满意,带舒适家具)。女房东是小学教师的寡妇,独居,没有工作,除了这栋住过十年的小房子别无收入,有一个四岁男孩,怀里还抱着一个刚出生的婴儿。我生活其中的这栋房子,尤其女房东本人,整个气氛纯粹就是狄更斯小说。原来小说家把英国小人物的生活原汁原味写进书里。最让人吃惊的是,这恰恰是狄更斯小说中多愁善感的部分,让人觉得像是假的,却与现实生活完全吻合。这让我再次想到,所有那些才华不能与荷马比肩的作者无不如此。他们忠实地描绘现实,却让人感觉像假的一样。

见到雅克。他说你们很好,只是有些烦心,比较无聊。我能理解过得不好,但怎么可能无聊呢?不能多想想黑天神吗?不过春天来了,希望你们有机会经常到郊外散步。我恳求你们,好好享受乡野和春天,享受纽约上空让人陶醉的蓝天,充分享受一切。不要辜负美好的事物。你们充分享受这一切的每一分钟,我都和你们在一起。

星辰落日的立约始终有效。

灯火管制①期间,伦敦上空偶有绝美的月光。

---

① 英语:black-out。

始终找不到人准确告知史前巨石群的位置。

希望你们在公共图书馆不断翻找出让人兴奋的好书。不妨去哈莱姆区的分馆发掘一下黑人文学？布朗希和我提起这家分馆，很遗憾我没去过。你们也许会有所发现，将来还能对我大有帮助。

在某种程度上，自从来这里以后，我那点个人想法和我对世界的那点观念持续呈现出肿瘤扩散般的状态。工作不影响这一进程，恰恰相反，因为两者之间互有印证。我生活在孤独中，对此也很有好处。

你们收到维奥莱塔诗行的新版本了吗？我先后寄出两个版本。不要把诗集交给 K 出版，因为我在每一首诗里几乎都做了一两处订正。我会寄给你们，只是通信太不稳定。

我需要那篇谈论罗马人的文章。你们有可能尽快通过代表团寄给舒曼先生吗？

你们想写信给安托尼奥①吗？我不敢写。

亲爱的，最深情地吻你们。

S. W.
1943 年 3 月 1 日

7

1945 年 4 月 15 日，伦敦的同事发现薇依躺在房间地

---

① Antonio Ararès：西班牙无政府主义农夫，先后被维希政府关进维尔纳（Vernet）集中营和阿尔及利亚的杰勒法（Djelfa）集中营。薇依家信中偶尔用他的名字做暗语。

上，失去知觉。她被送进米德塞克斯医院。同年 8 月 17 日，她转院到肯德郡阿斯福德镇的结核病院，于 8 月 24 日去世。她在最后的信中对父母隐瞒生病住院的事实，每次将信封地址写成女房东家。

亲爱的：

有一阵子没消息……担心你们碰到什么沮丧事，甚至更糟。不过，纽约春天若和这儿一样美好，正是时候在哈德逊河坐船到奥尔巴尼。不知纽约附近有没有大森林。我在来英国的船上读了一本很好的书——纯粹是美式幽默——书里讲一群虚构的动物聚居在美洲森林。那是"伐木工人"的笑话，有经验的老手捉弄新手讲的故事。后来成为传统，甚至可以描述每一种虚构动物的习性等等。

纽约的天想必湛蓝无比。这里春天美不胜收。伦敦满城是白色粉色的果树。

你们如果看见 D 请转告他，鉴于他的性格（换个别的说法……）和他看待事情的方式，我完全不认为他在这里比在纽约好，一点也不。

至于我，我在这里好得多。但我为从前听从安德烈的劝懊悔不已，这懊悔日复一日变得愈发苦涩和让我痛苦。除此以外一切好。我完全自由地工作，尽管不知能否派上用场。同伴们对我很友好，特别是舒曼和克洛松夫妇，简直到不可思议的程度。克洛松太太是了不起的女人。克洛松本人也很出色。舒曼是再热心不过的同伴。

很遗憾只和 B 夫妇见过一面，完全埋头工作。

定期见到罗赞夫妇，他们住在我办公室附近。罗赞太太说起你们的样子让人感动。

眼下的海德公园美不胜收。

至于我住的房子（窗前有一棵树正长满树叶），我记得之前说过，那像是在狄更斯的小说里。如今看来越发有狄更斯的味道。

我的女房东很希望 B① 能过来治疗她的孩子。我估计最小的孩子有腮腺炎方面的问题。我带他去司令部诊所，我的预诊得到证实。刚巧那天来了每个月来一次的英国大夫，国王的御医②。女房东得知大夫的身份几乎停止心跳。小男孩问他吃的药是不是和国王陛下一样。

只要你们身体健康，花钱不愁，我多么希望你们能够真正充分享受蓝天、日出日落、星辰、草地、花开、树叶和婴儿。无论在哪里看见一样美好的东西，你们要对自己说，我和你们一起在那里。

不知美国是否有夜莺？

最深的爱，我的双亲！

西蒙娜
1943 年 4 月 17 日

又及：不要在美国出版我的诗集。我几乎每首诗全改了一两个字。

又及：姆妈，莫忘了黑天神……

---

① 指薇依的父亲贝尔纳德·薇依。
② 英语：kings' physician。

8

亲爱的哥哥：

一直没有动笔写信给你，因为真不知该写什么，想到一封信从寄出到收悉的时长叫我沮丧。

M对克洛松谈起你，我觉得有必要向他完整介绍你的履历。结论是，如果你加入法国抵抗组织，比如说写一封请愿信给R，那么大家会很高兴。

在我看来，就原则而言，加入组织只不过表明态度，也就是确认1940年6月法国宣战是公正美好的事。我对这一点从来没有怀疑过。

除了这点提示之外，很不幸我不能给你别的提示。好好考虑（尽量避免受欺骗性观点的影响），尽力而为。

我写信给我们的父母说我喜爱伦敦。但事实是，倘若世界的现状能够允许我有精神自由的话，我将深深爱上伦敦。眼下我无法享受任何乐趣。

我为自己在一年前由于软弱听从你的意见感到遗憾和懊悔，并且灵魂日复一日为此饱受撕裂之苦。

至于你，如果现在有条件研究数学，我肯定建议你从此不想别的一心钻研数学，如果有可能的话，一生都要如此。

此外你要知道，我一刻也不曾停止为重新漂洋过海感到庆幸。

假设你到这里——纯粹是假设，我完全不知道他们会让你做什么。肯定不是士兵，哪怕是最新型的军队，或者更准确地说，哪怕是特殊军种的士兵。那么是什么呢？我不知道。派到哪里呢？我也不知道……

B一家很可爱。可惜只见过一回。我埋头工作，经常累到没力气上街。从住处到办公室的来回路程就叫我够受了。（注意：别让父母读这封信，虽说他们习惯这么做。做点预防措施。）

伦敦满城是开花的树。

向艾弗琳娜、阿兰和小侄女问好，希望小侄女的笑容始终灿烂。

问好！

S. W.
1943年4月17日

9

亲爱的：

刚收到一封电报。如果真能相信你们如上头写的"很快乐"，那我将感到幸福……至少你们见到西尔维，我希望她给你们带来欢乐，希望她的笑容始终灿烂。

美国报纸有没有报道，这里的春天仿佛不带一丝人的记忆？春天和初夏的花儿同时绽放，各种果树正当花期。星期天全伦敦人涌进公园。天空是一种淡蓝，深邃而美妙。

至于你们，我希望你们到哈德逊河坐船，偶尔到乡间逛一小时。我恳求你们这么做。你们钱够用吗？要我寄一点吗？我应该很容易办到。

我还没有收到打字稿。不过，亲爱的姆妈，我没让你亲自做这件事。我是说去代表团找人做。

……

这儿的同伴始终很友好。除此以外几乎谁也不见。很遗憾始终没有时间去了解英国人的圈子。

很高兴听说 C 太太做了西尔维的教母。

再见，亲爱的，天主保佑你们。

最深的爱。

西蒙娜

1943 年 5 月 10 日

你们想必在报纸上看到，我从前工会的好伙伴 G 也来这里了。

又及：但愿我能多讲讲工作方面的细节。不过，最好还是等到我当面告诉你们的时候吧。你们只需知道，我不负任何实际责任，我更希望如此。

10

亲爱的：

感觉很久没有你们的消息……十五天前有一封电报，倒是真的（已回复），上头写你们"很快乐"（这让人安心，尽管多少难以相信）。最后一封来信的落款是 3 月 15 日……莫非大西洋的鲨鱼也吃信吗？不知它们能不能消化我们的信？我希望这些信给它们一点审美教育，让它们更好地欣赏水下风景。

我在这里一切好。克洛松离开伦敦一段时间，才刚回来。这让我高兴。他是真正的伙伴。你们知道这些话对我来说意味着什么。我很庆幸在涉及我的工作方面能够和他打交道（我几乎没见过安德烈·菲利普）。

除此以外，我在事实上没有和其他人打交道。只除了克洛松偶尔委托给我的几项任务以外，那会中断我的日常工作。

我的工作有所进展，这是一项纯理论的方案。我写了第二部"要著"①，或者说，正在写，还没写完。

写完以后，真不知道他们还能派我做什么用场？才华（在我看来根本不是才华的问题）所能支配的受到诸种限制。

当然，我不认为有理由假设，我写的东西有朝一日必有用处……你们可以想见，这不妨碍我写作。亲爱的姆妈，将来有一天你也许会打出这篇文章（手稿未到）。

以上严格保密。

至于眼下人们在做的事究竟是好是坏是否可疑，正如我说过的，我完全没有参与其中，也不负任何责任。我有时责备同伴，但极少，因为没时间交谈。再说他们那么友好……除了同事我几乎不见其他人。

伦敦天热得像夏天。公园绿荫葱葱。人们在那里开心地度过休闲时刻。亲爱的，你们也要过得开心。争取各种可能的欢乐，好好享受。下次见到西尔维替我带给她大大的笑容。

---

① 指《扎根》。薇依自称的第一部"要著"，即 1934 年《自由和社会压迫的起因思考》。

亲爱的双亲，给你们最深的爱和亲吻。

西蒙娜

1943年5月22日

又及：亲爱的姆妈，你读过《一个什罗普郡少年》①（豪斯曼的诗集，1896年出版）吗？如果没读过，公共图书馆分馆借得到。我刚重读一遍。越来越喜欢。124大街的分馆有这本诗集。

又又及：刚收到4月3日的来信，有点担心。信里说的是什么工作？你们缺钱吗？

11

亲爱的：

写完上一封信（八天前），你们用平信寄出的4月3日的信正好送到。

那封信让我相当担心。但愿自从发生那些事以来你们的心情在慢慢好转。

你们会很快见到约瑟②并认识她的二儿子吗？这是有可能安排的吗？

……

就人的智慧所能分辨的更好与更坏看，我觉得你们那

---

① Alfred Edward Housman, *A Shropshire lad*, 1896.
② José：住在摩洛哥的一位女友。这句暗号的意思是：你们有没有可能去北非？

样好得多……

亲爱的姆妈,也许你能见到安托尼奥……看看他是不是还活着……他突然没再想起过我。

我们最终安顿在什么地方,留下还是离开,关于这些事情在这里得不到一丝官方消息。不过我认为,事情会一点点集中到同样的地方。

最近一阵子,由于无法预料和各种期限,所有人(我是说法国人)处于极度紧张的状态。

这里春天热得不正常,时有阵雨。据说树上开始结果……啊呀!可惜除了伦敦街头的扁桃树,我没有看见其他开花的果树。你们呢?我希望你们看见了。

我感觉你们钱不够花,没法儿给自己找点乐子。是这样吗?求你们告诉我真相。一点点欢乐在这个世界上是必要的,就像水和面包(或者可乐和玉米片)。

谢谢稿子。我收到了。

希望你们收到上一封信,我详细讲了我的工作(如果可以说是工作的话)。

剧院很久没有有趣的节目。不过听说很快在露天公园里上演《皆大欢喜》。我希望不要错过。

如果可以,在心里保留一点欢乐吧,亲爱的。

最深的爱。

西蒙娜
1943 年 5 月 31 日

12

亲爱的：

你们一定很惊讶没隔多久在纽约和伯利恒先后收到同一封电报。大约是一个月前。这里头说来话长，我只简单说明：为了少跑一趟邮局我不谨慎地接受了 SD 的帮助。这个勇敢的小姑娘不但在脑子里把一切事情弄复杂，还有能力在她四周表演一出滑稽戏。

我每天读几行梵文的《薄伽梵歌》。黑天神的语言是多么有裨益呵！

你们有什么计划吗？出门旅行还是在家待着？至于我，我不知道。

你们问起我的早餐。我没有固定地方，不过最方便的是红茶馆，每个地铁出口总有三两家（从住处到办公室只要乘坐一条线），就是 A. B. C 和 Lyons 连锁店。

英国菜给了我一点惊喜（相较众人所说的）。有些传统菜肴很出色，尤其薄荷酱烤羊肉。苹果酱烤猪肉①也很过得去。这些菜式至少有两千年的历史（你们猜猜我这么说的理由）。

另一个意外发现，那就是我们原来生活的角落在何等程度上影响本地的饮食趣味。我猜早在战前就是如此。本地人喜爱混合口味，尤其化工添加口味。饮料方面特别明显，有些食物同样如此（明胶、化学添加酱汁等等）。

我问过一个英国女人，苹果酱只能搭配鸡肉猪肉，还

---

① 英语：roast lamb with mint sauce；roast pork with apple sauce。

是偶尔也搭配甜点呢？她告诉我："很少搭配甜点，要么掺果酱吃。"

在我看来，饮食习俗的改变乃是真正的文明进步或后退的首要事件。

苹果的纯粹滋味与世界之美建立联系，这与凝望一幅塞尚的画道理一样。（亲爱的姆妈，你还记得里尔克有一首十四行诗尝试表达类似的意思吗？）比起凝望塞尚的画，有更多的人有能力品尝苹果泥。

至少看上去如此。不过今天在大城市里情况很可能正相反。

这回你们不会埋怨我不谈论食物……

说到黑啤酒①，有一点挺奇怪。我吃饭的好些地方不提供含酒精饮料。酒吧又不是吃东西的地方。这里都这样。我不吃东西可喝不下一大杯黑啤酒。

我有没有告诉你们，英式酒吧和法式小酒馆之间的反差远比许多大部头著作更能说明两个民族的差别，关乎两国人民及其历史、性情，乃至社会问题的提出方式的差别？

酒吧是一种面向同一吧台的隔开的吧间（恰如字面意思），吧间里的人几乎看不到其他吧间。服务生在吧台两头移动，与两边吧间里的客人隔着吧台。这种吧间叫 public-bar，里头有一两条长凳，有时有一张桌子和一副飞镖。客人在里头几乎都站着，凑在一起聊天，每个人手拿大啤酒杯，要么伸手就够得到酒杯。大家都很快活。还有另一种吧间叫 saloon。比较像我们的咖啡馆。有小桌子和带坐垫的

---

① 英语：stout。

椅子。喝的东西完全一样。但看上去没那么快活。一般说来，体面人去后一种地方。

偶尔发生一两次特例。

这里头有某种象征，仔细想来，某种极美的东西的象征。当然与体面人无关。与其他人有关。

这个民族极有尊严，不像欧洲那样爱发牢骚，让我为此愈发尊重他们……

该停笔了。亲爱的，再会！亲爱的姆妈，享受美好日子吧，心里要有黑天神。你们想到我时，只管想到我若和你们在一起品尝到的喜悦和乐趣，替我品尝吧！愿你们生活幸福！

最深的爱！

西蒙娜

1943 年 6 月 9 日

又及：我收到一封你们的信，开头提到高声朗读《埃瑞璜》①。这封信带给我无尽的快乐。

13

亲爱的：

刚收到 5 月 8 日的来信。这样的信多么让人快乐啊！在河滨大道白的粉的花树开败以前，希望你们的眼与心能

---

① 指英国作家巴特勒（Samuel Bulter, 1835—1902）的小说 *Erewhon*（1872）。

够充分得到享受。这里花事已成往事。眼下但见樱桃、草莓和熟透的桃。

今年玫瑰花开得早，和其他花儿一样繁盛。我想比往年早，公园里满是怒放的玫瑰。

很高兴贝尔谢打消来的念头。首先这根本无可能。其次他在这里会很不幸。在这儿极容易不幸，尤其个性强的人。你们知道他恰恰是这样。

你们也知道我和他截然不同。

B一家离开伦敦度假去了。出发前B太太和我见过面。人很好，不过有点岛民性格（我想起她那些大陆儿童营养不良的言论）。她主动提出写信给安德烈。

我不时见到罗赞太太。她说起你们两位时措辞叫人感动。她也一样渴望医生在身旁。

关于女房东的儿子的腮腺炎，我尽量避免说我做过诊断。我可不想冒险生出一起新版的阑尾炎事件，你们还记得吗？（当然了，你们比我记得更清楚！）

很高兴听你们说安德烈在纽约期间心情愉快。我担心他陷入持续的沮丧。也许他重新开始工作了？

安提戈涅①确实度过一段糟糕的日子。不过这没持续太久。现在已经过去了。

不知你们是否真有机会在北非找到工作？

眼下一切不确定，无法预计……只能过一日算一日。亲爱的姆妈，至少你不应该烦恼。

我不许——你听见了吗？——我不许你缝珍珠袋把自

---

① 薇依不止一次在家信中自称为"安提戈涅"，如见第一封信。

己累坏了。可以适当做一点,有事可做,一旦觉得厌烦就打住。等我们再见时,我要你一如从前娇嫩年轻,看上去永像我的小姐姐……

不必担心我吃饭。我保证按时吃饭,你们看了也会满意。不必担心我穿衣。我样样不缺。

这里虽有几天挺热,大多数时候还不适合穿夏装出门。听说七八月才算入夏。

亲爱的,但愿你们在公共图书馆找到好书。亲爱的姆妈,你知道梅瑞狄斯①写过很美的诗吗?我近来才发现的。真想推荐你们读他的书,这样我们就仿佛在一起。不过我来以后很少读书,光顾着写东西……

我的同事离得远。他们不知道有幸逃脱了我的责骂。就算不熟悉内情,我也不怀疑,他们实在应该狠狠受一番责骂(其他人一样……)。如果见到贝尔谢,请告诉他,我从前没有,眼下没有,希望将来也不会对任何事负过责任,无论好事坏事(我情愿露天睡在桥下)。

你们在 K 家有没有拿到《伊利亚特》的文章?他那里应该有一份底稿。

论罗马人的文章寄到了吗?那是后续部分。谢谢。

向安德烈问好。替我祝贺他第一次领圣体(如果他去领了的话)。深深的爱给西尔维,也给你们 N 次方的爱。

西蒙娜
1943 年 6 月 15 日

---

① George Meredith (1828—1909):英国小说家、诗人。

又及：B① 不喜欢简·奥斯汀吗？

14

亲爱的：

这封信写得晚了，因为我犯了习惯错误，想先等你们来信……

克洛松回伦敦了，但我还没见到他。尽管他是好同伴，不如说恰恰因为他是那么好的同伴，我不无担忧地期待这次会面。显然我们之间存在"社会学视野的分歧"。如果你们还记得的话，这个说法和唐娜·奥罗拉②有关……不过别担心，克洛松不会那样行事的。

我对眼下荒诞的混乱感到厌烦，有时候（很多时候）我没别的兴趣，只想知道你们能否去北非。

……

听说西班牙人总算解放了。但谁知安托尼奥是否还在世呢？

前阵子（我说过吗？），我在这里遇见 BR 的儿子。亲爱的姆妈，你用打字机打下这封信就是为了给 BR。他儿子第二天就走了。怪有趣的男孩，在好些方面给人好感。我感觉他似乎很长时间对我不满，因为我没有回复他父亲的

---

① 指薇依的父亲贝尔纳德·薇依。
② Dona Aurora：影射1934年前后发生在西班牙的一起诉讼案。唐娜·奥罗拉杀死心爱的女儿，并以"社会学视野的分歧"作为犯罪理由。

来信（"您是谁？"）。①

眼下这里的生活单调无味。人们深受等待的煎熬。

剧院没什么有趣的节目。电影院（我从来不去）只放映一类"恐怖片"，场景是当代欧洲（大陆），主题是抵抗盖世太保。听说观众——尤其穿军装的男人女人——本能地争相反对放映与战争无关的电影，他们连最蹩脚的战争电影也看。

玫瑰花期②将尽。看得见芬芳美妙的小果子。拌在沙拉里的萝卜变得很硬（当然不影响我吃）。春天已远去。夏天无疑转瞬即逝。真没必要准备太多夏装。

我不可能创作剧本、诗歌、宗教理论或民间传说等。不过说到宗教理论，我有时感到——要么是真的要么在幻想——在我脑子的店铺仓库深处正在生成某种东西，将来等我空余时，也许能形成什么想法……

总的说来，这些想法的萌芽永远朝一个方向行进……

再会，亲爱的。拥抱你们，一次又一次！

西蒙娜

1943 年 6 月 25 日

又及：收到 6 月 9 日写于伯利恒市的信。我尽力而为。我也将为此感到高兴。

又又及：遇见克洛松。毫无我所担心的分歧。不过只

---

① 薇依在某份杂志上发表了一篇文章，这里提到的未曾谋面的父亲写信祝贺她，信的开始是："小姐，您是谁？"

② 此处被审查部门删减一个或若干字。

能说和他无分歧……

15

亲爱的:

最后一封来信的落款是6月9日。读着来信时,我猜想不出,你们去北非的希望仅仅建立在总体形势的基础上,还是有人私底下明确给你们保证。

我这里看不到任何机会。无论如何,我替你们说话,用尽我所能想象到的最有说服力的证据。除此之外什么也做不了。很不幸这些事不直接归安德烈·菲利普负责。

前阵子认识一个顽固保守分子①,很值得观察的人物。他自称开战头三个月(即1939年)吃了许多苦,就此明白无论如何全完了,他身上有什么东西死了,再也不可能对战争的不幸有丝毫感觉。造成他的巨大痛苦的罪魁祸首,乃是战争初期极其混乱的国家控制措施,加上大量左派人士担任重要职务……打那以后还能对什么有所感觉呢!

这样的人在年轻一代中绝对找不到,至少别人这么肯定地告诉我。

这两天热得让人喘不过气(夜里也是)。不必担心,我有合适的衣服穿。

春天真的走了。收成将近。据说今年大丰收。草莓过季了。接下来依次有的水果,首先是罗甘莓,一种野生覆盆子,味道类似覆盆子,但野生,通常很酸。然后是真正的覆

---

① 英语:blimp。

盆子。除了水果和布丁以外，几乎所有甜点都是明胶做的。据说这类甜点早在战前就很流行……可以看我前几封信。

很快——也许一小时内，也许明天或后天——就要起风了，下点儿雨，天凉快些。至少有可能是这样。整个伦敦在等着，所有人深陷麻木窒息中。这样的天气在工厂肯定不好过。至于我，我不需要走动，不觉得太难受。

你们写到西尔维的话让我心里充满快乐。和她一块儿待在花园里想必惬意极了。当你们在花园里时，不妨想想我就在你们身旁……至少你们感受到了身为祖父母的乐趣。

说说最近你们在读的书。

再会，亲爱的。紧紧拥抱你们，一次又一次。

西蒙娜

1943 年 7 月 5 日

16

亲爱的：

刚收到发来的电报。希望你们见到安托尼奥。① 关于这件事我始终一无所知。

布朗希写来一封很友好的长信。你们能不能代我谢谢他，并转告他，我一有机会和时间就回信告诉他许多有趣的事？

（我想象牙医们不得不经常光顾家禽棚。）

我想念西尔维，想念她充满阳光的笑。只是，为什么我

---

① 此为避过审查的暗语。意思是：我希望你们很快就能去阿尔及利亚。

也(像她一样)对蛋黄、蔬菜和水果生起乡愁呢?我在五个月大的时候没吃过这些食物,现如今这乡愁大大加快我写作的节奏。没有人看我写的东西(也许除了你们有一天会看以外……)。我情愿(她)有一个像我母亲一样的母亲(更不用说父亲了……),即便奶不足……正如D太太的说教,有不只一种奶。

希望大家不要给她吃明胶食物。

告诉安德烈我眼前就有他提起过的教育报告。粗看之下不觉得很有趣。还没有时间认真读。不知道能不能找人寄给他。

这里没有什么有趣的事。人们(指我们的同胞)越来越紧张。移民心态现象。我越来越置身事外(这并不意味着我和同伴之间发生过一丝不和)。这样好得多。

认识若干英国年轻人,很年轻,也很友好。这挺有趣。可惜见面交谈的机会极其有限。这种现象到处都是。

再会,亲爱的。千百次拥抱你们。

西蒙娜
1943年7月12日

17

亲爱的孩子:

运气真的太好了!同时来了两封信(6月25日和7月5日),再加上你的电报与我们的电报同时发出。你有没有注意到呢?你不觉得奇怪吗?有好几次,隔一阵子杳无音信之后,所有电报突然在同一天送到。你的(此处被书报审查时用墨水删抹若干字)让我们猜测,你对接下来要做什么心里有数,你不再因为等待焦虑不安。我只希望你做准备工作时不要累坏自己。一想到你那个装书的重行李箱,我为不能在你身边感到难过。我们现在生活在希望中,特别是收到你的电报以来。我们不想别的,只想着有可能和亲爱的女儿重聚。

(此处被书报审查时用墨水删抹若干行。)

但愿这么做行得通,加上你那边要办的手续!不过,眼下我担心你,你可能要换住处,可能要承受身体劳顿,可能要为全新的气候遭罪。亲爱的,我恳求你凡事务必小心,千万不要拿身体冒险,要知道你的健康是我们最珍贵的财富。我们本来有点担心没安德烈的消息,我们猜他一家大小在乡下度假。今天早晨他来了信。信里说他没有被准假,全家被迫放弃出行。他本来热切盼望有时间做一点自己的工作,你可以想象他有多愤怒!随信附上他的信,你可以了解更多详情。他要求我们尽快把信转交给你。亲爱的,所有繁重的事显然落到你身上了!我很遗憾西尔维不能到乡下度假。我要写信给他们,让他们带她来小住一阵子,滨河市比起伯利恒市简直是天堂。白天大多数时候,我们坐在树下的长凳,正对河流,我做刺绣活儿,爸爸读报或读书,并且几乎一直读给我听。我刚读完一本书,很喜欢。斯坦贝克的《月亮下去了》。我们还会一块儿再读一遍。我以前读过《愤怒的葡萄》,也觉得很好。亲爱的,你瞧,我们一边期盼在英国登岸的日子快点到来(我甚至连晕船也不怕了,这可是不同寻常呢!),一边在努力享受生活里的美好时光。我现在一心想要给你带黑人灵歌唱片，尽量多做点刺绣活儿，好赚点钱用在这上头。我想坐在你身边一起听玛里安·安德森唱："我要告诉天主所有的烦恼，当我回家时。"（多么美妙，不是吗？）这对我来说就像一个美丽的梦，那么美，简直不敢相信能成真……安德烈寄来几张心肝宝贝的照片要给你，我担心这封信太沉，下回再寄吧。贝尔谢和约瑟杳无音信。希望你有收到上封信，我在信里提到安托尼奥①寄来一封长信。他请你写信给他，寄到约瑟家。我想这期间你也许会有他的消息。再见，亲爱的，照顾好自己，不要做冒失的事。最深的爱。

母字

1943年7月14日

又及（贝尔纳德·薇依补）：

亲爱的，我们同时收到你的两封信和一封电报，怎样的喜悦啊！像过节一样！我们俩先是一块儿读了一遍，随后又各自读了一遍。开心极了……！眼下我们住在滨河市。虽然炎热，但天气晴朗。姆妈在刺绣，我刚才给她读了一段伍德豪斯，有趣极了。我们说起亲爱的女儿，幸运的话也许很快就能重新看见她！问候罗森一家。他家的女儿还在继续读医科吗？温柔地拥抱你。

父字

---

① 此处不是暗语，而是真指 Antonio Ararès 其人。参看第 1943 年 3 月 1 日第六封信的相关注释。

18

亲爱的：

上封信里详述你们在伯利恒市小住的经过，这给我带来极大的不安和极大的快乐。不安源自炎热的天气和其他各种不便。我真希望环绕在你们周围的只有安乐！与此同时，我很高兴你们的信毫不枯燥无味，你们完全没有把生活表现得好似一朵玫瑰。一旦各种颜色相互混杂，我们能感觉到其中的真实。我们通过书信真的感觉彼此就在身旁。当然了，快乐来自你们说起西尔维的地方。你们尽管多说她的各种小事，我永远也听不厌烦。你们无法想象这对我意味着什么。想到她，想到她带给你们的短暂但纯粹的欢乐，这两个想法让我感到幸福。只希望她能有个散步的地方，不必挤在成群结队的小姑娘里头。

当前的生活环境似乎不会将她引向"沥青玛丽"①那边。

我很高兴安德烈一家和牧师一家为你们营造出有人情味又活泼的生活圈子。替我问候大家。告诉小姑娘，我想念她，忘不了她，衷心祝愿她有一天真正收获她所渴望的精神财富。

亲爱的姆妈，你相信我有东西给世人。这是糟糕的说法。不过，我内心也有某种确信在不断增长，我身上有一个值得传承后世的纯金库。只是，我和同时代人打交道，观察他们，这让我越来越肯定没有人来接收这个金库。

---

① 出自格林童话《金玛丽和沥青玛丽》。

这是一整块纯金。后来添进去的与原有的部分融为一体。随着这一整块纯金不断变大，其结构也愈加紧密。我不可能把它分成若干小块。

接收这块纯金需要付出努力。而努力是让人如此疲劳的事！有些人模糊感觉到有什么东西存在。可惜，只要给我的聪慧贴上若干赞美的标签，他们的良知就完全得到满足。自此以后，人们听我说的话读我写的文章，总带着那种过于仓促对待一切的关注，在心里针对陆续涌现出的一个个小想法断然下决定："我同意这一点"，"我不同意这一点"，"这个想法很精彩"，"这个想法完全疯了"（最后这对反应来自我的上司）。他们就此做出结论，"这很有意思"，随即转去关注别的事。这样一来他们永远不让自己疲劳。

还能期待什么呢？我很肯定，就连最虔诚的基督徒在祷告或阅读福音书时也不会集中更多关注。

何必假设别处的情况更好呢？我已见识过若干这样的别处。

至于后代，就算未来出现一个肌肉和思想兼具的世代，早在那之前，我们时代的印刷品和手稿肯定已然消失不在。

我不为此难过。金矿是永不枯竭的。

我的写作尝试实际上是无效的，而他们也不会委派我所期盼的任务，或别的事……（再说了，我无法想象自己有可能做别的事）。

情况就是这样。

眼下我最在意的是你们可能遇见安托尼奥[①]。不过，

[①] 参看第 1943 年 7 月 12 日第十六封信的相关注释。

为了避免失望,不要寄太多希望。我始终没能知道这件事的下落。

再会,亲爱的。拥抱你们千百次。

西蒙娜
1943 年 7 月 18 日

19

亲爱的:

刚收到两封信(7 月 7 日和 14 日)。这让对话畅通起来。

发生了点误会。我这边还是老样子,在接到新任务以前,我想不会有变化。我一直安静地住在同一房间里,我的书有些放家里,有些在办公室。

你们那边一有进展(一旦事情办好),我会告知同伴,他们知道接着该做什么。我也会尽量促成。说说我的工作能力之类的事。

事实上,我已经向他们解释过让你们来的理由。

我之前来伦敦在法国方面没有碰到阻碍。看不出你们会遇到困难的理由。不过,一旦解决了书面程序,等待还可能很漫长。(也可能很短——完全取决于到时候的局势状况。)

安德烈(伦敦这位)① 也认为你们可能要等很久。

前几天见到克洛松,重新对他说起你们。他也向安德

---

① 指安德烈·菲利普。

烈提起此事。安德烈没觉得不妥，也不认为会碰到阻碍。他觉得法国方面会很简单。（这一点很有利，不过当心……也许不是他一人说了算。避免过早乐观！）

安德烈也有相似的担忧（如上文所说）。

换成是我，我会立刻去找那位很慈祥的白发老先生帮忙，你们还记得他吗？

换个角度看，更重要的是去曼哈顿南端找那群很友好的人。（也许你们已经找过了？）换成是我，除非法国官员变得极其高效，否则我会找那群人试着催促一下——姆妈的微笑无可抗拒，定能派上用场。

说到曼哈顿，我在某处读到，惠特曼出生在布鲁克林，在新泽西去世，一生几乎未离开纽约，只除了三十岁前往新奥尔良的一趟旅行，还有内战期间在华盛顿住过几年，上班谋生之余在一家战地医院做志工。

我完全不知道有这么一回事！（请确认是否属实。）

至于安德烈（伯利恒那位，啊呀！），他很明白，我没有能力像人们说的那样"活动奔走"，正如没有能力攀上珠穆朗玛峰。那是同一类无能为力，我想舒曼更有能力处理安德烈的事，我很快能见到他，会把情况告诉他。他如果有能力和意愿就会采取行动（眼下很难预见到人们的反应）。我只对克洛松提到你们。他和舒曼不同，后者没进高师反而带有显著的巴黎高师风范。克洛松极少有知识分子风范，某些时候甚至是反知识分子的。我想他对保护一名数学天才的重要性完全无感。[1]

---

[1] 原书中有多处删节，依据《文集》（Œuvres, p. 1233）补译。

舒曼从未像我这样搜集各种与己无关的零星知识，他对科学一无所知，故而热忱地赞赏一切与科学有关的东西。他的性情比我好多了。也比我年轻太多。非常非常友好。

不幸的是，我不单单不信任科学。迟早我会让他难过。这是早该发生的事，只不过已有两个月没见到他。

我衷心希望安德烈（·薇依）心想事成，这是毋庸置疑的。眼下他的生活简直具有毁灭性。

克洛松承诺过，一找到另一位安德烈（·菲利普）就立刻关照你们的事。如果拖得太久，得让代表团就你们的事发电报给安德烈。不过要等到克洛松也在身旁的时候。我会同时发电报给克洛松。到时会先通知你们。

不要抱太大希望！

亲吻你们千百遍，亲爱的。

西蒙娜
1943年7月28日

20

亲爱的：

天又热回来了，夹带狂风暴雨。不会持续很久。据说九月通常干燥晴朗，应该不很热。再往后就是灰暗的英格兰，直至来年开春。

夜里人们在露天花园里跳舞。伦敦东区不安分的小姑娘们每天晚上在路边逮着小伙子，一块儿去逛公园和酒馆。这叫母亲们失望坏了，她们说服不了女儿上教堂。小姑娘们看不出上教堂有什么用。

  当然了，我写的时候用复数，心里想的是单数。我想着那个来做家务的姑娘，十九岁，活泼健康，模样俊俏，人很好。虽然语言不通，我偶尔和她聊聊天。她经常滔滔不绝说一长串话，又问我的看法，可我一个字也没听懂。我热忱地表示认同。想到很可能认同了什么不敬神不道德的说法，心里直发抖。不过，我想她很会照顾自己，和她所说的小伙子们约会时也是如此。大多数休息时间她不是和小伙子们约会，就是上发廊。满脑子只有两个想法，或者不如说一个。典型的伦敦东区家庭。活动空间全在城里。父亲是烟草工人。星期天早晨去酒馆（不过看来不酗酒）。母亲是虔诚的卫理公会信徒。家里六个孩子，包括两个男孩，年纪在九到十九岁间。九岁的小妹妹每星期天在卫理公会教堂过一整天。全家也只有这个孩子是这样（和母亲一起）。全家好像只有父亲看报纸。大女儿（也就是我认识的姑娘）对战争的理解就是炸弹有可能掉到脑袋上。她对正在发生的事一无所知。

  我很高兴纠正之前传递给你们的一个错误信息。这里的人有时也把苹果泥当成餐后甜点，就像我们的做法，不加任何东西。

  加了东西的叫作"水果疯子"①，就是果泥伴大量（化工添加）果冻或别的东西。光看名称实在美味！

  不过，这些"疯子"可不像莎士比亚笔下的疯子。它们说谎了，假装它们真的是水果。在莎士比亚笔下，疯子

---

① 英语：fruit fool，一般作"奶油伴水果"，英式甜点。

却是唯一说真话的人。

在这里看《李尔王》。我很奇怪,这些叫人不能忍受的悲剧人物为什么长久以来没有引起世人(包括我自己)的关注。他们的悲剧性不在于人们偶尔谈论起他们时的那些个感伤的东西,而在于——

在这个世界上,有些人沦落到羞辱的谷底,远远比乞讨更不如,不但毫无社会声望可言,而且在众人眼里丧失属人的首要尊严,也就是理性。事实上,唯独这些人有可能说真话。其他人全在说谎。

在《李尔王》中,这一点是惊人的。就连肯特和寇特利亚,当他们没有被迫明确地说真话或撒谎时,他们一直在缓和、减轻、磨平、遮蔽真相。

我不知道莎士比亚的其他戏剧是什么样的,我在这里既没有看到戏,也没有重读过剧本(除《第十二夜》以外)。亲爱的姆妈,如果你带着这个想法重读莎士比亚,也许有新的收获。

悲剧性的极致之处在于,疯子既没有教授的头衔,也没有主教的头饰,没有人预先被告知须得关注疯子说的话——所有人预先明确的态度是不屑一顾,因为那是疯子。疯子对真实的表述甚至没有被听见。四个世纪以来,没有人,也包括莎士比亚戏剧的读者和观众,没有人知道那些疯子在说真话。不是讥讽或幽默的真话,而是简短的真话。纯粹的真话,不加任何东西,光彩灿烂,深刻而根本。

莫非这就是委拉斯凯兹画中的疯子的秘密?他们了解真相,有可能述说真相,为此付出无名的沦落代价,却不被任何人(除画家本人以外)听见。他们眼里的忧郁莫非来自这样的苦涩？有必要带着这个疑问重新去看看委拉斯凯兹画中的疯子。

亲爱的姆妈，在这些疯子和我之间有某种亲和力，某种根本的相似性，你感觉到了吗？只除了我上过学，取得过教师资格，并且总有人赞美我的"聪慧"。

这照旧是关于"我有东西给世人"这个问题的回答。

在我的例子里，学校这类东西形同额外的讽刺。

我们很清楚，一个极聪慧的人经常爱发反论，有时还有些胡言乱语……

人们赞美我聪慧，是为了避免回答如下问题："她说的是真的吗？"我的"聪慧"名声在实际效用上等同于这些疯子的疯狂标签。我多么希望能够使用他们的标签呀！

自上封信之后（7月28日的信，如果你们没收到，给我发个电报），没有你们的消息。我这边也没有什么新消息。

拉普金也许可以写封信，比如说给（在阿尔及尔的）卡比坦，告知对方他对安德烈的所有想法？安德烈知道的，劳吉尔是阿尔及尔科学院院长。①

我多么希望西尔维能够去你们那里住一阵子！不过，求你们了，要提防她老是和宠爱她的人相互微笑。我向你们保证她的性格已经开始成形。这个小可爱很有可能变成自私无情（并且始终可爱）的人。这些想法很可怕，但我

---

① Rapkine：安德烈·薇依的朋友。Rene Capitant（1901—1970）：先后任斯特拉斯堡（1930年）、阿尔及尔（1941年）和巴黎（1951年）的法学教授，曾任临时政府教育部长。Henri Laugier（1888—1973）：生理学家，1943至1944年曾任阿尔及尔科学院院长。

们不应该只顾和她玩耍做伴。①

吻你们千百次,亲爱的。保存希望,但要适度。

过得开心。深深拥抱你们俩。

西蒙娜
1943年8月4日

又及:在赞美安德烈的信里,最重要的是说明——当然首先要担保他的忠诚正直——许多法国和外国的一流数学家的想法,诸如此类,此外,数学发现从间接意义上对整个西方科学生活而言不可或缺。我会让舒曼去谈这件事。

21

薇依在写这封信的隔日被转院到肯德郡阿斯福德镇的结核病院,并在八天后即8月24日去世。薇依的母亲在信封上写道:"最后的信,在宣布死讯的电报后送到。"

亲爱的:

现在很少有时间和心思写信。往后信会很短,间隔很久,没有规律。不过你们有另一个安慰源泉。

你们收到这封信时(如果不能很快寄到),很可能同时收到预期的电报。(完全不保证!……)

克洛松真是好人,越来越是。他有真正的才华和不懈的信念。他是真正的伙伴,越来越是。(安德烈,我是说我

---

① 原书中有多处删节,依据《文集》(*Œuvres*, p. 1237)补译。

们家那位,显然一点儿也不了解他。)泽特①也越来越是朋友。

他们的友爱对我来说是无比珍贵的支撑。

也是唯一的支撑。舒曼友好,但完全不严肃。

再会,亲爱的你们。无尽的爱。

西蒙娜
1943 年 8 月 16 日

---

① 指克洛松夫人。

图书在版编目（CIP）数据

伦敦文稿 /（法）西蒙娜·薇依著；吴雅凌译. --北京：华夏出版社有限公司，2020.6（2024.7 重印）
（西蒙娜·薇依作品）
ISBN 978-7-5080-9926-2

I.①伦… II.①西…②吴… III.①韦伊(Weil, Simone 1909-1943)－文集 IV.①B565.59-53

中国版本图书馆 CIP 数据核字(2020)第 053898 号

Écrits de Londres.
本书中文简体翻译版由华夏出版社有限公司出版。
版权所有，翻印必究。

伦敦文稿

作　　者	[法]西蒙娜·薇依
译　　者	吴雅凌
责任编辑	刘雨潇
责任印制	刘　洋
出版发行	华夏出版社有限公司
经　　销	新华书店
印　　装	北京汇林印务有限公司
版　　次	2020 年 6 月北京第 1 版 2024 年 7 月北京第 2 次印刷
开　　本	880×1230　1/32
印　　张	9.75
字　　数	200 千字
定　　价	69.00 元

华夏出版社有限公司 地址：北京市东直门外香河园北里 4 号 邮编：100028
网址：www.hxph.com.cn　电话：(010)64663331(转)
若发现本版图书有印装质量问题，请与我社营销中心联系调换。